D. 5900.

D 3889.
J. C.

13519.

HOMELIES
SPIRITVELLES
SVR
LE CANTIQUE
DES CANTIQVES.

Preschees à Paris en l'Eglise de la
Congregation de l'Oratoire.

Par Messire IEAN PIERRE CAMVS,
Evesque & Seigneur de Belley.

A PARIS,
Chez CLAVDE CHAPPELET, ruë sainct
Iacques, à la Licorne.

M. DC. XX.
Auec priuilege du Roy.

AVX REVERENDS PERES DE LA CONGREGATION DE l'Oratoire de Iesvs.

EPISTRE.

conceptions que i'ay discouruës sur ce sacré Cantique en vostre Chaire, afin que le temps ne les effaçast point de vostre memoire & de mon souuenir. Si vostre cœur m'est esgalement fauorable par la veüe comme par l'ouyë, ie tiens desia cet ouurage pour bien venu deuant vous, pour bien receu de vostre Charité. Durant ces quatre hyuers derniers que l'on m'a tiré de mon Parc, pour venir distribuer le pain de la diuine parole, en ceste nombreuse Bergerie de Paris, au cours de l'Aduent & du Caresme; aux iours intercalaires de ces deux carrieres, i'ay faict des reuestes Spirituelles en vostre Oratoire, où i'ay esté tousiours humblement accueilly, qui est vn resuouir de ma vie, que ie ne priueray de vostre bien-veillance; ie n'ay sceu point de langage pour publier que vous m'estiez vn des plus humbles hostes, qui ayent iamais receu vn véritable amy en leurs paroisses. Ie suplye ceux qui en ceste longue liasse de...

EPISTRE.

ne vous eſtonner ou rebutter dés le ſeuil de ce Liure, & ne vous empeſcher de le lire: car ie ſçay que vous aymez grandement la verité en tout autre ſubject, qu'en celuy qui dict quelque choſe à voſtre auantage. Si ne faut-il pas pour condeſcendre à voſtre modeſtie, que ie me charge de meſcognoiſſance, & que pour le moins ie ne recognoiſſe la douceur de la tranquillité, dont i'ay iouy en voſtre deuotieuſe conuerſation. Ces diſcours ſont des ruiſſeaux qui tirent leur ſource de vos Conferences, & qui retournent, par cet offre que ie vous en fay, rendre le tribut à la mer d'où ils prennent leur origine. Que de ſainctes penſees m'ont ſuggeré voſtre Pieté & bon Exemple: Que i'ay eſté conſolé parmy vos exercices Spirituels. Voſtre ferueur a ſeruy de charbon embraſé, pour allumer en mon ame le brandon du ſainct Amour, que mon induction rendoit preſque amorty. En voicy quelques eſtincelles ſur ce papier, qui ſont ſorties de mon cœur par le ſouſpir de la mi-

á iij

EPISTRE.

bouche. Ie ne m'estonne plus si on dict qu'en la fontaine d'Apollon, les poissons mesmes estoient Prophetes: ou pour parler plus sainctement, si on lit aux histoires sacrees que Saül soit deuenu Prophete, parmy ceux qui estoient en Ramoth-Galaad. Car il faut auoüer, que comme l'on se peruertit auec les peruers, aussi on prend insensiblement parmy les deuots, (si on n'est tout à faict desraisonnable) quelque teinture de deuotion. Il est difficile de demeurer long temps au Soleil sans se hasler, & dans la boutique d'vn parfumeur, sans y contracter quelque senteur odorante. On apprend comme necessairement à faire du miel parmy les abeilles. Aux Isles fortunees tout ressent le bon-heur de cet agreable sejour, les eaux, les airs, les fleurs, les fruicts, les collines, les campagnes, la demeure, les habitans, tout y est doux, tout y est serein, tout y est aymable, tout y est en Amour & d'Amour. En vne saincte Ordre, tout ne respire que Charité,

EPISTRE.

Dilection, Oraison, Contemplation, Mortification, Lecture, Estude, Solitude, Tranquillité. C'est cet Oratoire du Roy Pacifique, composé de Cedres du Liban, de Colomnes d'argent, d'agenoüilloires d'or, de montees de pourpre, le tout paré du diuin Amour, comme d'vne riche tapisserie. Car c'est le seul lien de la Charité, selon l'esprit du grand Apostre, qui vous presse, qui vous serre, qui vous vnit: ô! le beau lien, puisque c'est le lien de la Perfection. C'est la couchette de Salomon enuironnee des plus braues d'Israel, tous en bon ordre, tous vaillans, tous determinez au seruice des Autels. C'est vne fournaise sacree, où comme les compagnons de Daniel, on chanté continuellement les diuines loüanges. C'est vne terre de Promesse, qui coule le laict & le miel, & où la pierre de la Mortification coule des ruisseaux d'huille de Consolation. C'est vne Panthere, dont la suaue senteur embausme tous ceux qui s'en approchent. En fin c'est

ã iiij

EPISTRE.

vn Eslie myſtique, puiſque ceſte bonne odeur que vous rendez en IESVS-CHRIST, reſſemble à ces exhalaiſons de l'Eſpouſe, qui communiquent des ſenteurs de Paradis. Ie ne puis bonnement exprimer les reſſentimens de mon ame, ſur les ſuauitez que i'ay gouſtées en voſtre ſaincte conuerſation. Mais ie couche ſur ce papier les retentiſſemens dont ma voix a faict reſonner voſtre Egliſe, durant ces doux interualles, auſquels Dieu m'a donné le loiſir d'eſtre parmy vous. Temps heureux, dont le ſouuenir m'eſt auſſi precieux & aymable, qu'eſtoit aux Iſraelites celuy de leur chere Syon. Ie vous dirois volontiers ce que ceſte Royne du Midy au plus Sage des Roys, eſtant rauie de la beauté de ſa Cour: Bien-heureux ſont ceux qui demeurent auec vous, & qui participent à voſtre Sageſſe. Mais au moins qu'il me ſoit permis d'eſperer touſiours qu'il n'eſt pas permis à vn homme de ma condition de ſe taire touſiours. Si vous m'auez autrefois

EPISTRE.
stre sein au nom de celuy qui m'a enuoyé, il sera vostre recompense trop plus grande: Si vous auez receu le Prophete en son nom, receuez ceste recognoissance du Prophete, qui ne peut estre plus signalee que de la resignation de ses Propheties : car c'est de ce tiltre que la parole de Dieu me semble pouuoir estre iustement honoree. Receuez ces odeurs nees au midy du sainct Amour, que i'ay respanduës en vostre spirituelle Hierusalem. Ces espics que i'ay glanez dans vostre champ rentrent dedans vostre aire, pour imiter la conduitte de Ruth enuers son Patriarche. Voicy les verges bigarees de diuerses couleurs, dont i'ay tasché de colorer ces brebiettes, ces ames deuotes qui frequentent vostre Oratoire. Voicy les grains tirez de vos greniers, dont i'ay esté le dispensateur, comme vn autre Ioseph; & Dieu vueille que ce soit à l'accroissement de sa gloire. Et comme sçaurois-ie mieux recognoistre vostre hospitalité qu'en imitant ce Prophete, qui

EPISTRE.

multiplia l'huille & la farine en la maison de son hostesse? Et n'est-ce pas multiplier l'huille, le froment, & le vin, qui augmente les fideles, que de tracer sur le papier la parole diuine premierement discouruë? Receuez donc, mes tres-chers Peres, ce tesmoignage de mon affection, & permettez que ce discours du diuin Amour tesmoigne à tout le monde, qu'en ceste dilection sacrée, mon ame est si bien collée aux vostres, & mon esprit tellement cimenté à celuy de vostre saincte Congregation, que le tranchant de la mort ne sera point assez fort pour y mettre de la separation : car ce feu au lieu de s'esteindre, se conserue & se r'auiue par les cendres du trespas. Mon cœur est tellement droict enuers vous, que comme Iehu à Ionadab, vous me pouuez hardiment donner la main d'association, & me faire place en vostre chariot, pour me rendre participant de vos combats, & de vos victoires. Ainsi Dieu prospere vos pieuses intentions, &

EPISTRE.

dilate vostre deuotieuse Congregation, comme ceste belle vigne du Psalmiste, qui estend ses pampres de l'une à l'autre mer. Belle vigne plantée en la maison du Seigneur, & florissante aux paruis de son Tabernacle. Ainsi puisse-t'elle, comme vne sage Rebecca croistre en mille milliers, à la gloire de l'Espoux de nos cœurs, au bien de son Espouse l'Eglise vniuerselle, à l'honneur de la Gallicane, à l'aduantage de cet Estat, à l'aduancement de vos ames, au soulagement de vos prochains, au seruice de tout le monde. Ce sont les benedictions que vous desire,

Mes Reuerends Peres,

Vostre tres-humble frere &
conseruiteur de IESVS,
IEAN PIERRE DE BELLEY.

A MON LECTEVR.

CEs Homelies écloses à diuerses reprises, n'ont point d'autre ordre que fortuit, d'autre suitte que casuelle. Mon dessein n'a pas esté d'expliquer ce diuin Cantique, mais de m'expliquer par luy, & de coucher sur les Versets que i'ay diuersement choisis les sentimens du sainct Amour que ie voulois inspirer à mon Auditoire. Ie ne fais pas icy l'office d'Interprete, mais d'Orateur, & d'Orateur libre, qui seme à son gré, & sans s'astreindre à rien, les rosees de ses pensees sur ce parterre Mystique, & qui se sert de l'esprit de ses fleurs, comme vne abeille voltigeante, pour en composer vn miel de Pieté. C'est pourquoy tu ne verras rien icy qui soit enfoncé profondement, mon project n'estant que d'effleurer, non de fouiller dans les racines. Si ie manie quelque autre fois cet Epithalame sacré, ie m'attacheray plus precisément au sens & Litteral & Spirituel. Icy proprement ce ne sont que des Essays, des Entrees, des Auant-gousts, qui appellent des viandes plus solides & plus fermes au second seruice. Toufiours pouras-tu de ce [...] tirer tout plein de [...] uin Amour; aussi [...] visée, en le preschant, de [...] cœurs à ceste dilect[...] neur de laquelle mon [...] athy, ie te supplie de me [...] la bien-veillance. [...]

TABLE DE CES HOMELIES SPIRITVELLES SVR LE Cantique des Cantiques.

Hom. I.	Dv Commandement d'aymer Dieu.	fol. 1
II.	De l'Excellence de ce Commandement.	22
III.	De la suaue force de ce Commandement.	39
IV.	Que nous deuons aymer Dieu plus que nous-mesme.	51
V.	Dieu centre de nostre cœur.	70
VI.	Que l'amour nous porte à ce centre.	85
VII.	Nul repos qu'en ce centre.	105
VIII.	La gloire celeste comble de nostre repos.	121
IX.	Feux & flames du diuin Amour.	141
X.	De la pasmoison sacree que cause le diuin Amour.	156
XI.	De la rosee de la Grace.	171
XII.	Quelques dons du sainct Amour.	192
XIII.	Des maux qui sont au monde.	208
XIV.	Suitte du suiect precedent. Des maux qui sont au siecle.	224
XV.	De l'honneur de la Penitence.	236
XVI.	Du retour de l'ame à Dieu.	250
XVII.	Du secours diuin aux extremitez.	263
XVIII.	Du diadesme de l'Espoux.	277

Suitte de la mesme matiere du Couronnement XIX.
de nostre Seigneur. 296
Du choix de la Couronne d'espine, en suitte du XX.
sujet precedent. 312
Des inspirations, leur suauité, & leur pro- XXI.
grez. 331
De l'attraction du sainct Amour. 353 XXII.
Le discours precedent poursuiuy, sur les at- XXIII.
traicts du diuin Amour. 370
Que nous pouuons tirer l'Amour de Dieu de XXIV.
la consideration des creatures. 384
Que les creatures nous tirent à l'Amour du XXV.
Createur. 395
De la Mortification interieure & exterieure. XXVI
401
De l'Humilité. 420 XXVII
Qu'il faut fuir les plus petites imperfections. XXVIII
441
De la Mortification exterieure en particulier. XXIX.
452
De la Mortification interieure en particulier. XXX.
471.

Approbation des Docteurs.

Nous soubs-signez Docteurs en la faculté de Theologie de Paris, certifions auoir veu & leu vn liure intitulé, *Homelies Spirituelles sur le Cantique des Cantiques. Par Messire* IEAN PIERRE CAMVS, *Euesque & Seigneur de Belley*: où nous n'auons trouué aucune chose qui soit contraire à la foy & Religion Catholique, Apostolique & Romaine, ny aux bonnes mœurs. Faict ce 19. d'Octobre 1619.

F. P. le FRANC Profess. en Theol.

Fr. M. DOLE Doct. & Lect. en Theol.

Extraict du Priuilege du Roy.

Par grace & Priuilege du Roy, il est permis à Claude Chappelet, Libraire Iuré en l'Vniuersité de Paris, d'imprimer, ou faire imprimer, & mettre en vente vn liure intitulé, *Homelies Spirituelles sur le Cantique des Cantiques. Par Messire* IEAN PIERRE CAMVS, *Euesque & Seigneur de Belley. Prescheés à Paris à l'Eglise de la Congregation de l'Oratoire.* Faisant defences à tous Libraires & Imprimeurs, ou autres, de quelque qualité ou condition qu'ils soient, d'imprimer ou faire imprimer lesdictes Homelies Spirituelles sur le Cantique des Cantiques, les vendre, faire vendre, debiter, ny distribuer par nostre Royaume, durant le temps de neuf ans, sur peine aux contreuenans des confiscation des exemplaires, & de cinq cens liures d'amende, moitié à nous, l'autre moitié audit exposant, & de tous despens, dommages & interests, comme il est contenu és lettres données à Paris le 7. iour de Nouembre 1619.

Par le Roy en son Conseil.

BEROIRON.

HOMELIES
SPIRITVELLES
SVR
LE CANTIQVE DES
CANTIQVES.

Par Messire IEAN PIERRE CAMVS,
Euesque & Seigneur du Belley.

―――――――

Du Commandement d'aymer Dieu.

HOMELIE I.

Introduxit me rex in cellam vinariam, ordinauit in me charitatem. Cantic. 2.

LANGVES sacrees qui en forme de feu, feu sacré qui en forme de langues, langues enflammees, flammes parlantes, langues diuersement partagees, feux variablement espars, lan-

A

Homelies Spirituelles

gues ignées qui auec vn son esclattant, feu brillant qui auec vn resonnant esclat vous posâtes sur les testes Apostoliques à la descente du S. Esprit. O langues, participez à la mienne des paroles ardantes, ô feu communiquez à ma poictrine vostre saincte chaleur, afin que *le feu sortant de ma bouche, allume les charbons amortis*. O mon Dieu que *vostre parole est chalourense & vehemente*, pour cela ie l'ayme grandement. *Parole chaste, vn argent examiné par le feu, esprouué au creuset, & purgé au septuple*. O Esprit Sainct qui voulustes paroistre sous ces formes, & pour monstrer que vous procediez egalement, & comme d'vn mesme principe du Pere qui est tout feu, & du Fils qui est toute langue, puis qu'il est vn Verbe eternel proferé & prononcé sans cesse, & aussi pour communiquer en ceste sorte aux Apostres, dont *le son & les paroles deuoient rouler & resonner par tout le rond de l'vniuers*, ceste celeste *science de la voix*, qui deuoit enflammer tout le monde de ce feu diuin que le Sauueur y estoit venu allumer. Respandez Esprit tres-sainct vos benedictions sur mon ame, & faites que ma langue soit toute de feu, ou que le feu de

Eloquia dñi eloquia casta, argentum igne examinatū purgatum septuplum. Psal. 11.

In omnem terram exiuit sonus eorum. Psal. 18. Hoc quod côtinet omnia scientiā habet vocis. Sap. 1. Ignem veni mittere in terram. Luc. 12.

sur le Cantique des Cantiques.

vostre Amour me donne la langue, non *des Anges ou des hommes*, mais de la charité, pour chanter en ce sainct Auditoire le Cantique sacré de vostre charitable dilection. *O charitas Deus meus accende me.* Mon cher IESVS, puis que c'est pour l'amour de vostre Amour que i'entreprends tant de discours d'Amour, hé! animez mon ame, donnez-moy le courage proportionné à ceste hardie, que ie ne die temeraire entreprise, *Creez en moy vn cœur pur,* *Psal. 50.* *& renouuellez vn esprit de droiture en mon interieur: rendez-moy la ioye de vostre salutaire, & me fortifiez de vostre Esprit principal.* Voyez vostre beniste Mere qui vous en supplie par ses cheres mammelles que vous auez succees. O Mere de *cognoissance, de saincte esperance & de la belle dilection* c'est à dire mere foy, d'espoir, & de charité, versez sur ma langue le laict de vos plus tendres graces, i'ay recours à vostre secours, car sans vostre concours ie n'ay point de discours. *Aue Maria.*

Mater pulchræ dilectionis & agnitionis & sanctæ spei. *Ecclef. 24.*

AYant esté conuié par les bons Peres de ce denotieux Oratoire, de prendre en main le flambeau de la saincte pa-

A ij

Homelies Spirituelles

rôle pour le porter deuant vos yeux, mon Auditoire bien-aymé, & pour esclairer vos entendemens, puisque *la declaration des sacrez discours illumine & donne de l'intelligence aux moins entendus*, & pour eschauffer vos volōtez, puisque *rien ne peut euiter sa chaleur*, tesmoins les Disciples d'Emaus, *dont le cœur estoit embrasé, tandis que le Sauueur leur parloit en chemin*. Certes ie n'ay peu bonnement refuser vne si digne semonce, si ie n'eusse voulu encourir le blasme de mescognoissant, puisque leur saincte Charité agrée que ie choisisse vne heureuse & suaue retraitte en leur pieuse Compagnie, pendant le temps que i'ay à sejourner en ce lieu, pour l'employ de la distribution de la diuine parole qui m'y appelle.

Comme donc ie repensois au subject que ie deuois prendre pour vous debiter quelque marchandise meslée d'vtile & de delectable en ces iours extraordinaires: vne matiere vrayement extraordinaire est venuë en mon esprit, matiere qui estāt toute d'Amour, & d'Amour de Dieu, n'est pas seulement profitable & delicieuse, mais semble estre la quintessence & le

Declaratio sermonum tuorum illuminat, & intellectū dat paruulis. Ps. 118. Nō est qui se abscondat à calore eius. Psal. 18. Nonne cor nostrū ardens erat dum loquetur. Luc. 24.

sur le Cantique des Cantiques.

precis du profit & du plaisir spirituel. Et pour ne vous tenir dauantage en suspens, c'est le Cantique des Cantiques ; Cantique marquant son excellence par ce redoublement : car selon la phrase de la langue Saincte, cela vaut autant à dire comme le premier des Cantiques, ou le plus excellent Cantique de tous les Cantiques. Entreprise haute & sublime, & certes disproportionnée à mon insuffisance : faix inesgal à la foiblesse de mes espaules : mais que ne peut l'Amour, *tout est possible au croyant* & à l'Amant : l'Amour ne dict iamais, Ie ne peux, il red l'impossible possible, il oste tout pourueu que le bien-aymé soit seruy. *Ie peux tout en celuy qui me fortifie*, disoit vn grand Amant. Quoy, dit-il en poursuiuant ceste pointe genereuse, *cherchez vous l'experience de celuy qui parle en moy, & par moy?* Pourquoy ne pourrions-nous ce que tant d'autres ont peu, disoit S. Augustin en ses Confessions, *& peu, non de leur propre pouuoir, mais en la puissance de la grace*, grace dont la main est forte & le bras releué.

omnia possibilia sunt credenti.
Marc. 9.

omnia possum in eo qui me cōfortat.
Philip. 4.

An experimentū eius qui loquitur in me Christi.
1. Cor. 13.

I.

De grandes & notables causes m'ont porté, & en fin determiné à ce choix : Entre autres trois principales ont donné le

A iij

Homelies Spirituelles

poids à la balance. La premiere l'inspiration: car estans incapables de penser rien de nous, comme de nous, toute nostre suffisance venant & prouenant de Dieu, voire nul pouuant proferer le nom du Sauueur, sinon par le S. Esprit; qui peut reuocquer en doubte que ces pensées genereuses qui regardent le seruice de Dieu, ne soyent de bonnes & celestes inspirations; qui comme des rays solaires ramassez dans le creux du miroir, font feu quand se rencontre la matiere de la condescendance: C'est lors *que l'esprit de Dieu parle en nous, pour parler par nous, c'est ce souffle de vie qui nous anime*: C'est ceste puissance qui meut l'organe, selon que Dauid disoit, *Lingua mea calamus scribæ velociter scribentis.* Et encores, *Diffusa est gratia in labijs.* C'est ceste celeste rosée qui degouttant dans la nacque du cœur, y engendre la perle de la saincte resolution.

Inspiration sacrée secondée par vne forte & naturelle inclination, que i'ay tousiours eu aux subjects affectueux. Seroit-ce pour estre nay soubs le Sagittaire, & l'auoir pour ascendant de mon Horoscope, bien que ce soit vn friuole pensement, fil passe les bornes des influences sensibles, que l'on ne peut nier sans con-

*Nõ sumus sufficientes cogitare aliquid ex nobis tamquã ex nobis. 2. Cor. 3. cap.
Nemo potest dicere Iesus nisi in spiritu sancto. 1. ad Cor. cap. 12.
spiritus est qui loquitur in vobis. Math. cap. 10.*

sur le Cantique des Cantiques.

tredire le sens. O mon Dieu que ne peux-ie dire auec le grand S. Augustin, *Sagittasti cor meum charitate tua*, ou bien auec Dauid, *Sagitta tua infixa sunt mihi*. Mettez au moins en mon carquois *ces flesches aigues, qui font tomber les peuples rebelles à vostre saincte Loy.* Heureuse influëce, pour moy si ceste propension me portoit dauantage au bien, non que ie voulusse en rien prester l'oreille à l'erreur des Pelagiens, qui pensoient que la grace se communiquast selon les aptitudes & habiletez naturelles: mais si alliant la grace à la nature, celle-cy prestoit plus de docilité & de facilité aux mouuemens de celle-là; Ainsi voyons nous que le Soleil espandant esgalement ses rays sur vne prairie, influë neantmoins diuersement, selon la varieté des fleurs: car celles qui sont iaunes ont vne plus forte correspondance auec ce grand luminaire; tout de mesme regardant tous les cahiers des sacrez Codes d'vne reuerence pareille, comme les ouurages d'vn mesme diuin Esprit tousiours esgal à soy: ceux qui sont plus affectifs meritent dauantage, & entre les affectifs, celuy qui est toute affection, *& dont les lampes*, selon ses propres termes, *sont toutes de feux & de flammes.*

Psal. 37. *sagittæ tuæ acutæ populi sub te cadent. Psal.* 44.

Lampades eius lampades ignis atque flammarum. *Cant.* 8. *cap.*

A iiij

Outre ceste inspiration & ceste inclination, la raison emporte tout le poids en ce choix: raison fondée sur plusieurs circonstances, du temps, du lieu, des personnes, de la matiere. Du temps: car en ces iours de Vendredy consacrez à la memoire de cet accez violent, & de cet excez d'amour incomparable, dont deuisoient Elie & Moyse sur le Thabor; que peut-on traitter de plus conuenable que des sacrez elancemens du diuin amour, & de ces langueurs de dilection, qui font mourir le Bien-aymé pour la Bien-aymée, & pasmer la Bien-aymée pour le Bien-aymé? de plus ce temps extraordinaire semble appeller vn subject extraordinaire.

Comme aussi le lieu: car où parlay-je, sinon dans cet Oratoire de Salomon, dont il est parlé en nostre Cantique, *Oratoire basty des cedres du Liban, soubs-basé de Colomnes d'argent, d'agenoüilloirs d'or, & tout iaonché de Charité*, sejour de l'Amour sainct. Autre est la Musique de salle ou d'Eglise, autre celle d'vn Cabinet; celle-là frappe l'aureille fortement & puissamment, celle-cy pour estre agreable doit estre douce. Ie veux bien aux chaires plus amples où l'obeyssance m'appellera *pousser vne voix de*

Ferculum fecit sibi rex salomon de lignis Libani. Cant. 3.

Quasi tuba exalta vocem tuam. Esai. 58.

sur le Cantique des Cantiques. 9

trompette : mais ie desire que les discours de ce lieu me facent du Cabinet de vos cœurs : car sans doute i'y desire parler au fonds de vos cœurs, & des paroles de paix, de douceur & d'Amour. Pour Dieu que les profanes ne se meslent pas en ces mysteres, *Odi profanum vulgus & arceo.* Ie veux dire ces esprits soüillons & broüillons, qui n'ont autre commerce que de la chair & du sang, *car ce n'est pas la chair & le sang qui reuele ce sainct Amour : mais le Pere eternel par le Fils & le S. Esprit,*

————*procul ô procul este profani, Conclamat vates, totoque absistite luco.*

Tout ce qui est aux Isles fortunées est doux & fortuné, il n'y a point d'autres vents que des zephirs, d'autre esmail que de fleurs, d'autre saison que le printemps, d'autre senteur que d'aromates, d'autres influences que benignes, d'autre musique que d'oyseaux, d'autre cristal que de fontaines, d'autre temperament que de santé, d'autre gouuernement que paisible, d'autre affection que de bienveillance, tout y est pour l'amour & d'amour : si l'on y porte vne beste veneneuse, elle y trouue la mort dés son abord : en lieu tout sainct & ac tout sacré forclost tou-

Loquimini ad cor. *Esai* 40.
Loquetur pacem in plebem suã. *Psal.* 84.

Caro & sanguis nõ reuelat, sed spiritus patris. *Math.* 16.

res imaginations prophanes : & bien que les Metaphores de nostre Cātique soient de la terre, elles sont neantmoins en leur vray sens toutes celestes, pareilles au gyrosel qui a bien ses racines en bas, mais son regard au Ciel. Et c'estoit à l'aduenture pour cela que la lecture de ce liure estoit interdicte à la ieunesse emmy les Hebrieux, *l'homme animal n'estant pas idoine aux choses de l'esprit.*

Animalis homo non percipit ea quæ sunt spiritus Dei. 1. Cor. 2. 2.

Iugez, mon cher Auditoire, si i'ay bonne opinion de vos personnes, puis que i'entreprends de vous estaler vn suject qui veut des aureilles sanctifiees pour estre dignement entendu : car pour passer à la circonstance des escoutans, i'en voy icy de deux sortes, les vns habitans, les autres frequentans ce deuot Oratoire. Quant aux premiers, pleust à Dieu que i'eusse autant de disposition à manier vne telle matiere qu'ils en ont de l'entendre. O Prestres, & Prestres de l'Oratoire de Iesus, c'est vrayement à vous qu'il appartient d'entretenir ce feu sacré du diuin Amour que le chaste Espoux de nos ames veut voir continuellement flamber dans les temples de nos cœurs, selon qu'il estoit ordōné en figure en la Loy ancien-

Ignis in altari meo semper ardebit quem nutriet sacerdos apositis lignis. Leuit. 6.

sur le Cantique des Cantiques.

ne. Quant à vous autres qui frequentez ce lieu de pieté, & qui combatez vn bon combat en l'Eglise Militante à l'aspect de ces Anges visibles du Seigneur des armees, *Anges & seruiteurs tous de feu*; commēt pouuez vous approcher de ces feux sacrez, & consacrez au seruice des Autels, sans en contracter les qualitez ardantes & lumineuses ? quand vous seriez de fer encor vous embraseriez-vous en ceste fournaise; si de glace, comment ne seriez-vous fondus & liquefiez? *Angelos suos ignem vrptē mitut. Ps. 103.*

Reste la circonstance de la matiere, matiere qui nous fera parler *de la sagesse entre les parfaicts*; sagesse qui n'est autre que la folie de l'Amour, folie aussi sage deuant Dieu qu'elle paroist inepte deuāt le monde, folie qui meine à la perfection de la vraye sagesse par la charité, qui est appellee *lien de perfection & plein accomplissement de la loy*. Les abeilles sont tellement nees pour le miel, que comme elles en tirent leur naissance, elles en nourrissent leur vie, & y font leur mort, si qu'elles naissent du miel, viuent de miel, & meurent dans le miel; elles ne viuent que pour le faire, elles ne le font que pour en viure; leur esprit, leur trauail, leur solicitude; *sapientiam loquimur inter perfectos 1. Corinth. c. 2.* *Vinculum perfectionis Col. 3. 6o Plenitudo legis dilectio. Rom. 13. cap. Qui diligit legem impleuit.*

leur mesnagerie, leur soin n'est qu'autour de leur miel : puissions-nous, abeilles mystiques, voltiger si heureusement sur les parterres florissans & emmiellez de nostre Cantique, que nous en puissiós esteindre ce rayon de la diuine parole, que Dauid dict estre plus douce au palais de son cœur, *que le miel en sa bouche.*

Mais quel ordre obseruerons-nous en ce sujet d'Amour, le mesme ordre de l'Amour : & quel est l'ordre de l'Amour, c'est de n'auoir point d'ordre, *Amor ordinem nescit* : l'ordre gesne la franchise & liberté naturelle, il n'est plus Amour, s'il est esclaue d'autre chaisne que de sa volonté, les entraues de l'ordre gesnent son alleure ordinaire, il veut voler, voltiger, non pas cheminer à pas contez, à cadences mesurées: il est aueugle & se plaist si fort en son aueuglement, que si vous luy leuez le bandeau, il est d'autant moins Amour qu'il est plus clair-voyant ; vous auriez aussi-tost conceu les mouuements concentriques & excentriques de la Lune, & les Epicycles de Mercure, que reduict en ordre les diuers mouuements de nostre Cantique. Tous les Interpretes y perdent l'escrime, à peine peut-on discer-

sur le Cantique des Cantiques. 13

ner quand l'Espoux parle, ou quand l'Espouse, ou quand le chœur des Pasteurs: la Cassandre de Lycophron, la mesure des vers de Pindare n'eurēt iamais tant d'obscurité que ce Poëme diuin. Son commencement est abrupte & à l'improuiste, sa fin de mesme, le tout conforme à son object; qui comme Eternel est sans commencement, & comme infiny sans fin. Vous auriez aussi tost reduit en forme vne masse d'argēt vif, qui s'esparpille plus on le serre & ammoncelle, que ramené à vn ordre reiglé tous ces excez d'Amour. Nul a iamais essayé cela sur le Cantique; ce qui me faict croire de l'impossibilité en ce dessein. Cet ouurage pareil à vne sphere a son commencement & sa fin par tout.

Que veut donc dire ce verset que i'ay choisi pour theme de ce premier discours; bien que tiré du second Chapitre? Semble-t'il pas nous insinuer l'introduction en quelque ordre? le mot certes le sonne, non le sens auquel ie le prends. *Le Roy de mon cœur*, dict l'Espouse, *m'a introduict en son celier à vin.* Voyla certes vne introduction au diuin Amour, introduction diuine à l'Amour surnaturel, auquel nulle

ame se peut guinder par ses propres for-
ces : *Car nul peut aller au Fils, s'il n'est attiré par le Pere, tirez nous & nous courrons.* Ce celier marque le sejour du vray Amour, qui doit estre dans l'humilité, & les cachettes, *In tenebris strani lectulum,* dict Iob, & l'Espouse, *Lectulus noster floridus,* dict la version vulgaire, *Condensus,* dict vn autre: mais celier à vin, vin symbole d'Amour, & sainctes pages, *Venite, inebriamini, hi musto ebrij sunt ; à fructu frumenti & vini multiplicati sunt.*

Suit en nostre theme, *Ordinauit in me charitatem,* ie ne nie pas que ce mot d'ordination ne vueille dire, Il a mis en moy vne Charité bien ordonnée : mais il peut encor endurer sans violence ceste interpretation, Il a faict en moy, sur moy, & pour moy l'ordonnance de son Amour: car le mot d'ordonner signifie aussi bien faire vne ordonnance, comme ranger par ordre.

Et c'est ceste ordonnance du S. Amour que ie desire vous proposer en la seconde partie de ce discours, mes tres-chers freres, comme vn essay, vn eschantillon, & vn auant-jeu de ces discours d'Amour. Certes la premiere pointe luy appartient,

---

Nemo potest venire ad me nisi quem pater traxerit.
Ioan 6.
Trahe nos, post te curremus
Cant 1. cap.

selon le iugement du Sauueur mesme,
qui appelle le commandement d'aymer
Dieu, *le premier & tres-grand commandement*. Il est le premier entre les diuins
preceptes, comme le firmamēt est le premier entre les Cieux, le feu le premier entre les elemens, l'or entre les metaux, le
diamant entre les pierreries, la rose entre
les fleurs, le Lyon entre les quadrupedes,
l'Aigle entre les oyseaux, le Dauphin entre les poissons, le Roy entre ses subjects.
La Charité est ceste *Royne de la dextre de
Dieu, que la varieté des autres vertus enuironne*, & à qui toutes les vertus cedent honorablement.

Le commandement donc qui ordonne
ceste vertu est le premier, & à raison de
son object qui est Dieu, lequel est l'Alpha
& l'Omega, le commencement & la fin
de toutes choses, & à raison de son sujet
qui est l'Amour : Amour le Roy des passions de l'ame, voire l'ame des autres passions, qui tirent de celle-cy leur origine
& leur essence. C'est le premier mobile
qui dōne le bransle à tous les autres mouuemēs du cœur. Tous les autres preceptes
se rapportent à ce premier, comme les de-
ductions à leur principe, les branches à

Maximum
& primum
mandatum.
Math. 2.

Astitit re-
gina à dex-
tris tuis in
vestitu de-
aurato cir-
cumdata va-
rietate.
Psal. 44.

leur tronc, & le tronc à la racine, comme l'edifice au fondement, les membres au corps, le corps à l'ame; les lignes de la circonference à l'vnité du centre, *Qui ayme Dieu accomplit toute la loy*, dit sainct Paul, & sainct Augustin, *Ayme & fay ce que tu voudras, ce bon arbre ne peut porter vn mauuais fruict.*

Ce Precepte est outre cela non seulement le plus grand de tous, mais le tres-grand, parce qu'il enclot en soy toutes sortes de grandeurs. Il est tres grand en merite: car sans la Charité, il n'est point de merite, *donner tout son bien aux pauures, voire son corps aux brasiers sans la charité, c'est ne rien faire, donner vn verre d'eau froide auec elle, c'est meriter le centuple, & encor le Paradis*, comme accessoire de ce sort principal: & ne s'en faut pas estonner, car l'œuure humaine de soy n'est rien, mais jointe à la grace, grace qui n'est iamais sans l'amour, elle monte à vne dignité incomparable, comme si vne fille de basse condition estoit mariée à vn Roy, ainsi qu'il arriua à Esther, à Abigail, à Ruth. La piece d'or n'a point de prix iuste & determiné que par le sceau, la marque, l'estampe, & les armes du Prince; il en est ainsi de l'humaine operation,

Si distribuero omnes facultates meas in manus pauperū, si dedero corp' meum flamis, ira vt ardeā, charitatem autem nō habuero, nihil sum. 1. ad Cor. c. 13. Qui dederit cyathū aquæ frigidæ centuplum accipiet. Math. 10. cap.

ration, si elle n'a le Tau de la grace & de la Charité sur le front, elle ne peut estre esleuë pour l'eternité.

Ce commandement est encores tres-grand, parce qu'il est la mesure des autres, c'est le maistre du chœur, & celoy qui bat la mesure en la pratique des autres, c'est le pied de Roy, c'est l'aulne où se mesure l'estoffe des vertus : plus les metaux s'avoysinent de l'or en poids, en souplesse, en fermeté, plus ils sont estimez ; & les vertus qui participent le plus du divin Amour, sont les plus excellentes. L'homme est appellé par les Anciens *la mesure de toutes choses*, & dás les sacrez Cahiers *toute creature*, parce qu'ayant en soy l'estre, le vivre, le sentir, & l'entédre, il est vn vray Microcosme & abregé du grád Vniuers, il en est de mesme de la Charité, elle est la mesure de toutes les vertus, ayát en gros en soy tout ce que les autres ont en détail. Pour cela S. Paul l'appelle, *Patiente, benigne*, comme voulant dire qu'elle est la mesme patience & benignité.

Ce commandemét est encor tres-grád en son amplitude: car qui est-ce qui peut *comprendre la longueur, largeur, hauteur, & profondeur de la charité de I. C. & de cette charité*

Prædicate Euangeliũ omni creaturæ. *Mar.* 16.

Charitas patiens est, benigna est. 1. *Corin.* 13.

Vt possitis comprēhēdere quæ sit latitudo, longitudo, sublimitas, profundũ scientiæ charitatis Christi. *Ephes.* 3.

Homelies Spirituelles
de Dieu qui est respanduë en nos cœurs par le S.
Esprit? L'homme estant borné en toutes
les autres choses qui le concernent, est
comme illimité en ses affections, entre
lesquelles l'Amour tient le rág principal,
Amour qui le rend capable de s'vnir à
Dieu, bien souuerain & infiny: C'est ce
qui faisoit dire à Dauid, *Que ny la terre ny
le Ciel estoient capables de le satisfaire, le seul
Dieu de son cœur & sa part eternelle estant le
comble de ses desirs.* Ouy, car le monde
n'est pas assez grand pour remplir cet
abysme de desirs, tesmoin Alexandre:
mais bien Dieu, *qui penetre l'abysme & le
cœur de l'homme, & qui est plus grand que nos
cœurs.* Le firmament est le plus grand de
tous les Cieux: Cieux qui tirent leur noblesse de leur estéduë, parce qu'il cóprend
tous les autres dás son enceinte. Le commandemét d'aymer Dieu, enfermant tous
les autres dans soy, &les voyant sous soy,
doit pour ceste raisó estre apellé tresgrád.
Que si nous cósiderons sa recompense,
nous aurons encor vn sujet de l'appeller
tres grand: Car Dieu *estant la mesme Charité, demeure en Dieu & Dieu en luy.* Ie vous
prie quel salaire est-ce de posseder Dieu
par la pratique d'vne vertu? Courage, disoit

*Quid mihi
est in cœlo?
& à te quid
volui super
terra? Deus
cordis mei,
& pars mea
Deus in æ-
ternum.
Psal. 72.*

*Deus cha-
ritas est, &
qui manet
in charita-
te in Deo
manet, &
Deus in eo.
1.Joan.4.*

sur le Cantique des Cantiques. 19

Dieu à Abraham, *ie seray ton loyer trop plus grand.* Celuy qui ayme Dieu est aussi aymé de luy, *Ego diligentes me diligo. Qui diligit me diligetur à Patre meo. Si quis diligit me, Pater meus diliget eum, & ad eum veniemus, & mansionem apud eum faciemus.* Celuy qui adhere à Dieu par Charité, devient vn mesme esprit auec luy. L'ame du iuste qui est en grace, est le siege de la sagesse, son cœur est le temple du S. Esprit. O que bien-heureux est le peuple duquel le Seigneur est Dieu. Que ceste ame est heureuse qui est transformée en Dieu, & comme deifiée par le moyen du sainct Amour. Ouy, car l'Amour nous rend sembl-bles à ce que nous aymons. Le Sauueur ayant demandé au bon S. Pierre s'il l'aymoit, & ayát recognu son affection, *Pay,* luy fit-il, *mes oüailles, Constituens eum Dominũ domus suæ, & principẽ omnis possessionis suæ.* Quelle recompense d'Amour, qui faict obtenir en terre la Lieutenáce de IESVS-CHRIST.

De plus ce precepte est tres-grand, si nous regardós son acte, son acte c'est d'aymer, acte le plus noble, le plus releué de tous les actes, acte de nostre volonté, volonté Royne absoluë de toutes les facultez de nostre ame, qui comme le Centu-

aró mercec tua magna nimis. Genes.15.

Qui adhæret Deo vnus spiritus est. 1.Corint. 6. Anima iusti sedes sapientiæ. Cordà vestra templũ sunt Spiritus sancti. 1.Corinth.3. Beatus populus cuius Dominus Deus eius. Psal.143.

B ij

rion leur commande à baguettes. Mais ie vous prie que faict Dieu de toute eternité, sinon s'aymer infiniment? quel est l'exercice des Ames bien-heureuses, sinon l'Amour? Amour comble & centre de leur beatitude: Ces bien-heureux esprits voyent ce souuerain object de beauté & de bôté, & sont necessitez de l'aymer par vne necessité si volontaire, qu'elle passe toute liberté, & ils s'estimeroient miserables, s'ils pouuoient n'aymer pas vn obiet si aymable icy bas: côme nous auôs moins de cognoissance, nous auons moins d'amour, & ne faut pas aspirer ny esperer d'atteindre au comble de la perfection du diuin Amour en ceste vie mortelle: mais en ce peu que nous auons d'amour, nous auons plus de merite, car dans le Ciel il n'y a plus de lieu pour meriter.

En fin ce cômandemêt est tres-grand, si nous consideros qu'il dône la vie à toutes nos œuures: le mort qui toucha les os d'Elisée resuscita soudain, ie ne dy pas que la charité suruenâte en vn cœur dône la vie aux œuures mortes, c'est à dire, faictes en estat de mort, mais elle viuifie, & va côme cômuniquant vne spirituelle resurrection aux œuures mortifiées par la venue de cet Aquilon impiteux & impetueux, le pe-

sur le Cantique des Cantiques. 21

ché capital, ne plus ne moins que la douce chaleur de la primeuere redóne le bel habit aux arbres, que le froid hyuer auoit despoüillez de tout ornement. Que le grain de fromēt soit jetté en terre tāt qu'il vous plaira, si le Soleil ne luy participe son influence fauorable, il ne produira iamais d'espics: faictes tāt de bónes œuures qu'il vous plaira, *iettez dās le sein des pauures toutes vos facultez*, si tout cela n'est auiué de l'Amour, *il ne profite de rien pour la vie eternelle*. Le Phœnix ne renaistroit iamais de sa cendre, si le Soleil ne le ranimoit: faites tāt de Penitence que vous voudrez, si elle n'est faicte par l'Amour, pour l'Amour, & en l'Amour, elle est autāt inutile que celle de ces miserables reprouuez, dont il est escrit, *Pœnitentiam agentes, & præ angustia spiritus gemētā*; ce qui distingua celle de Iudas de celle de S. Pierre, ce fut l'Amour, pierre de discernemēt & de touche, pour separer le frāc du faux alloy, *le precieux du vil.* Auez vous iamais aduisé, Auditeurs, cóme le fer masse lourde, metail pesant, est cóme auiué par le toucher de l'aymant. Toute œuure en soy n'est que terre, mais frottée à l'aymāt de l'amour elle deuient toute celeste. *Que sursū sunt sapit, nō quæ super terrā.*

<small>Si charitatem non habuero, nil mihi prodest. 1. Corinth. cap. 13.</small>

<small>Prætiosum à vili. Iere. 15.</small>

B iij

Retenez de ce discours, mes bien-aymez. 1. L'excellence de ce Cantique du S. Amour, que nous entreprenons, moyennant la grace *du Pere des lumieres*, & l'assistance de vos prieres, de vous explicquer. 2. La primauté & préeminence de ce commandement d'aymer Dieu, lequel vous benisse à iamais. Amen.

Excellence de ce commandement.

HOMELIE II.

Ordinavit in me Charitatem. Cantic. 2.

FAVT-il donc employer tant de persuasions, pour insinuer la charité en vos cœurs, & les plier soubs le joug agreable du S. Amour? O siecle, non ja de glace ou de cristal, mais de fer & de bronze, ô temps à contretemps, ô aage infortuné & miserable! L'Amour du monde meine à perdition, *Mergit homines ad interitum*, & il a tant de suiuans; celuy de Dieu a salut, & peu l'ombrassent, *Viæ Syon lugent, quia non est qui veniat ad solemnitatem.* Il ne faut point de persuasiōs

sur le Cantique des Cantiques.

à l'enfançon pour luy faire cherir les mammelles de sa chere mere, viues sources de sa vie, son element, son aliment. O mon IESVS, & nous faudra t'il des desguisemens & des artifices pour nous faire desirer *vos mammelles meilleures mille fois que le vin de tous les plaisirs mondains.* C'est neantmoins à quoy tendent ces discours, paranymphes de vostre Amour. Mais ne nous embarquons pas sans le biscuit de la grace, & sans regarder nostre Tramontane. *Aue Maria.*

Meliora sunt vbera tua vino. Cant. 1.

L'Excellence & la pratique de ce precepte d'aymer Dieu, feront la matiere & les deux parties de ce discours, que ie commence soubs les auspices de vostre fauorable attention, mon tres-cher Auditoire.

I.

La premiere Excellence, ie la tire de sa nouueauté, nouueauté qui adjouste tousjours quelque surcroist de grace aux choses qui de soy sont belles & bonnes. L'Espouse de nostre Cantique ne parle que de Printemps & de fleurs: or ce temps est le rajeunissement de l'an, & parle vulgaire

B iiij

appellé le nouueau, & les fleurs ne plaisent que nouuelles & fraîches, la rose qui en est la Princesse n'agrée qu'en sa premiere pointe & nouuellement éclose. Ce commandement d'Amour est à la verité ancien en sa naissance, mais nouueau en sa renaissance. La nouuelle Loy l'a de beaucoup perfectionné pardessus la pratique de l'ancienne, il a mué comme l'Aigle, & il s'est rajeuny & renforcé. Il a bien esté dict aux Anciens, cõme parle le Sauueur, *Vous aymerez vostre prochain : mais moy ie vous dy, aymez vos ennemis, si vous voulez estre enfans de vostre Pere celeste, dont le Soleil luit egalement sur les mauuais que sur les bons.* Voyez vous comme le Redempteur rehausse ce precepte à vn sublime degré de perfection, tout ainsi que l'essence d'vn simple passée par l'alambic, a bien plus de force que le simple mesme; ainsi l'Amour qui estoit vn simple tout simple en la Loy de Moyse, receut à ce feu que IESVS-CHRIST est venu allumer en terre, & coulé par l'estamine de sa grace, redouble sa vigueur & deuient vne ardente eau de vie rejaillissante à l'immortalité de la gloire. Nous n'auons point receu l'esprit de seruitude & de crainte, disoit sainct

Dictum est antiquis, diliges proximum tuũ. Math. 5.

Ignem veni mittere in terram. Luc. 12. Fons aquæ viuæ saliens ad vitam æternam. Ioan. 4. Non accepimus spiritum seruitutis in timore. Rom. 8.

sur le Cantique des Cantiques. 25

Paul, *mais bien celuy d'adoption, auquel nous nous escrions, Abba Pere, ceste loy n'est plus escrite sur la dureté de la pierre, mais sur la molle condescendance, & la charte viue de nos cœurs.* Ce n'est plus ceste tonnante & estonnante Loy du Sina, mais la douce & amiable Loy d'Amour communiquee aux Apostres par des lãgues de feu, de feu lechant & allechant comme vne langue. C'est donc ce Cantique *nouueau qui compose la louange de Dieu en l'Eglise des Saincts*, ou pour mieux dire, c'est ce thresor du bon mesnager Euangelique composé d'antiquailles *& de nouueautez.* Ce sont *ces pommes fraisches & estrannees* que l'Espouse reserue soigneusemẽt pour son Bien-aymé, c'est *ce commãdement nouueau* que le grand Sauueur *donne à ses Apostres, de s'aymer entr'eux comme il les a aymez*, imitans sa dilection sacrée. *O beauté si ancienne, & si nouuelle, que i'ay commencé tard à vous aymer*, dit sainct Augustin: il l'appelle ancienne, car c'est la beauté eternelle *de l'Ancien des iours*, mais nouuelle pour soy, parce qu'il l'auoit recherchee & cherie trop tard selon son desir.

La seconde excellence se tirera de la fin de ce commandement, fin la premiere en

In tabulis cordis carnalibus.
2.Cor. 3.

Cãtate Domino canticum nouum : laus eius in Ecclesia sanctorum. Psal. 149.
De thesauro suo noua & vetera. Mat. 13.
Poma noua & vetera dilecte, mi seruaui tibi. Cant. 7.
Mandatum nouum do vobis. Ioan. 13.
Antiquus dierum. Daniel.7.

l'intention, mais la derniere en l'execution, selon l'axiome: l'ouurier a en son idee la fin de l'ouurage qu'il commence; cet ouurier Euangelique est *digne de loyer*, qui en commençant vne bonne œuure, la determine à la fin du diuin amour: c'est vn franc archer s'il vise tousiours droictement à ce but: *la charité c'est la fin de tous les preceptes*, dict l'Apostre: la fin donne l'estre à la chose, & la charité donne l'estre aux vertus: tous ces ruisseaux doiuent rouler à cet Occean pour se conseruer en l'eternité.

Redde operarijs mercedem. Math. 20.

Finis præcepti est charitas. 1. ad Tim. c. 1.

La troisiesme, de sa briefueté, voulez-vous expedier en vn mot toute la Loy, *Aymez*, dict sainct Augustin, *tout coopere en bien à ceux qui ayment Dieu*. Que la multitude des preceptes diuins ne vous effraye pas: à proprement parler, il n'y en a qu'vn qui est tout d'amour, & l'Amour mesme, chemin court & abregé pour paruenir au Ciel, c'est *ce chemin excellent* que l'Apostre conseille aux Corinthiens de prendre, c'est *ceste voye qui conduit à la vie*, & tost & asseurément. Que les Poëtes & les Astronomes ne nous amusent plus de leur Galaxie ou voye de laict, cela n'est qu'en vanité, ce que la Charité est en verité. Es-

Diligentibus Deum omnia cooperantur in bonum. Rom. 8.

Meliorem viam vobis ostendo. 1. ad Cor. 12. Hæc est via quæ ducit ad vitam.

sur le Cantique des Cantiques. 27

chelle de Iacob où l'on vole en marchât, où l'on marche en volant, qui de la terre nous guide & nous guinde dans le sein de Dieu, *verge de fumee, qui monte du desert de ce monde vers les cieux.* Sicut virgula fumi ex aromatibus. *Cant. 3.*

La quatriesme excellence se tire de l'vtilité : & quel plus grand profit que de posseder en vn seul poinct toutes choses? pourquoy s'empresser auec Marthe de tant d'affaires ? *vne seule est necessaire, c'est d'aymer auec Marie, part tres-bonne, qui ne sera iamais ostée.* La charité est l'or & la monnoye qui paye tout, qui achepte tout, *cherchez Dieu & son Royaume*, qui n'est autre que sa grace & son amour, *& voyla que tout vous sera adiousté. Mon Dieu m'est toutes choses*, disoit sainct François, ouy, car toute la multiplicité des creatures est bien plus excellemment en l'vnité du Createur qu'en leur varieté. L'on peut amasser beaucoup de merites auec les autres vertus : mais comme l'on aduance plus sur mer d'vn coup de vent, que de cent traicts de rame pour forte que soit la chiorme; ainsi par les actes d'amour l'on acquiert plus de richesses spirituelles que par aucunes autres actions vertueuses, pour esclattantes qu'elles puissent estre; Vnum est necessariũ. *Luc. 10.*

Quærite regnũ Dei, & omnia adijcientur vobis. *Math. 6.*

car rien ne peut auoir prix deuant Dieu que ce qui est faict pour son amour, & par l'amour, si que l'on peut dire de la saincte charité ce qui est escrit, *Multa filia congregauerunt sibi diuitias, tu vero supergressa es vniuersas.*

La facilité de ce precepte nous preste jour à vne sixiesme Excellence. Il est facile d'aymer, & d'aymer Dieu, comme de respirer, & respirer l'air, l'aymer estant autant naturel à l'ame que la respiration au corps. Toute faculté se delecte en son exercice, & se porte auec facilité vers son object : L'œil, dict le sacré texte, *ne se saoule iamais de voir*, disons aussi, que ny le cœur d'aymer. Grãde peine à l'œil quand la cataracte l'offusque, plus grande au cœur quand il est priué d'amour : ceste vacuité est autant insupportable aux choses spirituelles, selon mon aduis, qu'aux corporelles : les Anges & les bien-heureux sans l'Amour, n'auroient point de felicité ; & le comble de l'infelicité des Diables & des damnez, c'est d'estre priuez d'amour. Que leurs yeux soient aueuglez, leurs aureilles assourdies, leur sentiment affligé : tout cela ne les trauaille point tant comme la priuation de ceste

Non satiatur oculus visu. Eccl. 1.

sur le Cantique des Cantiques. 29

veuë amoureuse, de cet Amour clairvoyant du souuerain bien. O combien penible & difficile sera la vie mourante, & la mort viuäte des damnez, puis qu'ils n'aurót pas le pouuoir d'exercer vne fonction si facile que celle de l'Amour! ô Amour sainct, si vne estincelle de ton feu pouuoit tomber dans l'Enfer, il ne seroit plus Enfer, il n'auroit plus de peines. Cet exercice est facile : car il est commun au sain & au malade, au riche & au pauure, au grand & au petit, à l'ignorant & au docte, en vn mot, indifferemment à tous: si que ceux qui ne le pratiquent sont inexcusables deuant Dieu & les hommes. O Dieu que vostre chere bonté a mis nostre perfection en vn acte facile, il n'est point question comme pour acquerir la gloire de la valeur militaire de se precipiter en mille perils, comme pour amasser des richesses, de fretter les mers auec mille risques : mais seulement d'aymer, chose si delectable, non que facile & aysee. Combien Esther deuoit-elle aymer cet Assuere qui luy offrit la moitié de son Royaume? Et quel Amour deuons-nous auoir pour ce Roy de gloire qui offre à nostre amour son Royaume eternel,

& tonventier? O ames plus ingrates que la froide Dina qui ne peut iamais conceuoir d'affection pour ce Roy esperdu des Sichimites, qui se resolut à la rigueur de la Circoncision pour son amour: Et que n'a faict pour gaigner nos cœurs ce Iesvs circoncis, ce Iesvs mourant, & de la mort de la Croix? O ames plus volages que ceste Rachel, qui oublie les seruices affectueux de son Iacob, & le quitte pour des pommes qui endorment.

Surge qui dormis, & exurge à mortuis. ad Ephes. 5.
ego ad ostiū & pulso. Apoc. 3.

Resueillez-vous, ames engourdies, mais *resueillez-vous de la mort du peché*, escourez la voix de l'Espoux qui vous appelle à sa dilection, mais dilection qu'il veut estre d'election & volontaire, 6. excellence de la charité. Escoutez le donc comme *il frappe à la porte de vostre cœur*: mais frappe si mignardement & delicatement, que c'est seulement de la voix, *vox dilecti pulsantis. Ouure moy*, dit ceste poussante & pressante voix, *ma sœur, mon espouse, hé! ie t'en coniure par les gouttes de la*

Caput meū plenum est rore. Cant. 5.
grace dont distille mon chef, par la rosee de mes inspirations. Ah! que n'enfoncez vous la porte de ceste paresseuse & ingrate, ô cher Amant, qui pour de si friuoles empeschemens retarde de vous ouurir; certes il nous

sur le Cantique des Cantiques. 31

veut pas la contraindre, mais la conuier; il y employe bien les mains, mais c'est seulemēt pour tenter si auec le doigt il pourroit point ouurir le pesne de la serrure: mais ne trouuant aucun lieu de condescendance, tout estant bouché par cet iniuste refus il passe outre & s'en va: Et puis ceste lasche amante le veut quand il n'est plus temps. L'Amour a bien des chaisnes, mais elles sont toutes d'or, & de soye, pour enlacer & engager la volonté, non pour la violenter; il exerce son empire sans tyránie, il n'a point de forçats à contrecœur, ce sont tous volontaires, *volontarie sacrificabo tibi, & confitebor nomini tuo Domine, quoniam bonum est*. C'est vn Hercule Gaulois qui tient attachez ses suiuans, non par les aureilles, mais par les cœurs auec des chaisnettes si deliees qu'elles sont imperceptibles. O mon Iesvs, ie sçay que la Noblesse de mō Amour prouient de sa franchise; mais que ie renoncerois volontiers à ceste volōté pour la rendre heureusement seruante & esclaue de la vostre. O que ie renoncerois franchement à ceste franchise, qui pour vn brin d'honneur me porte d'ailleurs tant de preiudices quand elle se courbe au mal,

Psal. 54.

Non quod volo bonū hoc facio. Rom. 7.
Psal. 118.

me faisant vouloir contre ma volonté le mal que ie ne veux pas, prenez-la, mon cher Maistre, *& confige timore tuo pariter & amore carnes meas.* O seruitude preferable à quelconque Royauté! O liberté miserable, pleine de tant de desloyauté, cause de tant de perfidies!

Heureuse liberté neantmoins, puis que c'est la racine de tout merite aussi bien que du demerite terrien, de la vertu comme du peché. Liberté qui nous faict aller à droict ou à gauche, selon nos desirs; liberté en laquelle consiste la pratique de ce Commandement, seconde traicté de ceste Homelie.

II.

Que ces termes puissans, que ces circonstances exactes, *d'aymer Dieu de tout son cœur, de toute son ame, de tout son esprit, de toutes ses forces*, ne vous estonnent point, mes bien aymez, tout cela se resoult en vn petit mot de doctrine que les Maistres appellent *æstimation*. Entendez.

Dieu ne demande pas de nous autres qu'y rampons icy bas sur la terre, que nous soyons continuellement en l'acte d'Amour & d'vnion auec luy, c'est affaire aux bien-heureux, qui le voyans sans cesse

l'ayment

sur le Cantique des Cantiques. 33

l'aymẽt aussi tousiours, & n'ont autre exercice que de l'aymer en l'adorant, & l'adorer en l'aymant: mais il requiert en nous l'habitude de ceste *Charité diffuse en nos cœurs par son Esprit*: Grace qui ne manque iamais à ceux qui de leur part *font ce qu'ils peuuent pour n'y faire point d'obstacle.* Imaginez-vous ie vous supplie le grand sainct François dormant, & vne ame nouuellement conuertie en vne feruente priere : certes celle-cy est en l'acte de la Charité: mais qui ne dira que celuy-là est plus auant en l'habitude. L'action est comme vn feu de paille de beaucoup de lueur, de peu de chaleur : l'habitude comme le fer rougy sombre, mais bien ardant : l'Amour de celle-cy est plus solide, de l'autre plus ondoyant & passagere : les plus grands pecheurs ont de ces esclattantes & feruentes actions, mais l'habitude n'est que pour les ames *fondées & enracinées* au vray Amour.

Charitas Dei diffusa in cordibus nostris per Spiritum sanctum. *Rom.* 5.

In charitate radicati, & fundati. *Eph.* 3.

Or ceste habitude consiste en vne vraye, essentielle, claire & profonde estime de Dieu par dessus tout ce qui est estimable, & au dessus de toute comparaison : car la Charité nous fait priser & aymer Dieu

C

d'vn amour de dilection, d'vne dilection d'election; mais d'vne election incomparable: si que toutes les autres affections, pour sainctes & iustes qu'elles soient, s'esclypsent deuant ce Soleil. Vn brin de cet Amour vaut mieux que toute ceste fourmilliere d'amours qui voltigent dedans le monde: comme vne petite perle vaut mieux qu'vn grand rocher, comme vne once de baume vaut plusieurs liures d'huille commun. *Cet Amour est vn baume espanché qui prouoque à l'amour* de celuy qui n'est pas tant le Iacob parfumé comme le parfum mesme.

<small>Oleum effusum nomen tuum. Cant. 1.</small>

Vn homme ayme son voisin, & ayme aussi son Roy, il pleurera peut estre plus amerement la perte de celuy-là que de celuy-cy; est-ce à dire qu'il estime moins dommageable la mort de son Prince; nenny certes, mais c'est qu'il a plus d'amour sensitif pour l'vn, plus de raisonnable pour l'autre; comme la mere qui semble oublier son mary tant elle est empressee de son poupon nouueau nay, l'ayme-t-elle plus, certes non; mais elle ayme celuy-cy d'vn amour enjoué, & qui comme son obiect participe de l'enfance, mais l'autre d'vn amour plus serieux, aussi plus ferme & vigoureux, & les enfans mesmes autrement les ayment les peres & les meres quand ils sont petits, & quand ils sont grands leur amour change, & croist à mesure qu'ils croissent.

Heureux qui peut dire du S. Amour ce que Salomon de la Sagesse, *Proposui illam sedibus & regnis, & diuitias præ ea nihil esse duxi*: qui és tentations prend le party de Dieu, comme la chaste Susanne, criant au plus fort de leurs tempestes VIVE IESVS; qui comme le chaste Ioseph mesprise les impudiques allechemens de l'amour du monde pour garder vne inuiolable fidelité au diuin Espoux. Qui comme Moyse sçait preferer la Croix aux delices de Pharao : Comme le bon Eleazar qui eslit vne mort glorieuse plustost qu'vne vie contaminee de viandes defenduës. Comme vn sainct Paul, qui ne peut estre distraict de l'Amour du Sauueur pour les tribulations, les angoisses, & la mort. Comme vn Abraham qui sçait preferer Isaac à Ismael, & Sara à Agar, voire mesme l'obeïssance à la diuine volonté, à l'Amour

C ij

de son propre fils. C'est à ceste preferen-ce que nous porte ceste estime, qui faict que l'Amour de Dieu, comme l'huille, surnage toutes les liqueurs de nos au-tres affections; ceste estime, ceste prefe-rence, c'est la pierre de touche du vray amour. Le fer mis entre deux aymans, va sans doute au plus fort qui luy iette plus d'attraicts & d'esprits: le cœur mis entre deux Amours se porte à celuy qui a vn plus puissant ascendant sur sa volon-té, *Où le vay*, disoit sainct Augustin, *ie suis transporté par l'amour*.

Et le cœur dilaté par l'amour court aisément en la route de tous les prece-ptes, ainsi l'asseure le Psalmiste, *Viam mandatorum tuorum cucurri cum dilatasti cor meum*. Or consolez-vous, ames pusilla-nimes: car cet amour que vous pense-riez estre logé à vn si haut feste consi-ste en fin & se pratique en la fidele ob-seruance des Commandemens: car com-me celuy qui ayme accomplit la Loy, aus-si celuy qui accomplit la Loy, ayme vrayement & comme il faut. Iob est ap-pellé *iuste & doux*, parce qu'il estoit exact obseruateur de la Loy de Dieu. Ceste Loy est la reigle de cet Amour,

Psal. 118.

Qui diligit legem im-pleuit.

Iustus & re-ctus & ti-mens Deu. *Iob.* 1.

sur le Cantique des Cantiques. 37

& l'Amour est l'executeur de ceste reigle. Iosias ce bon Prince, est dict auoir aymé Dieu de tout son cœur, *parce qu'il auoit cheminé en tous les preceptes de la Loy de Moyse*. C'est donc aymer Dieu de tout son cœur, de toute son ame, de tout son esprit, & de toutes ses forces, *& l'aymer d'vne charité non feinte*, que d'obseruer ses Commandemens : ainsi le dict la mesme Verité, *si quis diligit me sermonem meum seruabit*, où les Commandemens sont appellez au singulier comme vn seul precepte. Et ces Commandemens ne sont point mal-aisez, si nous ne voulons contredire l'Escriture qui dict, *Mandata eius grauia non sunt*, & qui les appelle *vn ioug suaue, vn faix leger*. Il n'y a que les iniques qui feignent du trauail à les accomplir. O Dieu, comment ce siecle peut-il nourrir des esprits qui les estiment impossibles à pratiquer, comme si Dieu qui nous les a donnez pour eschellons de salut, les auoit dressez comme des pieges pour nous perdre. *Domine narrauerunt mihi iniqui fabulationes, sed non vt lex tua. Deus meus volui, & legem tuam in medio cordis mei. Diligam te Domine fortitudo mea.*

In charitate nō ficta.
2.Cor. 6.6.

Iugum suaue & onus meum leue.
Matth. 11.
Adhæreret tibi sedes iniquitatis qui fingis laborem in præcepto.
Psal. 93.

C iij

En vous aymant vous me donnerez la force de les executer, vous mettant comme vn *cachet sur mon bras*: cependant, *Diligam mandata tua super aurum, & topazion. Concupiscet anima mea desiderare iustificationes tuas in omni tempore.* Ie vous aymeray d'vn amour d'amitié, d'vne amitié de dilection, d'vne dilection d'election, d'vne election de preference, d'vne preference incomparable & souueraine comme surnaturelle. Si que *ie ne vine plus moy, mais vous en moy,* & moy en vous, mon cher Iesvs, qui viuez & regnez auec le Pere & le Sainct Esprit és siecles des siecles. *Amen.*

De la Suave force de ce Commandement.

HOMELIE III.

Ordinauit in me Charitatem. Cant. 2.

EST-il rien de plus mol que l'eau? est-il rien de plus dur que la pierre? D'où vient donc que la dureté de celle-cy est cauée par la mollesse de celle-la? grande force de la douceur, qui tient vn empire si puissant sur les cœurs les plus endurcis. Qui diroit que le diamant qui ne cede ny aux limes, ny aux marteaux, s'amollist & se rendist taillable & flexible au sang de cheureau, si l'experience ne le rendoit manifeste? Que ne doit faire le sang tout bouillant d'Amour de l'Agneau sans tache sur les cœurs plus diamantins? O diuine Loy du sainct Amour, que tu es puissamment suaue, que tu es doucement forte. O Amour sacré, rien n'esgale ta puissance, mais puissance si douce & si aymable, que comme rien n'est si puissant que sa force, rien n'est si aymable que sa douceur, rien n'est si fort que sa douceur, rien n'est si doux que sa force. O douce Vierge *O femme forte*, icy vostre assistance. *Ave Maria.*

Ex forti dulcedo. *Iudith.* 14.

CE Commandement, mes tres-chers, est ce Lyon de Sanson, puis que *la douceur sort de sa force*, & la force de sa douceur, douceur & force, qualitez, quoy que dissemblables, qui s'accostent neantmoins & s'vnissent pour rendre d'autant plus admirable par leur association la saincte Charité. Voyons les l'vn apres l'autre.

I.

Quel est ce barbare qui oyant nommer l'Amour, ne sente ses entrailles attendries & surfondües de douceur. *Mon ame s'est escoulee*, dict nostre Amante, à la seule voix de mon Espoux. La baleine est bien forte, & nompareillement puissante, elle est bien si grande qu'elle *paroist comme vne montaigne dans la mer*, & le *cormoran de la mer*. Ce n'est pas neantmoins auec la force qu'elle trouue la proye, dót

*Anima mea liquefacta est, vt dilectus locutus est. Cant. 5. Montes in medio maris. Psal. 4*3.

sur le Cantique des Cantiques. 41

elle se nourrit: mais par l'industrie de son ambre qu'elle jette, pour attirer le menu poisson, par ceste douce senteur attiré l'engloutir. Dieu est si grand que *sa grandeur n'a point de fin*; si que son infinité pourroit bien prédre toutes choses, puis qu'elle les cóprend toutes, mais il ayme mieux employer la douceur de son amour pour attirer nos cœurs, sa pasture tres aymée, que de les enleuer *par la puissance de son bras*, pour cela *il dispose toutes choses auec vne grande suauité*. Pour cela *il a proferé de sa bouche vne loy de feu*, c'est à dire toute d'amour: feu sacré que le Sauueur de nos ames a tant desiré allumer en nos cœurs, qu'il n'a cessé de trauailler & souspirer pour ceste occasion iusques à la mort, & la mort de la Croix.

Magnitudinis eius non est finis. Ps. 144.

Fecit potétiá in brachio suo. Luc. 1.
Disponit omnia suauiter. Sap. 8.
Ex ore eius ignea lex. Deut. 33.

Hé! Dieu qui pourroit dignement exprimer la suauité de ceste saincte Loy, qui nous ordonne d'aymer celuy sans lequel nous ne sçaurions subsister, ou subsister que miserables. Si ce commandement estoit faict aux reprouuez dans les enfers, auec pouuoir de le pratiquer, l'enfer ne seroit plus enfer: & si dans le Paradis *la Charité pouuoit defaillir*, comme la foy & l'esperance defauderont, la felicité seroit

Charitas numquam

deficit. 1 ad Cor. 4.

malheureuse. O quel malheur des damnez, de ne pouuoir aymer vne si souueraine bonté : ô quelle felicité des biensheureux, de ne pouuoir deschoir d'vn si doux Amour. *O que bien-heureux est l'homme qui met sa volonté en ceste Loy de Dieu, & y applique nuict & iour sa pensee.* Il sera sans doubte, *comme vn bel arbre planté sur le courant des eaux, donnant du fruict en sa saison.* O Loy de grace, que tu es aduantagee par dessus les autres en celle de nature : ce n'est qu'ordonnance de mort, *Morte morieris* : en celle de Moyse ce n'est que rigueur, que terreur, que menaces, que feux, que tonnerres, qu'esclairs, que pierres grauees, & pierres à feu, que buissons ardans, que nuages, que tempestes : mais la nouuelle est vne Loy d'Amour, toute de douces langues, langues de feu, mais de feu lechant & allechant, d'vn feu qui esclaire & eschauffe, sans tuer, sans deuorer, sans consommer. Là ce n'est que fiel, icy que miel, là sel, icy sucre, là rigueur, icy douceur, là l'esguille poignante, icy la soye douce & amiable. *O Seigneur que vostre esprit est doux & suaue.* Mes freres, *goustez & voyez combien Dieu nous est doux.*

Psal. 1.

Gen. 3.

O quàm suauis est Domino spiritus tuus. Sap. 12.

sur le Cantique des Cantiques. 43

Quand bien il y auroit quelque sorte de difficulté, à cause de nos peruerses habitudes, *à mettre nos pas en ces voyes* des cōmandemens diuins, selon que disoit Dauid, *Propter verba labiorum tuorum, ego custodiui vias duras* : si est-ce que l'Amour chāgeroit aysémēt *Aspera in vias planas*. Aussi ce mesme Roy Prophete en estant animé, disoit, *Latum mandatum tuum nimis*. Nulle pilulle semble amere couuerte de l'or de la Charité, c'est vn syrop qui sert de vehicule, pour faire prendre les plus reuesches medicamens. C'est *vne onction qui faict pourrir*, & trouuer mol *le ioug* des diuins preceptes : par tout où est l'Amour, là est la facilité : oignez les roües d'vn horologe, il coulera facilement, ses ressorts en ioüeront mieux.

Dieu nous traitte vrayement en Pére, & comme ses enfans : car comme pour faire prendre des remedes aux enfans malades, l'on frotte de miel ou de sucre le bord du gobelet ; ainsi voulant nous ingerer sa Loy, contenant en soy les remedes de tous nos maux, il a proposé son Amour à l'abord, afin qu'il facilitast la pratique du reste. Et certes comme toutes les pierreries s'esclaircissent dedans le

Gustate & videte, quā suauis est Dominus. Psal. 33. pirige gressus meos in semitis tuis. Psal. 16.

Cōputres cet iugum à facie olei. Esai. 10.

miel, ainsi tous les articles du Decalogue, que le Psalmiste proteste d'aymer *plus que l'or, ny le Topaze*, detrempez & temperez d'Amour, acquierent vn prix & vn lustre merueilleux.

Psal.118.

Mais qu'il me soit icy permis, ô mes freres, de vous manifester vn sentiment de l'excez de mon ame. Hé! ie vous prie, n'estoit-ce pas assez que ceste diuine bonté nous permist de l'aymer, à nous dis-je, *boüe, fange, & vermisseaux de terre*, comme Laban permit à Iacob la recherche de Rachel, Alexandre à Apelles, celle de la belle Compaspé, & Saül à Dauid, celle de Michol, sans nous en faire la jussion si expresse.

Ego vermis & non homo. Psa.21. Memento quod sicut lutũ feceris me. Iob. 10.

Certes ie ne peux assez admirer ceste bonté infinie, & nostre extreme ingratitude, puisque pressez par vne si douce vehemence, nous auons encores de la peine à soubmettre à cet aymable joug nos volontez rebelles & refractaires.

O si Dieu auoit defendu à nostre indignité, *la recherche de son beau visage*, quel creuecœur saisiroit les ames genereuses? que ne tenteroient elles pour auoir ceste

Faciem mã Domine requiram. Psal. 26.

licence d'aymer le souuerain bien ? A quels perils ne s'exposeroient-elles pour l'obtenir? Que ne faict Dauid pour acquerir Michol, Iacob pour conquerir Rachel? O disoient les Assyriens assiegeans Bethulie, & voyant Iudith, quelles prouesses ne deuons nous exercer, pour acquerir ces belles Israëlites?

O sainct Amour de mon Dieu, vous vous donnez à trop bon conte, *Venite, emite absque argento lac & mel, haurite aquas cum gaudio de fontibus Saluatoris.* Si vous estiez plus renchery, vous en seriez plus chery. La terre promise en fut d'autant plus agreable à Israël, que la conqueste luy en fut penible. Cela semble plus precieux & exquis qui couste dauantage.

Quelle grace a vn Gentil-homme, qui picqué de l'excellente beauté d'vne fille, d'ailleurs si riche, qu'il n'ose presque aspirer de l'esperer, content de souspirer son desastre qui l'a porté à oser aymer trop hautement, quand sa vertu & son addresse sur-passant ses moyens le faict aggreer au parens de ceste beauté

tant aymee, qui luy en permettent le seruice & le pourchas. O Amour eternel,
que vous estés sublime, *mon ame se pasme
en la consideration de vostre demeure*. O bonté souueraine, & souuerainement aymable, vous soyez benie à iamais, de ce que
vous daigniez permettre à ceste chetiue
creature de vous aymer souuerainement,
*Domine mandata tua quasiui in toto corde meo,
exquisiui te, ne repellas me à mandatis tuis;*
animé de ceste douce semonce, *Quærite
Dominum, & confirmamini, quærite faciem
eius semper. Accedite ad eum & illuminamini;
& facies vestræ non confundentur*. Est-il quelque douceur plus douce que cét Amour?
est-il quelque Amour plus aymable que
ceste douceur? ô Amour suaue.

*Deficit ani-
ma mea in
atria Do-
mini.
Psal. 83.*

Psal. 118.

II.

Mais Amour suauemẽt puissant, Amour
doucement fort, *& fort comme la mort*: car
si la mort separe l'ame du corps, l'Amour
separe l'ame de l'ame. *Glaiue* admirable
arriuant iusques à la diuision de l'ame & de
l'esprit: laissant l'ame qui anime dedans
le corps de l'Amant, & celle qui ayme la
transportant en l'aymé, comme si l'ame
estoit diuisible. Partage miraculeux, miracle reserué à la puissance de l'Amour.

*Fortis est vt
mors dile-
ctio Cat. 8.
Gladius
anceps per-
tingens vs-
que ad di-
uisionem
animæ &
spiritus.
Hebr. 4.*

sur le Cantique des Cantiques. 47

Ie ne vis plus moy, disoit le grand Apostre, ou si ie vis, non ce n'est plus moy, mais mon IESVS, qui vit en moy. *Ie vis en la foy de ce cher Sauueur qui m'a aymé, & qui s'est donné luy mesme pour moy. Il m'a aymé d'vne charité perpetuelle, de laquelle pressé il m'a attiré, ayant pitié de moy.* O doux & diuin Amāt, vraye *pierre angulaire*, & pierre d'aymant, touchez de grace, touchez nos cœurs de fer, afin qu'ils se retournent vers vous, comme ce metal vers la calamité, par vne saincte reciprocatiō. *Tirez nous apres vous:* voyez-vous en ce traict, en cet attraict la suaue force de l'Amour: *& nous courrons*, voyez-vous sa violence, sa vehemence, mais impetuosité douce & volōtaire, car ce n'est pas auec des chaisnes ferrées que se faict ceste attraction, cet enleuement: mais auec des transpirations signifiées par les filets des parfums, *Nous courrons en l'odeur de vos aromates*, vous suiuans comme les animaux la Panthere, amorcez par sa suaue exhalaison.

Le cœur humain tient du naturel doce Roc d'Elide, qui se remuë du bout du doigt, & est inescroustable aux plus fortes secousses; la douceur le flechit, la violence le cabre. Si vous le contraignez

Viuo in fide filij Dei qui dilexit me. Charitate perpetua dilexi te, ideo attraxi te miserans tui. Iere. 31. Lapis factus in caput anguli. Pſ. 117. Trahe nos, post te curremus. Cant. 1.

Curremus in odorem vnguentorum tuorū. Cantic. 1.

vous le perdez, si vous flechissez deuant luy, vous le gaignez. C'est ce qui rend la force de l'Amour par de là toute force, parce que ceste passion s'emparant doucement de la forteresse du cœur, elle la regente d'autant plus absolument & puissamment, que doucement & mignardement tout cede volontairement à l'Amour.

<small>Sueto. in eius vita.</small>

Cesar Auguste ayant essayé les voyes de rigueur, pour se faire redouter à l'entrée de son Empire, fut aduisé que ce procedé multiplioit auec les indignatiōs les conjurations, il en descouure vne brassée par Cinna, il luy pardonne ceste grace, luy acquit vn monde de cœurs, & tellement les graces de tout le monde, que tous les monopoles qui se machinoient contre sa puissance furent dissipez. Il donna la vie à Furnius, qui auoit entrepris sur la sienne, Furnius redeuable de sa vie à la bōté de Cesar, la prodiga en guerre pour son seruice.

<small>Seneca de benefic.</small>

Sainct Paul, qui pressé d'vn mauuais zele auant sa conuersion, ne respiroit que le sang des Chrestiens, touché du traict de ce diuin Amour, veut estre anatheme pour ses freres, & expose cent fois sa vie pour

sur le Cantique des Cantiques. 49

pour leur salut. Vn Zachée, vne Magdelaine, vn Mathieu, vn Dimas, embrasez de ce feu, font des conuersions si estranges, qu'elles meritent plustost l'admiration, que l'explication.

Nulle force est comparable à celle de l'Amour. Que les vents sousterrains excitent tât de terre-trembles que vous voudrez, que les torrens entrainent tout ce qu'ils rencontrent, que les embrasemens consomment tout ce qui peut seruir d'aliment à l'element du feu: ces effects sont bien loin au dessous de ceux de l'Amour. C'est luy qui rauit les Elies dans les chariots flambans: luy qui transporte les cœurs, qui enleue les ames, pour les faire plustost resider où elles ayment, qu'où elles animent.

Anima plus est vbi amat, quàm vbi animat. August.

C'est luy qui dompte les inuincibles Sansons, qui captiue les Iacobs, si vaillâs d'ailleurs qu'ils luittent contre les Anges; qui faict courir tant de risques aux Dauids, qui reduit les Demetries soubs le seruage de Stratonice, les Ninus soubs celuy de Semiramis. C'est luy qui fit embrasser franchement à Sichem les douleurs de la circoncision pour complaire à Dina.

D

L'Antiquité attachoit des Lyós au chariot de son feint Amour, pour tesmoigner que les plus sauuages Feres se rendent souples à sa puissance. Mais que sera-ce, si auec autant de verité qu'eux de vanité, nous y attachons le Lyon de la Tribu de Iuda, le Sauueur de nos ames? Certes nous le pouuons iustement faire, puisque c'est la force de l'Amour qui l'a porté du Ciel en terre, & qui l'a estendu sur vn dur bois: parfaicte victime *de ceste trop grande & excessiue dilection qu'il nous a portee.* Que ferons nous, mes tres-aymez, pour reciproquer ces sainctes flammes, sinon nous jetter dans ce bucher du Caluaire, & là mourir emmy les ardeurs de ce feu sacré, que ce Phœnix des Amans allume pour se consommer & nous purifier?

O mon ame rends toy à la douce force, pasme dans la forte douceur de ce diuin Amour.

Propter nimiam charitatem qua dilexit nos. Eph. 2.

sur le Cantique des Cantiques.

Que nous deuons aymer Dieu plus que nous-mesmes.

HOMELIE IV.

Ordinauit in me Charitatem. Cantic. 2.

EST bien vn violét amour, & vne forte tendance que l'herbe Aproxis à vers le feu, puis qu'elle l'attire de tant loing qu'il luy est presenté, ne le quittant iamais que par son entiere consommation. O que bien-heureux est celuy, qui ayant vne fois conceu la saincte charité de ce *Dieu, qui est vn feu consommant*, se perd en soy, pour se trouuer bien plus aduantageusement en ce cher bien-aymé, l'aymant incomparablement plus que soy-mesme. Il peut bien dire auec le Psalmiste ; *Omnis consummationis vidi finem* : car estant en cet Amour, qui est la fin de toute la Loy, & celuy qui a cet Amour, accomplissant & consommant toute la Loy ; que peut-on

Deus ignis consumens est. Deut. 4.

Psa. 118.

D ij

dire, sinon que la perfection consiste & en l'embrassement de tous les preceptes, & en l'embrasement de ceste diuine flamme. Ô! vous Vierge & Mere sans pair, qui auez aymé le *benit fruict de vostre ventre* IESVS, incomparablement plus que vous mesmes, apprenez-nous ceste saincte Philosophie. *Aue Maria.*

Luc. 1.

L'Ordre de ceste charité que nostre texte nous propose est tel: que nous aymions Dieu, non seulement plus que tout, & pardessus tout: mais que grauans son sainct Amour *à la teste du liure* de nostre cœur, nous l'aymions infiniment plus que nous mesmes. Et c'est ce poinct de la diuine dilection par-dessus la nostre propre, que ie desire vous insinuer & enseigner aujourd'huy, mes tres-chers freres, si ie suis assisté de vostre Audience fauorable. Et cela par raisons, pour conuaincre vos entendemens, & puis par exemples pour vaincre vos volontez. Ie tien.

In capite libri scriptũ est de me. Psal. 39.

1.

La 1. raison, sera la raison mesme tirée de la doctrine du Pere des raisonnemens

Aristote. Ce grand Philosophe dict, Que le vray object de la volonté est le bien, si que par tout elle le void, soit en verité, soit en apparence, elle s'y porte, elle s'y transporte: or entre tous les biens, celuy qui nous est le plus propre, dict ce Genie de nature, est celuy qu'elle embrasse plus ardemment, si qu'il estimoit l'Amour propre estre le plus grand de tous les amours. Que pouuoit dire dauantage ce pauure Payen emmy les tenebres de la gentilité, le diuin Amour *qui se respand dãs les cœurs par le sainct Esprit*, luy estant tout à faict incognu ? Mais nous qui esclairez de la resplandissante lumiere de la foy, sommes instruicts en vne meilleure Escole, comme nous recognoissons vne souueraine bonté, infinimẽt plus excellente que nous mesmes : outre que nous tenõs par vne maxime du tout Chrestienne, nostre Amour propre pour la source de tout mal : nous applicquons d'vne façon si eminente nostre Amour enuers ceste supréme bõté, qu'à comparaison de ceste affectiõ, toutes les autres semblẽt n'estre non plus que les Astres en la presence du Soleil. Dieu dõc qui est ce bel objet estãt infiniment plus que nous mesmes, nous

D iij

sommes enclins & portez à l'aymer plus que nous mesmes. *O Seigneur,* dict Dauid, *ie suis vostre, donnez-moy de l'entendement, afin que ie sçache & face vostre loy.* Qui suis-je moy, ô mon Dieu, disoit le Seraphyque François, sinon vn ver de terre? & qui estes-vous, sinon vne infinie beauté & bonté? Quelle conclusion peut-on tirer de ceste aspiration, sinon que ce grād Amant aymoit donc son Dieu incomparablement plus que soy-mesme.

Psal. 118.

Et certes, si ceste maxime Philosophique est veritable, ceste chose estre beaucoup plus excellente en soy, qui communique l'excellence à quelqu'autre : par exéple, le feu qui embrase le fer est beaucoup plus chaud que le fer qu'il faict rouge : Combien sera preferable l'amour diuin à l'humain, puisque c'est ce diuin Amour qui donne la faculté d'aymer aux choses humaines? le Soleil sans doute est plus lumineux que l'air, qui ne tire sa clairté que de la presence de cet Astre.

La 2. raison sera tiree de la nature. Qui ne dira, mes bien-aymez, que le poisson ayme plus l'eau que soy-mesme, puis qu'il ne peut viure hors de l'eau sans perir? si donc il s'ayme, c'est en aymant l'eau qui luy donne l'entretien, que s'il hayt l'eau, qui ne voit qu'en aymant sa distruction, il se hayt soy-mesme? L'oyseau que l'on appelle de Paradis, ayme tellement l'air, qu'on ne le voit iamais en terre que mort. La Salemandre perit ainsi hors des flammes, qui contemperent par leur douce chaleur la glace naturelle qui la transi. O pecheurs, *qui comme poissons coulez & roulez dans la mer du monde*, pouuez-vous bien quitter l'eau de la grace, sans conjurer vostre eternelle ruyne: oyseaux de mauuais augure, *pourquoy quittez vous l'air de la conuersation celeste*, pour croupir dans les affections de la terre des mourans? Salemandres infortunees, pouuez-vous laisser le feu du diuin Amour, sans perir dans la glace de l'indeuotion? L'Aigle de Sestos tesmoigna bien qu'il aymoit sa maistresse plus que soy-mesme, puis qu'il ayma mieux se consommer victime de la fidelité de l'Amour dans son buscher funeste, que de suruiure à la mort d'vne personne si chere.

Renforços ceste raison par l'instinct naturel des Peres & Meres, ie dis tant raisonnables qu'irraisonnables: instinct qui les porte à preferer la conseruation de

Pisces maris qui perambulant semitas maris. Ps. 8.

Conuersatio nostra in coelis sit. Philip. 3.

leur chere progeniture à la leur propre. Qui ne sçait que le Pelican redonne la vie à ses petits aux despens de la sienne? que la Tygresse se deschire quand on luy enleue sa littée? que la poule s'expose au Milan pour sauuer ses petits? Hé! qui ne voit au Phœnix vn amour desesperé de son engeance, puis qu'il se sacrifie à vne mort determinee, pour donner la vie par sa cendre à vn nouueau Phœnix? qui ne sçait que les Abeilles s'exposent à la mort pour leur miel, où est cachee la semence de leurs jettons ou esseins?

Que si vous voulez des exemples raisonnables: Oyez vn Dauid desirant de rachepter par sa mort la vie perduë du perdu Absalon. Entendez vne Agrippine, qui veut bien achepter l'Empire à son fils aux despens de sa vie: *Vne Rachel qui plore en Rama, ne voulant estre consolee sur la perte de ses enfans.* En fin voyez le grand Sauueur se liurant volontairement aux Soldats, mais à condition qu'ils laisseroient aller ses Disciples en liberté. Et qui ne sçait, selon le dire des Iurisconsultes, *Que c'est le commun desir des parens, que leurs enfans les suruiuent?*

Mes plus que tres-chers, que ferons

Vox in Rama audita est, ploratus & ululatus multus.
Math. 2.

nous iamais qui puisse reciproquer le puissant amour de nostre bon & doux Redempteur, qui *ayant tousiours aymé les siens, les a aymez iusques à la fin : & aymez plus que soy-mesme ?* Il est nostre, il est tout nostre, *Nobis datus, nobis natus. I'ay dict à mon Dieu*, disoit Dauid, *Vous estes mon Dieu* : Qu'est-ce à dire, vous estes mon Dieu : c'est à dire vous estes tout mien. O quand seray ie entierement tout vostre, ce sera, mon doux Maistre, quand ie cesseray d'estre mien : *car celuy ne peut estre vostre disciple qui ne hayt iusques à sa propre ame.* O mes freres, *Quel d'entre nous a encor pour son amour resisté iusques au sang* comme pour nostre amour il a respandu tout le sien ; il est nostre, il est tout nostre, & par son Incarnation, & par sa vie, & par son trespas, & encor en la gloire.

Cum dilexisset suos in finem dilexit eos. *Ioan.* 13.

Dixi Domino, Deus meus es tu. *Psal.* 15.

Qui non odit animam suam, non potest esse meus discipulus. *Luc.* 14.

Nondum vsq; ad sanguinem restitistis. *Heb.* 12.

Se nascens dedit socium,
Conuescens in edulium,
Se moriens in pretium,
Se regnans dat in præmium.

De quel amour contr'eschangerons ce grād & inestimable *prix* de nostre rachapt?

Empti estis pretio magno. *1. Cor.* 6.

Tirons nostre troisiesme raison de la vie ciuile. Certes celuy ne se peut dire bon subiect qui n'ayme en quelque sens son superieur plus que soy-mesme, soufmettant humblement sa volonté à la sienne, comme nous voyons mesmes que les Cieux, quoy qu'insensibles, se laissent aller au branse du premier mobile: & ceste obeissante aueugle & prompte, qu'est-ce sinon vn effect de cet amour de preference? Cet Ancien auoit bonne grace, qui pour cajoller vn Empereur prioit le Ciel d'allonger du racourcissement de ses annees celles de ce Prince. Il y a peu de subjects vrayement affectionnez à la Monarchie, qui ne facent de pareils souhaits. Ce Gentil-homme renommé en nostre histoire, pour s'estre mis au deuant d'vn coup qui regardoit son Roy, merite de viure à iamais en la memoire des siecles aduenir. Et ce Zapire qui se laissa desfigurer le visage pour aduancer les affaires de son Prince, tesmoignoit-il pas qu'il auoit plus d'amour pour luy que pour soy? Comme aussi ce seruiteur Romain qui en vne proscription, s'estant reuestu des habits de son maistre, s'exposa franchement aux satellites qui le massacrerent, tandis que son Seigneur se sauuoit. Quand les abeilles font la guerre entre-elles, elles n'ont pas tant d'esgard à con-

sur le Cantique des Cantiques. 59

seruer leur vie que celle de leur Roy. De quelle affection pensez-vous que se porterent à trauers mille morts ces deux braues d'Israël, qui allorent querir à Dauid de l'eau de la cisterne de Bethleem? Que si ces raisons ciuiles & temporelles ont vn si grand ascendant sur les volõtez, que de faire preferer quelque chose à nostre propre bien, que ne pourront les spirituelles & eternelles? Si la patrie terrestre aymee passionnément par quelques Anciens, les a portez à des actiõs heroïques, enregistrees en l'histoire : comme vn Codrus, vn Curtius, Agamedes, & Trophanius : que ne deurions-nous faire pour acquerir ceste portion que nous pretendons *en la patrie celeste, en la terre des viuãs*? Portio mea

C'est aussi ceste raison religieuse que fit in terra j'attache pour quatriesme à la suitte de *Psal.* 141. ceste ciuile, qui a faict germer l'Eglise par le sang de tant de Martyrs, qui preferant l'amour & la gloire de Dieu à leurs propres vies, ont seellé & signé de leur sang les veritez de nostre saincte Foy. C'est ce qui rend les Machabees constans en leurs supplices, c'est ce qui faict mespriser les Lyons à Daniel, les feux à ses compagnons, c'est ce qui faict resiouïr *les Apo-*

stres accablez, & d'ignominies & de douleurs. C'est ce qui leur faict trouuer la douceur en l'amertume de la mort : parce que leur Amour estoit plus fort que la mort. Et n'est-ce pas ceste mesme raisõ qui peupla iadis les deserts d'Orient de tant de milliers de Moynes, & qui auiourd'huy remplit les Cloistres de tant & tant de saincts Religieux, qui viuans si austerement, & traictant si rudement leur chair, tesmoignent bien que l'Amour de IESVS passe de bien loin le leur propre? Nous voyons bien leurs Croix exterieures, mais nous ne voyons pas l'action interieure de ce doux Amour qui les presse à faire encores dauantage, s'ils n'estoient retenus par l'obeïssance & la discretion. Plusieurs emmy ces troupes sainctes, en faict de mortification, sont de l'escot de ces escholiers d'Anthisthene, qui auoient plus de besoin de bride que d'esperon. N'auonsnous pas veu en nos iours ce grand Ange dont l'ame plus ioyeuse & contente sous vn pauure habit de Capucin, que sous les mantes & couronnes Ducales, courir precipitamment en la lice des plus rudes austeritez, *pour emporter le Ciel par violence?* Quelquefois on luy persuadoit de se temperer. Ah! disoit il, si nous allons bien viste nous arriuerons pluftost, & si nous arriuons bien tost, nous iouyrons de meilleure heure du souuerain bien, *In domum Domini ibimus*, disoit ce grand courage. O diuin Amour, que tu passes de beaucoup celuy de nostre vie, en des cœurs bien faicts.

Psal. 121.

Nous tirerons nostre cinquiesme raison de la force de l'amitié, force si grande, qu'elle a bien eu le pouuoir en quelques Anciens de faire preferer l'amy cherement aymé à soy-mesme. Certes, qui lira auec attention l'excez du regret de Dauid sur la perte de son Ionathas, tué sur les croupes de Gelbre, & les imprecations qu'il faict sur ces cimes innocentes, trouuera sans doute qu'il l'aymoit, non seulement autant, mais plus que son ame propre, c'est à dire que sa vie. Qui considerera meurement le desplaisir de S. Augustin, sur le decez de son cher Alipius, recognoistra aysément que sa mort propre luy eust esté plus tolerable que la perte d'vn tel amy, se portant iusques à cet excez de paroles, qu'il corrige en ses Retractations, de dire que cet amy viuoit encores à moitié en soy, & qu'il estoit

demy mort en luy, l'appellant la moitié
de son ame. Car quant aux Pilades &
Orestes, & aux autres paires d'amitié, dôt
l'antiquité nous faict feste; ie m'y arreste
peu, & pour estre profanes, & pour estre
ces Histoires meslees de tant de circonstances fabuleuses, qu'elles perdent sinon
la creance, au moins le credit. Que si l'a-
mitié humaine & morale a bien eu tant
de pouuoir sur des cœurs qui en ont esté
possedez, que de leur faire postposer leur
propre vie à celle de l'amy : He ! mes
Bien-aymez, de quel incôparable amour
deuons-nous cherir celuy qui nous dict
bien que nostre Createur & nostre Maistre, *Iam non dicam vos seruos, sed amicos*
meos : celuy *qui a pris pour nostre amour la*
forme de seruiteur, qui s'est rendu semblable à
nostre chair, qui s'est faict nostre frere. Certes i'ay honte d'estaler deuant vos yeux
des affections tant disproportionnees.

formā ser-
ui accipiēs
in similitu-
dinem ho-
minum fa-
ctus. Phil. 2.

Adioustons pour sixiesme raison, vne
conception tiree de nos corps. Ne voyez
vous pas que par vn instinct naturel, le
bras se porte à parer les coups qui se ra-
uellent sur la teste, s'aymant par consequent moins que le chef ? Ne dit-on pas
que le serpent expose volontiers toute le

sur le Cantique des Cantiques. 63

reste de son corps aux coups, pourueu que sa teste soit à couuert, ne pouuant estre blessé à mort que par là? Que si l'instinct naturel inspire au bras ceste preferéce de la teste à soy-mesme; ne sçauons-nous pas que CHRIST *est le Chef de l'Eglise, comme Dieu est le Chef de* CHRIST? Pourquoy donc, nous qui sommes les membres de ce corps mystique de la saincte Eglise, n'aymerons-nous pas mieux nostre Chef que nous mesmes? Sera-il dit que ce Chef contre le cours de la nature se soit exposé aux espines, aux coups, aux clouds, à la mort, *Vt exhiberet sibi gloriosam ecclesiam non habentem maculam neque rugam*, & que nous ses membres n'aymions pas nostre Chef d'vn amour d'amitié, d'vne amitié de dilection, d'vne dilection d'election, d'vne election de preference, d'vne preference incomparable?

<small>Caput ecclesiæ Christus, caput Christi Deus *Col.* 1.</small>

II.

Si ferons, mes freres tres chers, si nous iettons les yeux sur les grands *Saincts dont nous nous vantons d'estre enfans*, à peine d'estre tenus pour degenerez. *Celuy*, dict le Sainct des Saincts, *qui ne hayt son pere, sa mere, ses freres, ses sœurs, sa femme*,

<small>vilij sanctorum sumus. *Tob.* 2. Qui non odit patré suũ, & ma-</small>

trem suum,
propter me
non est me
dignus.
Luc. 14.

ses enfans, & encores son ame, pour l'amour de moy, ne peut estre des miens. Vray Dieu, dict le grand S. Gregoire, quel commandement est-ce icy, & comment peut il conuenir auec celuy qui nous ordonne d'aymer nos ennemis. Certes ce mot de hayr ne doit pas estre pris ainsi cruement, & à la lettre; car la hayne est defenduë dãs tous les saincts Cahiers, mais cela se doit entendre selon cet autre passage qui dict, *Celuy qui ayme son pere & sa mere plus que moy, n'est pas digne de moy.* Nous deuõs aymer la souueraine bonté d'vn amour si supreme & eminẽt par dessus toutes les affections les plus legitimes, voire par dessus l'amour biẽ reiglé de nous-mesmes, que les autres amours soient comme des haynes, à comparaison de cet excellent Amour, ou s'ils sont Amour, que celuy de Dieu soit infiniment plus qu'Amour. Ce ieune adolescent amoureux du Sauueur tesmoigna bien cet Amour de preference, quand, selon la parole de nostre Seigneur, il laissa les morts ensuelir les morts: ne fit pas celuy qui se contrista quand on luy proposa de quitter ses richesses, & les donner aux pauures pour suiure le Sauueur auec plus de perfection.

Comme

Sur le Cantique des Cantiques. 65

comme vn cloud chasse l'autre, aussi cet Amour supreme & magistral, ou exclud ou engloutit tous les autres Amours. C'est cet Anteros de l'Embleme dompteur & Triomphateur de toutes ces affections volages, qui vireüoustent dedans le monde.

Aristote disoit que la verité luy estoit plus amie que ny Socrate ny Platon; & celuy qui est *la voye, la verité, & la vie*, nous doit estre incomparablement plus que tout autre obiect, pour bon & legitime qu'il soit. *O filij hominum vsquequo graui corde, vt quid diligitis vanitatem, & quæritis mendacium? Scitote quia Dominus mirificauit sanctum suum.* Ego sum via, veritas, & vita. *Ioan.* 14. Psal. 4.

Moyse cet excellent Legislateur, nourry en l'eschole du diuin Amour, sçauoit bien ceste preéminence, *Preferant l'improper̈e de* IESVS-CHRIST, *comme parle S. Paul, aux thresors d'Egypte, & d'estre affligé auec le peuple, que d'estre en delices auec Pharao.* Dauid proteste, *qu'il n'y a rien au Ciel & en la terre qui puisse entrer en comparaison auec l'amour du Dieu de son cœur.* S. Paul rauy au 3. Ciel, estant de retour de ce rauissement, ne voit rien qui soit capable de l'arrester, *estimant tout boüe & fange.* Hebr. 11. Quid mihi est in cœlo. Psal. 92. Omnia arbitratus sũ vt stercora.

E

Mihi vive-re Christus & mori lu-crū. Phil. 1. Dummodo consumam cursum mi-nisterij mei. Aɛt. 20.

Il proteste *que sa vie est* IESVS CHRIST, *& que la mort pour luy est son plus grand ad-uantage, reputant sa vie pour rien, pourueu qu'il accomplist le ministere qui luy auoit esté commis.* C'est cet amour de preference qui faict mespriser la propre vie aux Xa-uiers, aux Bersees, & à ces compagnies de Religieux qui l'immolēt & consacrent à la conuersion des infideles. C'est cet Amour qui faict mespriser la vie au grand S. Iean Baptiste pour l'honneur & la gloi-re de son Dieu. C'est cet Amour qui faict dire à S. Pierre, *Domine tu scis, quia amo te, & animam meam pono pro te* : qui faict dire à vn S. Thomas, *eamus & nos, & moriamur cum illo*. Pressé de cet Amour de preferen-ce incōparable, Abraham obeit à la voix de son Dieu, non seulement quand il luy

Exi de pa-tria, & de cognatio-ne tua. Genes. 12.

commanda de quitter *son pays & sa paren-té* : mais aussi quand il luy commanda de sacrifier son propre fils, fils dont la vie luy estoit beaucoup plus precieuse que la sienne. Ce fut en cet Amour que la sain-cte Vierge s'arracha du sein son propre fils IESVS, pour le presenter au Temple au Pere eternel, laissant, s'il faut ainsi di-re, Dieu pour Dieu, & donnant à Dieu celuy qu'elle cherissoit incomparablement plus que soy-mesme.

O mes freres, que n'auons-nous ce beau cœur que le Sauueur donna à la B. Catherine de Siène, apres luy auoir osté le sien, pour aymer dignement celuy sans l'Amour duquel nous ne pouuons estre que malheureux, & en l'amour duquel cósiste toute nostre felicité? Nº ne sçauriós estre vrays Chrestiēs, si nous n'aymós plus que nous-mesmes, & plus que tout, celuy qui nous est plus que tout, & plus nous-mesmes que nous ne sommes nous-mesmes. A cela nous fraye vn beau chemin ceste Amante de nostre Cantique; laquelle toute esperduë, courant apres son bien-aymé, ne se soucie ny des battures des gardes, ny de la perte de son manteau, ny de ce que diront ses compagnes, pourueu qu'elle le rencōtre & le tienne, pour iamais plus ne l'abandonner. Ne iugez vous pas bien à ceste langueur amoureuse dont elle se plaint si tendrement, qu'elle ayme son espoux beaucoup plus que soy ? ne dit-elle pas qu'il est, *esleu entre les milliers*? c'est à dire entre tous, & par dessus tous ? si que tous les Amours ne luy sont rien à l'esgal de cet incomparable amour. Magdeleine ceste Amante pas-

Electus ex millibus. Cant. 5.

E ij

sionnée en est vn exemple peremptoire, non elle ne craint ny soldats, ny gardes, ny armes, ny nuict, ny iour, ny Anges, ny hommes; elle cherche en douleur celuy que son *ame ayme*, les Anges luy parlent, mais parce qu'ils ne luy en donnent pas d'assez amples nouuelles, elle les laisse là, elle demáde à ce cher Maistre trauesty en jardinier: *He! ne l'auez-vous point emporté*. Certes à ceste pecheresse *beaucoup de pechez ont esté remis, parce qu'elle a esperduement aymé* son Sauueur, & sans doute beaucoup plus que soy-mesme. Aussi pour son Amour elle quitte païs, parens, richesses, commoditez, traiette les mers, & se reduict dans vne grotte, où menant vne vie toute extraordinaire, elle tesmoignoit assez l'excez de sa dilection. O mon IESVS, faites qu'à l'imitation de ces grandes ames ie vous ayme plus que moy-mesme, ou si ie m'ayme, que ce ne soit qu'à cause des traicts de vostre belle image qu'il vous a pleu de grauer sur mon front; si que ie n'ayme rien en moy que vous, & que ie ne m'ayme que pour vous. Quand sera ce, que quittant la multiplicité des creatures, ie n'adhereray qu'à vous seul, ô *mon vn necessaire*, & que i'ay-

num quem diligit anima mea vidistis? Cant. 3. Nunquid sustulisti eum. Ioan. 20. Dimissa sũt ei peccata multa, quoniam dilexit multũ. Luc. 7.

Porro vnũ est necessarium. Luc. 10.

sur le Cantique des Cantiques.

meray non toutes choses en vous, par vous, pour vous, & selon vous, mais vous seul en toutes choses ; si que ie n'ayme pas, à proprement parler, plusieurs choses, mais vne seule chose, qui est vous Dieu eternel, infiny, & incomprehensible.

Apres vous auoir graué ceste verité dans le cœur, mes freres tres-aymez, que nous deuons aymer Dieu plus que nous-mesmes, & cela par toutes sortes de raisõs Philosophiques, ciuiles, naturelles, religieuses, diuines & humaines, pour vaincre vos entendemens, & conuaincre vos volontez sur ceste proposition par tant de beaux exemples: que me reste-il sinon de ietter dans vostre cœur aimable, ô mon Sauueur, ce traict enflammé, ceste ardante sagette, ceste aspiration;
IESVS *faictes que ie vous ayme*
Infiniment plus que moy-mesme. Ainsi soit-il.

Dieu centre de nostre cœur.
HOMELIE V.

Inueni quem diligit anima mea, tenui eum nec dimittam. Cant. 3.

LA Sulamite, c'est à dire la bien-aymee du pacifique Salomon, l'ame vrayement aymee & amoureuse de son Dieu, dit S. Bernard, est bien plus aduisee que Iacob, qui lascha l'Ange pour vne benediction: car ceste espouse ayant trouué *l'Ange du grand Conseil, celuy que son cœur ayme, elle le serre si empressement, elle le cole si cherement sur son sein, qu'elle proteste de ne le laisser iamais eschapper*; non pas pour toutes les benedictions du Ciel & de la terre, car ce ne sont pas les benedictions de Dieu qu'elle cherche, mais c'est le Dieu des Benedictions. O Mere, *benite entre toutes les femmes*, impetrez-nous les pleins couras de la grace, grace qui coule l'eau des celestes benedictiós. *Aue Mar.*

Vocabitur magni cósilij Angelus. Esai 9.

Luc. 1.

C'Est vne parole doree du trois fois grand Mercure, que Dieu est vne

sur le Cantique des Cantiques. 71

Sphere intellectuelle, dont le centre est par tout, & la circonference nulle part. Sphere qui en sa rondeur monstre la perfection diuine, & de plus l'infinité interminee de Dieu, qui n'a ny commencement ny fin, comme le cercle n'a point de bout. Sphere qui embrasse tout, mais Sphere intellectuelle: car Dieu est esprit, non intelligible: car Dieu est incomprehensible. Que si son centre est par tout, & sa circonferēce nulle part qu'en luy-mesme, & puis que nous sommes dans ce centre, qui ne dira que nostre vray centre c'est Dieu? Aussi est-il, mes tres-chers freres, & ceste verité est si tres claire, que voiremēt elle n'auroit que faire de preuue, si ie ne m'en voulois seruir pour piedestal ou fondement afin de nous esleuer à l'Amour de ce bien infiny & souuerain, auquel seul consiste nostre repos eternel, nostre felicité interminable. Ie vay donc vous grauer & inculquer ceste maxime, que Dieu est nostre vray centre, & centre de nostre cœur, tant par auctoritez & raisons, comme par exemples & considerations pregnantes.

I.

Nostre Espouse en son Epithalame,

E iiij

apres auoir rencontré le desir de son ame, proteste de le tenir, & de s'y tenir comme au vray centre de ses affections ; & l'Espoux recognoissant la suauité de la complaisance de ceste Amante qui repose tendrement en son sein, coniure les creatures de ne l'esueiller point de ce doux & agreable sommeil, duquel elle ne se resueille que pour gouster plus à son aise des fruicts de cet Arbre de vie, le sainct Amour; Arbre dont l'ombre luy est aussi agreable que les fruicts sauoureux. *Sub vmbra illius quem desiderauerā sedi, & fructus eius dulcis gutturi meo.*

Les Anges du haut des Cieux, admirās les douceurs de ceste ame surcomblee de delices, & doucement appuyee sur son bien-aymé, demandent quelle elle est : car certes il est peu de ces ames tranquilles entieremēt remises à Dieu, & quiettes en ce centre. Centre du S. Amour, où l'Espoux l'appelle quand il dit, *Venez ma Colombe aux trous de la pierre, en la caverne de la masure.* Et encores, *venez à mon banquet, mes chers amis, & vous enyurez.* Ouy, car ceux qui ont rencontré ce centre sont *enyurez de l'abondance de la maison de Dieu, & abreuuez du torrent de ses delices incomparables*: car il est la source de vie.

Venite inebriamini charissimi.

Cant. 5. Inebriabūtur ab vbertate domus suæ. Ps. 35.

sur le Cantique des Cantiques. 73

Que si quelquefois l'ame s'esgare de la droicte routte qui conduict au bien souuerain, & se détraque de ce centre, il la rappelle doucement, conuiant *ceste Sulamite fouruoyée de retourner à luy. Venez,* luy dict-il, *en luy promettant des couronnes, quittez moy là les repaires des Lyons & des Dragons*: c'est à dire, laissez ces passions mondaines, qui vous deuorent auec tant d'inhumanité, & venez vous reposer en moy: *pourquoy seruez-vous ces Dieux estranges qui ne vous donnent aucun relasche ny nuict ny iour?* en moy, dict la Sapience eternelle, est la vraye tranquillité, le parfaict contentement.

Reuertere Sulamitis reuertere. *Cant.* 6. Veni de Libano, veni coronaberis. *Cant.* 4.

Seruiuimus diis alienis qui non deerunt nobis requie ac nocte. *Hiere.* 16.

Venez à moy vous tous qui estes surchargez de trauail, & ie vous soulageray. Et commét cela, *prenez mon ioug sur vos espaules, & vous trouuerez le vray repos, car ce ioug est suaue & ce fardeau leget.* Que dictes vous, le cher Espoux de nos ames, voulez-vous nous soulager en nous accablāt; au lieu de nous alleger il semble que vo' nous rechargiez, hé! ce ioug n'est-ce pas vostre Croix, *Tolle crucē & sequere me*: Croix si pesāte que vo' pliez & tōbez en la portant au Caluaire. O vous qui auec trois doigts soustenez la Machine du monde, & cependant vous

Venite ad me omnes qui laboratis. *Mat.* 11.

dictes que nous tirerons de l'allegeance de ce fardeau; sans doute, mes tres-chers: Car comme les Elemens ne pesent rien en leur centre; ainsi si nous mettons nos cœurs dans le centre du diuin Amour, toutes les croix & les souffrances nous sembleront des pailles legeres: car c'est vn si grand contentement que de souffrir pour le Bien-aymé, que ceste souffrance surpasse de bien loin toutes delices: aussi nostre Espouse qui sçait ce secret, compare le faisseau des instrumens de la Passion de son Espoux à vn bouquet, fardeau qu'elle ne met pas sur ses espaules, mais sur ce qu'elle a de plus tendre & delicat, qui est son sein. Hé! Dieu, mais aussi que sont nos douleurs & souffrances, sinon des festus, si nous les conferons aux poutres qui escrasent le Fils de Dieu au pressoir de la Croix? car à le voir patir l'on peut bien dire, *qu'il n'y a que luy seul qui foule au pressoir, & que nul martyre est egal au sien.*

Torcular calcaui solus. Esa. 63.
Videte si est dolor similis sicut dolor meus. Thren. 1.
Dirigit gressus nostros in viã pacis. Luc. 1.

Tollite iugum meum super vos: Iugum suaue, faix leger: & qui le dict, *celuy qui est la voye, la verité, & la vie.* Comme *voye* il addresse *& redresse nos pas,* comme *verité* il nous deliure de *la vanité & du mensonge,* & comme

sur le Cantique des Cantiques. 75

vie il illumine nos yeux, de peur qu'ils ne s'endorment en la mort. *Illumina oculos meos ne vnquam abdormiam in morte. Psal. 12.*

Ioug suaue, car si le Prophete a dict, *Computrescit iugum à facie Dei*, tirant sa similitude du laboureur, qui graisse & oinct le ioug de ses bœufs, afin qu'ils trauaillent plus aysement; tel est celuy du Sauueur, ioug huillé du sang de celuy qui est appellé, *Oleum effusum*.

Ioug leger, Ouy, car comme en vn ioug tiré par deux, l'vn soulage l'autre; ainsi pour peu que nous contribuions de bonne volonté à porter *le ioug du Seigneur*, la diuine grace le porte quasi tout entier; si que nous n'auons qu'à y porter le doigt de la condescendance.

Ioug leger, car bien qu'il semble de fer au commencement, *Reges eos in virga ferrea*, comme le fer mis dans le feu deuient leger, participant de l'agilité de cet element qui le penetre; ainsi les souffrances plus ferrees, & les douleurs plus serrees, imbues du feu de la Charité, deuiennent d'intolerables desirables, de pesantes legeres; de sorte qu'vn grand Apostre les appelle, *Leue & momentaneum tribulationis nostræ pondus*. *2. Corin. 4.* Demandez à Iacob s'il souffre en seruant pour Rachel: certes il ne niera pas qu'il endure, car il contrediroit la verité: mais il niera que la souffrance luy fust griefue, ains il appelle les ans des iours, & les iours des moments, *à cause de la grandeur de sa dilection. Dilection forte comme la mort, ardente comme l'enfer.*

Mais consultons vn peu les Oracles du Roy Prophete, pour sçauoir de luy où est le vray centre de nostre cœur. Oyez comme il chante haut & clair, *In pace in idipsum dormiam & requiescam.* Desirant d'vn grand desir des aisles de Colombe, pour voler & se reposer en Dieu. C'est là son repos au siecle des siecles, c'est là qu'il veut habiter par vne election de dilection. O Seigneur, dict-il, c'est en vous qu'est tout mon desir. Mon ame retourne-toy vers ton repos, car le Seigneur est ton vray bien. Tous ces traicts ne marquent-ils pas euidemment que cet homme, selon le cœur de Dieu tenoit Dieu, & pour *le Dieu de son cœur,* & pour le Dieu du centre de son cœur? *Mon ame,* dict-il encores, estant si desolee qu'elle ne pouuoit souffrir qu'aucuns ingrediens de consolation fussent appliquez aux playes de sa douleur, *s'estant souuenüe de Dieu s'est resiouye en luy,* ce beau Soleil a dissipé tous les nuages qui l'offusquoient,

*Dies videbatur pauci ptæ amoris magnitudine. Gen. 20.
Dilectio fortis vt mors, dura sicut infernus. Cant. 8.
Quis dabit mihi pennas vt columbæ, & volabo & requiescam? Psal. 54.
Hæc requies mea in sæculum seculi. 131.
In te Domine omne desiderium meum. Psal. 37.
Couertere anima in requiem tuam. 114.
Deus cordis mei.
Renuit consolari anima mea, memor fui Dei, & delectatus sum. Psal. 76.*

sur le Cantique des Cantiques. 77

& rendoient tenebreuse. Helas, d'où vient à vostre aduis, que si peu de mondains, trauaillez des illusions du Diable, du siecle, & du sang, veulent faire vn oreiller à leurs testes inquiettes de cet Agneau chaste le Sauueur, sinon parce qu'il a la teste espineuse, & ces membres delicats redouttent de s'vnir à vn chef tout herissé de poinctes : plus de gens veulent estre huillez que frottez, dictes que le Sauueur oingt, chacun le recherche ; dictes qu'il poinct, on le fuit. Miserables ! qui laissent la rose pour l'espine, & le miel de peur de l'esguillon.

Ainsi ne faisoit pas ce genereux & Apostolique esprit, qui disoit, *Que ny la mort, ny la vie, ny les Anges, ny les principautez, ny le present, ny l'aduenir, ny creature quelconque le pourroit iamais separer de la charité de* IESVS-CHRIST, *le centre de son cœur.* Nil me separabit à charitate Christi. Rom. 8.

Apres ces authoritez irrefragables, faisons marcher des raisons inuincibles. La premiere sera tiree de Dieu mesme. Dieu estre des estres se contemplât soy-mesme de toute eternité, se cognoist aussi tres parfaictemēt, & ceste cognoissance que Dieu a de soy par voye d'entendement, s'appelle ce Verbe eternel & incrée, prononcé incessamment du Pere, & engendré dans son sein, que David appelle *ventre*. Or ce Pere voyant en ce Fils l'image de la substance, qu'il employe toute en sa generation eternelle, il l'ayme infinimēt, & le Fils reciproquement ce Pere; si que de ceste reciprocation mutuelle, infinie, & eternelle, par la voye de la volonté, procede du Pere & du Fils, comme d'vn mesme principe, cet Amour eternel & incrée, qui constituë la troisiesme personne de la Trinité sacree. De là vous cognoissez, comme Dieu est vne Sphere, qui a son repos dedans son propre centre: pour cela est-il appellé *Sadai* par les Hebrieux, αὐτάρχης par les Grecs, c'est à dire, *suffisant à soy-mesme*, & pour dire ainsi, son propre centre, comme sa propre beatitude. Pour cela les Egyptiens le representoient par vn serpent mordant sa queuë, & faisant vn cercle parfaict, parce que Dieu a sa perfection & son accomplissement dans soy-mesme. Si que sortant par maniere de dire, mais sans sortir de soy-mesme, en espuisant sans la perdre toute sa substance en la generation de son

Ex vtero ante luciferum genui te. Psa. 109.

sur le Cantique des Cantiques. 79

Fils, le retour ou le reflux de ce flux se faict dans le vaste Occean de sa Diuinité, par le moyen de l'Amour.

Or ce Dieu tout bon, ou ceste diuine toute bonté voulant, selon le naturel du bon, se defendre par la cómunication, & en participât par la creation du móde son estre à toutes les creatures; cóment ne seroit il leur cêtre, s'il est le cêtre de soymesme, veu mesme que tout estre n'est qu'vne participation du sien? Et si bien, que si il souſtraioit son souſtenemét & son concours, tout ce qui est retourneroit dans les cachots inuisibles de son inexistance premiere. Donc tout ce qui est n'est qu'vne emanation de sa bonté, & comme vn decoulemét des mammelles de sa fecondité; en telle sorte neantmoins, que comme nous voyons sur la greue de la mer que les flots jettent par leur battement certaines coquilles sur le riuage, qu'ils rengorgent apres par d'autres mouuemens : ainsi Dieu a crée en sorte toutes choses hors de luy qu'elles demeurent en luy, comme les poissons sont dans l'eau, & les oyseaux dans l'air. C'est ce qui a fait dire à l'Apoſtre, *In ipso viuimus, mouemur, & sumus*. L'on dict que les Dauphins reçoiuent dans leur gorge leurs petits nouuellement nays quand vn orage suruient; ainsi Dieu maintient dedans soy par la conseruation les ouurages qu'il sembloit auoir poussé hors de soy par la creation, selon la façon de parler des Theologiens, quand ils parlent des œuures de Dieu au dedans ou au dehors. C'est pour cela que le Psalmiste dict, Que Dieu *a fondé la terre sur sa stabilité.* Et encores, *qu'il l'a fondee en sorte qu'elle subsiste* : mais en luy, & en plusieurs endroicts il appelle Dieu, *son refuge, & sa vertu, son ayde en ses tribulations*, estimant *heureux celuy qui espere en sa bonté, & qui y met tout son secours.*

Hé! ie vous prie, si nous auons quelque amour pour nostre Createur; comment pourrons-nous chercher autre part qu'en luy le centre de nostre repos, puisque luy-mesme qui ne mandie point sa beatitude hors de soy, tesmoigne neantmoins que ses plus cheres *delices sont d'estre auec nous*, demandant pour cela *nos cœurs* auec instance, s'estimant comme solitaire, n'estant pas suiuy ny seruy de son peuple. *Nunquid solitudo factus sum Israëli.* Combien plus deuons-nous estre inquietez, quand nous nous trouuons hors de sa grace,

---

Fundasti terram super stabilitatem suam. Psal. 103. fundasti terram & permanet. Psal. 118. Deus noster refugiũ & virtus, adiutor in tribulationibus. Psal. 45. Beatus homo qui sperat in te. Psal. 83. Deliciæ meæ esse cum filiis hominum. Prouerb. 8. fili præbe mihi cor tuum. Prouerb. 23.

sur le Cantique des Cantiques. 81

sa grace, grace vie de nostre ame, comme nostre ame est la vie de nostre corps. Selon qu'il est escrit, *qu'il est nostre vie, qu'en luy est la vie, & que celuy qui n'a point sa dilection demeure en la mort.*

Cum apparuerit Christus vita nostra. Coloss. 3. In ipso vita erat. Ioan. 1. Qui nō diligit manet in morte. 1. Ioan. 4. 3.

II.

Aussi a ce esté le sentimēt de ces grandes ames, qui ont aymé ardemment nostre Seigneur: car outre qu'elles eussent plustost choisi, non seulemēt mille morts, mais mille enfers, que la perte de sa grace; elles ont tousiours estimé que n'ayans rien Dieu leur estoit tout, & que hors de Dieu tout ne leur estoit rien. C'estoit l'ordinaire dicton de la B. Therese, *Tout ce qui n'est point Dieu ne m'est rien.* Et celuy du Seraphique S. François, *Mon Dieu m'est toutes choses.* Le B. Ignace fondateur de la Compagnie de I E S V S, disoit, *Que la terre luy sēbloit indigne d'estre regardee, apres auoir contemplé le Ciel*: Ciel qui n'est que l'escabeau de Dieu. C'est ce qui faisoit dire au B. François Xauier l'autre œil de ceste saincte Compagnie, que toutes les consolations humaines estoient à contrecœur, quand on auoit vne fois gousté les celestes : Tout ainsi qu'apres le

F

Man il n'arriua plus à Israël de regretter la chair d'Egypte.

Ce fut ce mesme sentiment, qui tira de la bouche du Prince des Apostres ce mot, *Ecce nos reliquimus omnia*. Et de son collateral cet autre, *Omnia arbitratus sum, vt stercora, vt Christum lucrifaciam*. I'estime tout comme de la bouë, pourueu que ie gaigne mon Sauueur. Et encores, *Soit que nous viuions, soit que nous mourions, nous sommes au Seigneur*. Et d'vn ton plus fort, *Qui nous separera de la Charité de Christ, sera-ce la mort ou l'angoisse, ou la tribulation, ou le glaiue, ou la faim, ie suis asseuré que rien ne me separera de cet amour*. Diriez-vous pas qu'il se serre, presse, & attache à son centre?

Mais pour passer de ces exemples à quelques considerations, selon nostre promesse: Sçaurions nous ouurir les yeux & regarder en aucun lieu, où nous ne voyons que toutes choses naturellement tendent à leur centre? La flamme poincte tousiours contremont, tesmoignant par son elancement, que si elle ne peut esperer de rejoindre son centre, qui est soubs la concauité de la Lune, du moins elle y aspire. Si vous admirez la violence

Siue moriamur, siue viuamus Domini sumus. Rom. 14.
Quis nos separabit à charitate Christi? Rom. 8.

sur le Cantique des Cantiques: 83

des terre-trembles, representez-vous que ce sont des vents soufterrains, qui excitét ces eftranges remuë-meſnages, pour rejoindre l'air qui eſt leur centre. Car quant aux eaux qui ſourdent des fontaines, fluent dans les ruiſſeaux, coulent dans les riuieres, confluent dans les fleuues, & des fleuues roulent dedans la mer: que font-elles ſinon payer le tribut de leur retour à ce vaſte ſein, qui leur donne la naiſſance? *Tous les fleuues qui viennent de la mer*, dict le Sage, *s'y rendent.* Iettez vne pierre en l'air, vous verrez auec quelle impetuoſité elle retombera ſur la terre qui eſt ſon centre. Voyez les animaux qui ſont hyppothequez à certains elemens, hors de là ils meurent : les taupes hors de la terre ne la font pas longue, les oyſeaux appellez de Paradis ſont touſjours en l'air, & ne les voit-on en terre que morts. La Salemandre & les Pyrauſtes n'ont de la vie que dans les flammes : & les poiſſons peuuent-ils viure ſur le ſec? Hé! Dieu, qui ne ſçait que *le centre de noſtre cœur c'eſt Dieu, & que hors de ce centre il n'a ny repos ny vie*, ſelon la doctrine de S. Auguſtin.

L'Ame qui ſort du corps va d'vne telle

F ij

impetuosité vers Dieu, que la pierre ne descend point auec tant de roideur vers la terre : que si quelque obstacle l'empesche de se joindre à ce sien principe, elle est brisee & vermoulüe ; tout ainsi que la fleche qui rencontre, fortement descochee, quelque rocher entre elle & son but, où elle s'esclatte en mille morceaux: Que si ceste separatió est pour tousiours, ô Dieu, c'est l'enfer, mais vn enfer dans l'enfer, pire que les flammes de tout l'enfer; si pour vn temps, c'est le Purgatoire, où la plus grande peine est la retardation de ceste reünion au souuerain bien. L'esprit *qui sort du corps s'en va en la terre destinee à son habitation, & en son lieu*, comme il est escrit de l'ame du malheureux Iudas: car le peché comme vn talent de plomb roule celuy auquel il est attaché, & qui en est entaché au profond de l'abysme, ainsi que Babylon fut precipitee auec sa meule de moulin. Au contraire l'ame qui en est deliuree *est rauie dans les airs auec* IESVS CHRIST, où elle iouyt de la veüe de sa belle face, face l'object de nostre beatitude, centre de nostre eternelle felicité.

Eribit spiritus & reuertetur in terrā suam. Psal. 145. Abijt in locum suum. Act. 1. Rapiemur obuiā Christo in aera. 1 ad Thes. 4.

Que l'Amour nous porte à ce centre.

HOMELIE VI.

Inueni quem diligit anima mea, tenui eum nec dimittam. Cantic. 3.

ET la Science des experts, & l'Experience des simples faict voir à l'œil, que les eaux remótent à proportion de leur source ; mais ce n'est pas sans quelque sorte d'industrieux artifice, car si vous laissez couler la claire fontaine à val de la pente, & luy laissez prendre le large de la valee, en vain voudrez vous faire rebrousser ses eaux aussi haut que la cime dont elle boüillonne, mais elles se relanceront à pareil degré de hauteur, si vo⁹ les resserrez en quelque canal estroit, comme l'on void és ieux d'eau, dont l'humaine inuention embellit les iardinages. Nostre ame comme vne source viue & de vie, car c'est par elle que le corps est aiuué, informé, pource est-elle appellee par les Grecs du nom d'Entelechie, ceste ame descoule de la montagne de Syon du haut des Cieux, comme vne goutte de rosee dans la nacque ; non ja comme vne portion de la Diuinité, ainsi que resuoit Origene apres quelques anciens Philosophes, mais bien comme l'image de Dieu, & vn rayon de sa lumiere. C'est ce qui faisoit dire à ce Poëte,

Mentem à cælesti demersam traximus arce.
Et à cet autre,
Sedibus è superis spiritus ille venit.

[Ibūt in desideria cordis sui, ibūt in adinuentionib. suis. Psal. 80.]

Certes si nous laissons escouler ceste ame *ès desirs de son cœur, & en ses inuentions,* elle prendra le large des choses creées, & se raualera dans la fondriere des biens de la terre, au lieu de rebrousser ses eslans vers le bien de son principe : c'est ce que disoit la Thecuite, *Sicut aqua dilabimur super terram.* Mais si nous la recueillons & ramassons dans les canaux estroicts d'vne vie plus exacte & austere, selon qu'il est dict, *Arcta est via quæ ducit ad vitam, & angusta porta* : nous la verrons se releuer vers son centre, & se relancer au feste d'où elle sourd & sort, *Sursum vocabunt illam initia sua,* dict Senecque.

sur le Cantique des Cantiques. 87
In cælum tendens sedes vbi fata quietas
Ostendunt ——

Et qui luy donne à voſtre aduis la force de cet eſlans, ſinon l'Amour & la grace? Grace amoureuſe, de laquelle le Sauueur parlant à la Samaritaine, *Celuy*, diſoit-il, *qui boira de ceſte eau que ie donne, aura en ſoy vne ſource viue rejalliſſante à l'immortalité.* Que noſtre Eſpouſe eſt heureuſe d'auoir apres beaucoup de fatigues rencontré, comme vne biche alteree, la viue ſource de ce Dieu, *fontaine viue*, pour eſtancher la ſoif de ſes ſaines affections. Allons à ce centre de noſtre cœur, cheres ames, par ce canal d'Amour, mais recherchons ceſte grace par celle qui a eſté *le canal de la pourpre du Roy*, c'eſt à dire, par laquelle l'Eſpoux eſt decoulé du Ciel en terre, pour nous relancer de la terre au Ciel. *Aue Maria.*

Ioan. 4.

Sitiuit anima mea ad Deum fontem viuum. *Pſal.* 41.

Purpura regis ſancta canalibus. *Cant.* 7.

LE bon Tobie preſſé d'vne extreme neceſſité, s'aduiſe d'vne vieille promeſſe qu'il auoit de Gabelus, il iuge à propos d'exiger ce debte pour ſoulager ſa famille & ſa famine; il appelle ſon fils & luy demáde s'il iroit bien en Rages retirer les

F iiij

deniers de cet obligé, Volótiers, luy dit le ieune enfant, mais ie ne sçay pas bien le chemin. Allez, luy fit-il, ô mon fils, & cherchez quelqu'vn qui vous serue d'escorte: si vous rapportez la somme, il y aura bien de quoy le contenter. L'Ange Raphaël se presente en forme humaine, & soubs le nom d'Azarias promet de le conduire, ce qu'il faict si prudemment & si charitablement, comme vous sçauez, qu'il ramena ce ieune homme, non seulement auec les dix talens de l'obligation, mais encor auec vne Espouse, & vne si grande quantité de biens, que l'on peut dire qu'à la patience de Tobie de mesmes qu'à celle de Iob, *reddita sunt omnia duplicia*. Ie laisse à part les perils dont il le preserua, les conseils salutaires qu'il luy donna, la fidelité dont il l'accompagna. Pleust à Dieu, mes tres-aymez, qu'estant, quoy que tres-indigne, *l'Ange* visible *du Dieu des armees, ayāt des leures gardiēnes de la science, & de la science des saincts, & de la science du Dieu de la science*, ie peusse vous dōner vne addresse aussi heureuse, & vous ayder autant auantageusement que cet Azarias, qui veut dire *ayde de Dieu*, pour retirer de la diuine Majesté les effets de ses promes-

sur le Cantique des Cantiques. 89

ses, les talens de ses faueurs, & vous faire espouser *Sara l'adorante*, c'est à dire la grace du ciel, malgré tous les efforts des demons. *O que de biens vous arriueroient quand & elle, ô que vous seriez heureux d'accomplir en elle & par elle les desirs de vos cœurs.* L'vn & l'autre Tobie ne sçauoient quelle recompense donner à ce côducteur Angelique: Certes ie ne croy point *que si i'auois par l'Euãgile engendré ou le Sauueur en vous, ou vous en* IESVS-CHRIST, qu'il y eust salaire soubs le Ciel capable de contr'eschanger vn tel seruice. Mon Dieu renforcez mon courage, *& donnez* en moy *à vostre voix vne voix de vertu* & d'energie, afin que *i'enseigne vos voyes aux mauuais, & qu'ils se conuertissent à vous.*

Venerunt omnia bona pariter cum ea
Sap. 7.
Beatus vir qui impleuit desiderium suum ex ipsis.
Psal. 126.
Per Euangeliũ ego vos genui.
1.Corint. 4.

Da voci tuæ vocem virtutis.
Psal 67.
Psal. 50.

Le discours precedent vous a graué dans l'entendement cette verité eternelle & indubitable, que Dieu est le centre de nostre cœur. Verité qui presse vostre volonté à la recherche de ce centre: vous me semblez crier apres moy, comme Rachel demandant lignee à Iacob, *que i'addresse vos pas ès voyes* qui y conduisent, n'estant pas assez *de monstrer le bien*, si on n'enseigne les moyens de s'y ioindre. Et c'est ce que ie desire faire en ceste Home-

Dirige gressus meos in semitis tuis.
Psal.16.
Quis ostendet nobis bona.
Psal. 4.

lie, si ie suis fauorisé de la continuation de vostre attention. Nous entrons en vn Meandre entortillé, prenez donc en main pour en sortir à vostre aduantage, ce fil d'or que ie vous presente, c'est le diuin Amour, auec lequel vous serez premierement portez à ce centre de vos desirs: Secondement vnis & collez à vostre souuerain bien.

I.

Ouy portez, ouy transportez: car l'Amour est ce char de feu qui enleue les Elies, embrasez non dans le Paradis terrestre seulement, mais dans le celeste. Et pourquoy pensez-vous que l'Ange auec vn glaiue de feu face la garde autour d'Eden, sinon pour nous enseigner que nul entrera dans le Paradis sans estre transpercé du glaiue aigu & penetrant du celeste Amour?

Comment! le Sacrifice d'Elie arrosé d'eau par la vigueur de sa priere attirera le feu du Ciel, & pourquoy ne peserons-nous pas qu'vn *cœur contrit & humilié trempé dans de penitentes larmes*, ne puisse estre attiré dans le Ciel par le feu du sainct Amour pour y estre bruslé deuant Dieu, en odeur de suauité?

sur le Cantique des Cantiques. 91

La bouë tirée du puits, & iettée sur le sacrifice du temps des Machabees attirera bien le feu des Cieux, & pourquoy le sainct Amour, qui est le vray feu du Ciel que le Prophete dit, *auoir esté mis dans ses os*, ne pourra il esleuer la bouë de nostre inanité, iusques au centre de nostre ame, *purgeant la scorie* de nos imperfections? *Ab excelso misit ignē in ossibus meis. Threno. 1. Purgabo vsq; ad extremū scoriam tuam. Esai. 1.*

Voyez de grace comme l'eau qui de sa nature tend en bas, bouïllonne en haut mise sur le feu. Le fer pesant & noir penetré par la flamme, deuient clair & leger; *que nos ames s'escoulent comme l'eau contre bas, que nos cœurs soient de fer, nobis robur & as triplex circa pectus sit*, si vne fois ils sont eschauffez, ils sont embrasez de *ceste charité respandue par le sainct Esprit*, ils se releueront de leur grossiereté & pesanteur. Dauid deschargé de son iniquité, *leue aussi tost les yeux aux montaignes*. Nostre cœur est comme vne fusée, si tost que le feu y est mis le voyla dans les airs, *sa conuersation dans ciels celeste*: c'est pourquoy au tres-sainct Sacrifice pour preparer les charbons amortis à s'approcher de ce *charbon ardant*, que les paroles adorables mettent sur le sainct Autel, l'on chante à la Preface, *Sursum corda*. *Sicut aqua effusus su. Psal. 21. Charitas diffusa in cordibus per spiritū sanctum. Rom. 5. Leuaui oculos meos in montes. Psal. 120. Conuersatio nostra in cœlis est. Philipp. 1. Carbones succensi sunt ab eo. Psal. 17.*

N'auez-vous iamais pris garde, Auditeurs, à ceste gratieuse œconomie, à ce mesnage de la nature, d'où sort ceste multiplicité de meteores, (Meteores qu'vn Philosophe anciē estimoit estre l'engeance de ce mariage qu'il se figuroit entre Olympe & Phee, le Ciel & la Terre.) Le Ciel dardant ses influences sur la Terre, attire reciproquement d'elle quantité de vapeurs, qui s'esleuent en diuerses façōs, & selon leur varieté les noms en sont diuers. Mais entre autres auisez comme les exhalaïsons grasses & onctueuses attirees par les rays solaires arriuees proche de la sphere du feu s'embrasent & se monstrēt en ceste forme, d'estoilles cheueluës, que nous appellons Cometes. Ces Phenomenés ou apparences se font voir tant que la matiere dure, est elle consumee & changee en feu, nous ne les voyons plus : qui attire ces vapeurs, le Soleil; qui les deuore, le feu. Voyez-vous en ceste chose visible la conduitte inuisible du celeste Amour, quand vne fois il attire les cœurs humains à soy, comme il les tire par la douceur de ses attraicts, & les consomme en l'vnion de leur object par la force de ses flammes, la vapeur se change en feu : auantageuse

sur le Cantique des Cantiques. 93

metamorphose; & par la Charité la creature passe dans le Createur, & se rend toute diuine, *in Deo manet & Deus in ea.*

L'innocent oysillon pippé par l'oyseleur, attiré par le lustre d'vn miroüer, se trouue en fin enlacé dans des pieges: l'amour mondain tend mille lacs aux ames inconsiderees, qui trompees par ses appeaux s'abusent aux faux lustres de ses biens apparens. Helas pourquoy ne donnerons nous pas le mesme auantage à l'Amour Diuin, *ce sage enchanteur*, qui nous propose mille biēs veritables & eternels, *& qui tend de si doux filets à nos pieds* pour engager à sa suitte nos affections, & enlacer nos volontez à sa poursuitte. <small>Veneficus incantans sapienter. Psal. 57. Parauerunt laqueum pedibus meis. Ps. 56.</small>

S. Pierre ne voyant les celestes beautez de l'Espoux de nos ames qu'en forme d'éclair, plustost passé qu'apperceu, parle desja de planter sa tente sur le Thabor, tant l'Amour a de force pour attirer le cœur, & le ioindre à son vray centre. Ammon & Sanson ayant leur amour en leurs plaisirs, & leurs plaisirs en de fresles beautez, ne peuuēt resister aux attraicts qui les enleuēt, celuy là du respect, cestuy cy de son païs, tous deux de la raison, tāt l'Amour a de force pour entrainer le cœur humain

Vadam, &
videbo vi-
sioné hanc
magnam.
Exod. 3.

I'ray, disoit l'amoureux Moyse, & ie verray ceste grāde vision. L'amour transporte Iacob vers Ioseph en Egypte, Ioseph vers ses freres en Dothain, Ionathas vers Dauid dans les deserts, la Royne de Saba vers Salomon, l'Espouse de nostre Cantique; *non tam passibus quàm affectibus*, dict vn ancien Pere, vers son Amant; la Magdeleine vers le Sauueur.

L'Amour transporte les chasseurs dans les bois, les studieux dans les liures, les vaillans à la guerre, les Nautonniers sur la mer, les Amans vers les obiects qu'ils cherissent.

Tæua leæna lupum sequitur, lupus ipse capellā,
Corque meum te Christe trahit sua quemque
voluptas.

Vsque adeo genus in terris, hominūq, ferarumq,
Et genus æquoreum, pecudes, pictæq, volucres,
In furias ignemq, ruunt. ———

O diuin Amour, tu es ce poinct desiré d'Archimede qui enleues au Ciel la terre de nos cœurs. Le Soleil en son midy attire plus fortement, le voyez-vous ce *Soleil de Iustice*, au poinct de son plus ardāt Amour, couché sur le lict de la Croix, souleuant tout à soy, *est une estime de terre*, & d'où pensez-vous que prouiennent ces

sur le Cantique des Cantiques. 95

eleuations de terre que nous lisons si souuent en la vie de ces Saincts qui ont excellé en la contemplation, sinon d'vn grand effort d'amour, tirant si puissammét leurs ames vers leur centre, que le corps mesmes en estoit souslevé.

C'est à ceste attractió de l'Amour que se rapporte ceste maxime amoureuse, que l'ame de l'Amant va vniant au corps d'autruy; comme nous voyons que le greffe enté sur vn tronc, tire sa vie de la racine du tronc où il est inseré. *Ah*, dict vn grand Amant, *non ie ne vis pas moy, mais IESVS en moy*; ie suis son sauuageon, & il est mon greffe, ou bien par *vn ordre renuersé*, dit ce mesme Apostre, *ie suis vn oliuier sauuage enté sur la bonne oliue, pour estre vne oliue fructifiante en la maison de Dieu*.

<small>Contra naturam in serti in bonam oliuā. Rom. 11.
Ego sicut oliua fructifera in domo Dei. Psal. 51.</small>

Il y a ceste difference entre ces deux principales facultez de nostre ame, l'Entendement & la Volonté, que celuy-là tire à soy, & rend comme siens les obiects qu'il apprehende: mais la volonté au contraire se transforme en ceux qu'elle cherit. Celuy-là est comme vn fils de famille qui tire en la maison paternelle la femme qu'il espouse; celle-cy est comme la fille qui sort de la maison de son pere estant mariée, pour passer dans celle de son mary: ce qui faisoit dire à Dauid, *Audi filia & vide, & inclina aurem tuam, & obliuiscere populum tuum, & domum Patris tui.* Il ne faut donc pas s'estonner si l'Amour estant la Royne des affections de nostre volôté; si elle *est*, dit S. Augustin, *portee par tout où la transporte son amour.* L'Amour *est le poids qui luy donne le bransle & le mouuement*, & tout de mesme que le poids des choses graues les incline en bas où est leur centre, ainsi la pointe des legeres les transporte en haut, où est le leur: comme doné la terre est le centre du corps qui s'y porte naturellement, aussi le Ciel l'est de l'ame; si que c'est vn aussi grãd miracle de voir vn corps se releuer comme l'ame se raualer; cruel miracle neantmoins, *& qui* n'est que trop frequent; car nous ne voyõs autre chose *que ce corps corrompu aggrauer l'ame, & ceste terrestre habitation deprimer l'esprit nay pour penser à choses hautes.*

{.marginalia}
Amor meus pôdus meũ, amore feror quocũque feror

corp⁹ quod corrumpitur aggrauat animã *sap. 9.*
{.endmarginalia}

Nous admirons vn Iourdain rebroussant vne mer rouge, se fendant & faisant de ses eaux comme deux murailles, parce que ceste suspension est contre la nature des corps : & ie vous prie le raualement sensuel, n'est-il pas autant contre
la

sur le Cantique des Cantiques. 97

la nature des ames ? la disproportion n'est elle pas esgale ? le corps ne se plaist pas des choses spirituelles, He ! pourquoy nostre esprit se repaist-il des corporelles ?

Certes il n'y a celuy qui ne s'estonnast de voir vn torrent impetueux qui rauage tout en sa furie, arresté par l'opposition d'vne feuille d'arbre, ou de quelque paille legere, *O cieux estonnez-vous, & vous portes celestes soyez desolées:* car l'ame humaine, qui comme vn fleuue imperieux ne deuroit se precipiter que dans le sein de son Createur par vn retour naturel à toutes choses, s'arreste en son cours pour les foibles objects des creatures, *se creusât des cisternes creuassées en ceste terre de mort, & negligeant la fontaine de vie, reiallissante à l'immortalité.* La Creature est ceste pierre de l'embleme qui arreste l'eslan de l'aisle vers le Createur. Qui nous fera ceste grace de pouuoir par vne spirituelle Apotheose tellement consommer en nous l'affection des creatures par les flammes du Diuin Amour, que nous soyons transportez vers Dieu nostre centre, comme ceste *vergette de fumée du Cantique qui s'esleue dans le desert.*

Obstupescite cæli super hoc. Ierem. 7.

Ascêdit per desertum sicut virgula fumi. Cant. 4.

G

II.

Or comme c'est le propre du celeste Amour de nous transporter vers l'object aymé, c'est aussi vn autre effect qui suit ce transport, de coller le cœur & l'vnir à la saincte Diuinité. Le feu de l'Amour n'est pas vn feu diuisant, mais vnissant, pour-ce la Charité est-elle appellee lien, *& lien de perfection*. C'est ce qui a faict imaginer à Platon ceste fantastique pensee de deux grands amis collez ensemble, & attachez inseparablement en la forge de Vulcan.

Vinculum perfectionis. Col. 3.

Non la sangsue alteree ne se porte point auec tant d'auidité à tirer le sang du corps où elle est applicquee, comme la volonté s'attache à ce qu'elle ayme: c'est pourquoy la iouïssance du bien souuerain est ordinairement declaree sous les Metaphores de l'yuresse, & de la satieté. *Inebriabuntur ab vbertate domus tuæ, & torrente voluptatis tuæ potabis eos. Satiabor cum apparuerit gloria tua.* De là ces desirs d'vnion si frequens dans nostre Cantique, tel que celuy de nostre texte, *Tenui eum nec dimittam*, & cet autre, *Quis*

sur le Cantique des Cantiques. 99
det te fratrem meum vt inueniam te foris, & deosculer te. Et n'est-ce pas à ceste vnion que regarde le sainct Espoux, quand il desire que son Amante le mette comme vn cachet sur son cœur, & sur son bras: car est-il quelque plus estroitte conioncture que celle du sceau & de la cire, puis que celle-cy n'a point d'autre impression que celle qu'elle reçoit de celuy là? Tigranes Roy d'Armenie ayant esté mis en liberté par Cyrus auec sa femme Aspasia, qu'il auoit desiré retirer de prison aux despens de sa vie & de sa Couronne: comme on parloit de ceste Princesse, de la bonne grace & du courage du grand Cyrus, Pourrois-je, dict-elle, grauer en ma pensee autre pourtraict que de celuy qui m'a voulu tirer de seruitude par le prix de son sang? Helas cheres ames, ce que ce Roy ne fit que de parole pour son Espouse, le Sauueur l'a mis en effect pour la sienne, la saincte Eglise, dont nous sommes les enfans & les membres viuans: car il est mort pour luy donner la vie, & luy faire vn baing de son sang, *qui la rendit belle, sans tache & sans ride*: Pourrions nous bien sans y laisser la tache d'vne abominable ingra-

Vt exhiberet sibi gloriosā Ecclesiā non habētem maculam neque rugam. *Ephes.* 5.

G ij

titude, effacer sa belle figure de nostre cœur.

Luy qui nous a conceu
Et chauds nous a receu
Du ventre de nos meres.

> Tu es qui extraxisti me de ventre matris meæ. Ps. 21.

Luy, qui comme le grand Pontife de l'ancienne Loy porte nos noms grauez, non plus sur vn rational de pierreries, mais dans la playe sacree de son flanc ouuert, voire qui nous *porte escris en ses mains*, afin de nous auoir tousiours comme deuant ses yeux, aussi en sa souuenance. Luy qui comme vne mere perle nous met à l'abry de ses aisles sous l'ombre de sa protection & à la chaleur de son Amour : *luy qui nous enuironne de sa verité, comme d'un fort pauois.* O que bien-heureux est celuy qu'il a esleu & receu pour habiter en ses paruis, & estre à iamais vny à sa bonté : & comme la souueraine felicité des bien-heureux dans le Ciel consistera en ceste vnion, aussi le plus extreme supplice des reprouuez sera en vne eternelle separation & auersion de ce bien supreme ; si que à iamais sur les fleuues rougissans de flammes de ceste Babel de confusion, *ubi nullus ordo, sed sempiternus horror inhabitat*, ils seront

> In manibus meis descripsi te. Esai. 49.

> Scuto circundabit te veritas eius. Psal. 90. Beatus qué elegisti, & assumpsisti. Psal. 64.

> Sedentes, & præ ea-

sur le Cantique des Cantiques. 101

assis, & pleureront angoissez & d'esprit, & de corps, se souuenans, & de leur mal qui n'aura point de fin, & de la beatitude qu'ils ont miserablement perduë. *gustia spiritus gementes. Sap. 5.*

Plusieurs choses empeschent l'attraction du fer par l'aymant, comme la presence du diamant, la puanteur de l'ail, si le fer est engressé, trop pesant ou trop loing : Et se faut-il estonner si les esprits perdus ne peuuent paruenir à l'vnion du diuin Amour, puis qu'ils ont tous ces empeschemens spirituels en vn extreme degré. Ils sont esloignez, car vn *grand chaos* les separe d'auec Dieu, selon le tesmoignage d'Abraham, parlant au mauuais Riche. Ils sont lourds, car c'est le *talent de plomb, le poids du peché*, qui les a portez en l'abysme, *ce sont leurs iniquitez, qui comme des charges insupportables, se sont appesanties sur eux.* Ils sont engraissez, parce que, *prodijt quasi ex adipe iniquitas eorum.* Ils sont puants, *erit pro suaui odore fœtor:* c'est pourquoy il est dict du Lazare, figure du pecheur, *iam fœtet*, & Dauid parlant de la mauuaise [...] de son crime, *Putruerunt &* *Magnum chaos inter te, & nos. Luc. 16. Talentum plumbi. Zach. 5. Iniquitates meæ sicut onus graue grauatæ sūt super me. Psal. 37.*

G iij

Homelies Spirituelles

corruptæ sunt cicatrices meæ, à facie insipientiæ meæ. Mais sur leur obstination diamantine & inflexible est la base de leur eternelle auersion, & la cause *de leur delict incessant*, de leurs continuels blasphemes.

Incessabile delictum. a. Pro. 2.

En toutes façons, mes freres, Dieu est Dieu, & Dieu de feu. Il est de feu dans le Ciel, & de feu dans l'Enfer: mais là il est vn feu de douceur & d'Amour, icy de douleur & d'ire; là c'est vn feu luisant, & non cuisant, mais gracieux & aymable de bonté & de misericorde, icy il est feu bruslant & poignant de rigueur & de Iustice. Si que apres ceste mort nous ne pouuôs euiter quelque part que ce soit les flammes eternelles. Dans le Ciel les iustes, *tamquam scintillæ in arundineto discurrent*. Ils viuront heureux, comme les trois enfans dans la fournaise auec des rafraichissemens, ils y voltigeront à l'aise comme des Pyralides sacrees, ils y seront à leur plaisir comme des Salemandres sans se consommer, à l'instar de Moyse ils verront Dieu dans les flammes, mais flammes d'Amour. Au rebours les reprouuez aueuglez dans les cachots eternels par des flammes enfu-

sur le Cantique des Cantiques. 103

mees seront tourmentez auec le faux richard dans *ces feux deuorants, dans ces ardeurs insupportables. Là ils seront affamez comme des chiens*, tandis que les autres ioüiront d'vne celeste satieté, d'vn repos opulent, d'une paix abondante.

Et ie vous prie qui nous empesche dés ceste valee de pleurs, d'anticiper ce Paradis par la saincte Communion & participation au corps & sang precieux de celuy qui est non seulement le Dieu de Paradis, mais ce Dieu qui faict par sa presence le Paradis? Qui nous retarde de nous ietter comme Magdeleine aux pieds de ce Sauueur, & là escouter ce qu'il luy plaira de parler en nous? Qui nous enleue ce bien de reposer comme S. Iean sur sa poitrine, en ie faisant resider sur nostre cœur par l'vsage de ce Sacrement adorable? Qui nous destourne de prendre nostre repos en Dieu au pied de ceste mystique eschelle, qui touche la terre par les accidents, & aboutit à la substance de Dieu? *O mon ame, sus retourne toy en ton repos, puis que le Seigneur t'a eslargi ce grand & inestimable bien-faict.* Ie veux desormais bannir tout peché de mon cœur, & cherir

Quis vestrum habitare poterit cum igne deuorante, cum ardoribus sempiternis. *Esa. 33.*
Famé patientur vt canes. 58.
In multitudine pacis, in requie opulenta. *Esa. 32.*

Conuertere anima mea in requiem tuam, quia dominus benefecit tibi. *Psal. 114.*

G iiij

la Divine grace de toute l'estenduë de mes affections, puis que ceste grace est le Paradis de la Terre, comme la gloire est celuy du Ciel, grace qui nous guidera seurement aux Isles fortunees de la beatitude supreme, où nous chanterons à iamais ce doux motet du Psalmiste.

Beatus quē elegisti & assumpsisti inhabitabit in atriis tuis. Ps. 64.
Beati qui habitant in domo tua Domine, in sæcula sæculorum laudabunt te. Psal. 84.

Bien-heureux est celuy, Seigneur, que tu eslis
Pour estre avecques toy aux celestes parvis.
Heureux qui est en ta maison,
Il te loüe en toute saison.

sur le Cantique des Cantiques. 105

Nul repos qu'en ce centre.

HOMELIE VII.

*Tenui eum nec dimittam, donec introducam
eum in domum matris meæ, in cubiculum
genitricis meæ.* Cantic. 3.

VE dictes-vous, Sulamite, ie pensois *que iamais vous ne relascheriez la possession de vostre abondance*: Et cependant, cô- me Iacob luittant, il semble que vous promettiez de relascher cet Amant, tant cherché, & tant chery, auquel consiste vostre souuerain bien, & sans lequel vous ne sçauriez estre que malheureuse. *Ie le tiens*, faictes-vous, *& ne le lascheray point que ie ne l'aye introduict dans la maison de ma mere, dans la chambre de celle qui m'a engendré.* Quand Isaac mena sa Rebecca dans la chambre de Sara sa Mere trespassée, fut-ce pas pour l'espouser, & ne l'espousa il pas pour ne la quitter iamais ? Le sainct mariage estant vne indissoluble societé de vie, vn lien qui

In abundā-
tia mea nō
mouebor
in æternū.
Psal. 28.

ne se rompt que par la mort. Sulamité que voulez vous dōc dire? O cheres ames, que ceste Amante sacree est experimētee & sçauāte en la pratique du diuin Amour, elle a raison de dire que le tenant en ceste vie par grace, non elle ne laschera point sa prise pour mourir, iusques à ce que ceste grace l'ayant introduitte en la gloire de son Espoux, gloire la maison de sa Mere l'Eglise triomphante; lors elle espousera celuy qu'elle n'auoit que fiancé icy bas, & libre & contente elle le laschera sans le lascher: car iamais plus elle ne pourra estre separee de luy: helas! tandis qu'elle traine ceste vie miserable & terrestre, elle est comme *vn lys entre les espines* des incertitudes, de se fouruoyer du sentier de salut; elle est en doute de sa perseuerance finale, en laquelle consiste le poinct de son election eternelle. Elle sçait *que celuy qui est debout* en ceste route si glissante & labile *n'est pas asseuré de ne tomber point*. Les exemples d'vn Saül, d'vn Salomon, d'vn Iudas, d'vn Tertullian, d'vn Origene, luy donnent des transes & palpitations de cœur cōtinuelles, c'est pourquoy elle proteste de ne lascher point son timon, pendant les orages & tempestes

sur le Cantique des Cantiques. 107

qui nous demeinent sur la mer du monde; mais estant arriuee au haure de grace, au bord & au port de salut, abbattant les antehes & moüillant les ancres, elle *dormira paisiblement en son Bien-aymé*, sans apprehension des tourbillons & bouffees dangereuses, *Sine timore de manu inimico-* Luc. 1. *rum liberata seruiet illi in sanctitate, & iustitia coram ipso omnibus diebus suis, in sanctitudine domus suæ in longitudinem dierum.* O Mere toute triomphante, introduisez nos ames *au celier* de la grace, & de la gloire de leur diuin Espoux. *Aue Maria.*

LE cœur Amant, pressé de la grandeur de son affection, se donne tousiours quelqu'auantage sur ce qu'il ayme, la Sulamite emmy ses agonies a bien le courage de rendre son Bien-aymé comme son prisonnier de guerre: mais captif, garrotté des liens de soye d'vn tres-doux Amour, O le gratieux Empire, *ie le tiens,* dit-elle, ce voleur de mon cœur, ie suis sa captiue de longue main : mais aussi est-il le mien à ce coup, *Dilectus meus mihi, &* Cant. 2. *ego illi, ego dilecto meo, & ad me conuersio il-* Cant. 7. *lius.* Heureuse chaisne qui tient esgalement entrauez, & le vainqueur & le vaincu. N'auez vous iamais pris garde, Auditeurs, à ces Archers ou Huissiers, qui ont commission de se saisir de quelqu'vn, & le rendre prisonnier? ils le tiennent fermement, & le serrent de prés, iusques à ce qu'ayant passé le guichet de la Conciergerie, ils le laissent là comme libré dans le preau; & neantmoins captif: si que n'estant plus saisi à la gorge ou lié, il est en vne liberté captiue, en vne libre captiuité. La Sulamite faict tout de mesme: car elle proteste de ne lascher point la prise de cet Amant, *fuyant comme vn Fan sauuage, bondissant de colline en montagne*, si prompt à s'enuoller, à s'escouler, à s'eclipser de ses yeux en ceste vie, iusques à ce qu'elle l'aye mis en la Conciergerie des esleuz, en la Hierusalem celeste; belle & libre prison des ames contentes & affranchies des miseres de ce bas seiour. Car alors *comblee de la liberté des enfans de Dieu*, elle iouyra à iamais de son vray bien, sans crainte de l'esgarer, voire sans le perdre de veuë.

L'ame amoureuse par vn certain secret d'amour, & par vne amiable, quoy que respectueuse priuauté, se donne tousiours quelque ascendāt sur l'object aymé, ainsi

Fuge dilecte mi, assimilare capreæ. Cant. 2.
Saliens in montibus, transiliens colles. Cant. 2.
Libertate filiorū Dei, Rom. 8.

sur le Cantique des Cantiques. 109

la B. Vierge ayant rencontré son doux enfant au Temple, apres vne recherche de trois iours, hé! dict elle, *mon fils, pourquoy nous auez vous faict ainsi, vostre Pere & moy, nous vous auons cherché auec beaucoup de douleur & de peine.* Voyez vous comme l'Amour donne des prises à la creature sur le Createur, & comme le Createur mesme se *soufmet, s'assujettit* à la creature amoureuse. O quel ascendant Moyse & Abraham auoient sur ce Dieu tout bon. Ceste ame ainsi esmeüe, tesmoigne par son emotion l'accez de sa fiéure amoureuse, & par cet accez l'excez de son ardente affection, affection qu'elle prend pour merite, & à laquelle elle soufmet le merite de l'object aymé. Car si cet object la passe en beauté & en excellēce, elle pense le passer en Amour, & l'Amour qui est le prix & la reigle de soy-mesme, s'estime tousiours plus grand que la beauté ou bonté de l'object chery, croyant qu'vne once d'affection cordiale & interieure, vaut plus que cent liures de beauté exterieure, & que tous les biens du corps & de fortune qui sont au monde, ne peuuent payer vne dragme d'amour. O sacree *dilection* de mon Dieu, *vous estes forte comme la mort,*

Fili cur fecisti nobis sic. *Luc.* 2.

Et erat subditus illis. *Luc.* 2.

Fortis est vt mors dilectio, dura sicut infernus æmulatio. *Cant.* 8.

vostre saincte ialousie est violente côme l'enfer, vos lampiers sont des brasiers & des flammes. Où vay-je, mes chers Auditeurs, sur la poincte de ceste chere flamme, qui transporte mon ame vers son vray bien: si ie croyois mon courage i'irois à tire d'aisle en cet essor agreable; en ceste large carriere, qui me preste l'amplitude de ce sujet amoureux, *Quis enim modus adsit amori*, sans gesner l'alleure libre de l'Amour, dans les entraues de l'ordre: mais comme i'ay autant de pensees pour vostre vtilité, que pour mon contentemét, ie veux que celuy-cy cede à celle-là; afin *que nous ne nous recherchions pas nous-mesmes, mais le seruice de* IESVS-CHRIST.

Non quæ nostra, sed quæ Iesu Christi.

I'ay donc à vous estaler en ce discours, vny aux precedens par vne enchaisneure necessaire, que Dieu estant nostre centre, & le seul Amour nous conduisant & vnissant à ce centre, 1. Que hors de ce centre nous n'auós que des inquietudes, 2. Que dans ce centre qui est Dieu se trouue nostre vnique repos. Entendez.

I.

D'où vient à vostre aduis ceste maxime, si souuét inculquee par les Docteurs, comme la base de nostre saincte foy, que

sur le Cantique des Cantiques. 111

hors de *l'Eglise il n'y a point de salut* : tout perissant dãs les deluges des erreurs hors de cete Arche, les corbeaux reprouuez s'en separant, les Colombes choisies y demeurant auec l'oliue de la paix, sinon que parce que ceux qui se destachent de ce corps n'ont nul arrest, *emportez à tout vent de doctrine, agitez d'vn tournoiement perpetuel, emportez en des dogmes diuers, & peregrins, roseaux du desert,* agitez des moindres & plus legeres haleneees, au lieu que les ames fideles qui se tiennẽt dans ce sein maternel, sont à l'abry des orages, *couuerts du bouclier de la verité eternelle*, colomnes inesbranslables du Temple, assis sur la roche viue, que les tempestes ne peuuent esbranler, dans vne nef qui peut estre cõbatuë des flots, iamais submergee, portée du vent *de l'assistance continuelle du sainct Esprit.* Omni verò doctrinæ ducti. *Ephe. 4.* Doctrinis variis & peregrinis nolite abduci. *Heb. 13.* scuto circumdabit te veritas eius. *Ps. 90.*

Mais prenõs nostre ton de plus haut, ce Fils eternel que le Pere engendre dans son sein, si par imagination de chose impossible, il sortoit de ce sein paternel, sans doubte on ne pourroit plus dire de luy, *In ipso vita erat*, car il n'auroit plus de vie, *Ioan. 1.* d'autant que sa vie est tellement cachee en Dieu par l'vnité de l'essence, que sepa-

ré de son Pere, quant à ceste essence qu'il
puise de son sein de toute eternité, il ne seroit plus; ainsi IESVS-CHRIST nous
engendre tellement en son Eglise, qui est
son corps mystique, *nous donnant par la foy
vne puissance d'estre faicts ses enfans*, que
hors ces flancs maternels nous ne pouuons auoir la vie de la grace: *car celuy n'a
point Dieu pour Pere, qui n'a point l' Eglise pour
Mere*: Et comme la Tortuë n'a plus de
vie ostee de sa coquille, ainsi hors de la
maison de Dieu *nous sommes en tenebres, &
en l'ombre de la mort; car la lampe de l' Agneau
n'esclaire que dans ceste Hierusalem*: Quiconque *me rencontrera*, disoit Cain, priué
de grace, *me tuera*. Et l'enfant prodigue
sorty de la maison de son pere, est dict
s'esgarer en vne region lointaine. Somme tandis que l'Egyptien est aueuglé des
tenebres palpables de l'erreur hors de l'E-
glise, le fidele dedans le sein de ceste Espouse du Tres-haut, comme dans la terre
de Gessen, iouyt d'vne aymable & amiable clairté. *O mes freres, qu'il faict bon adherer à Dieu, & fixer en luy l'autre de son esperance*. Hors cela tout n'est que trouble,
misere, inquietude.

A vostre aduis, d'où procede que ceux
qui

Ioan. 1.

*In tenebris
& in vmbra
mortis se-
dent. Luc. 1.
Lucerna
eius est
Agnus.
Apo. 21.*

*Adhærere
Deo bonū
est, & po-
nere in Deo
spem suam
Psal. 72.*

sur le Cantique des Cantiques. 113

qui ont les os disloquez endurēt de si excessiues douleurs, qu'ils en perdēt le repos, le repos, la paix, la patience, sinon parce que ces pieces ostees de leurs emboëttures sont hors de leur centre. Et d'où vient l'inquietude de tant d'esprits, sinon de ce qu'ils sont hors de la grace? *Non est pax ossibus meis à facie peccatorum meorum. Dissipata, conturbata, dispersa sunt ossa mea*, disoit Dauid pecheur.

L'esguille de la Bouzzolle frottee d'aymant, n'a repos que retournee vers le Nort, où semble estre son centre. Que si vous mettez vne pierre d'aymant, ou vne lunaire au milieu d'vn tas d'esguilles, vous verrez que ces petites lancieres tourneront toutes leurs poinctes vers cet objet bien-aymé. Et les Nochers, qui chargez de fer, se sentent soubs vn vent fort foible auancer violément, iugent qu'ils sont voisins des rochers d'aymant, qui font ceste attraction puissante. Voyez-vous comme les choses insensibles sont inquietes hors de leur centre? Et quel repos peut auoir vne ame escartee du diuin Amour? Que ceste Colombe vole tant qu'elle voudra, elle ne trouuera que ceste Arche pour arrester le pied de son affection. Que ceste

H

abeille voltige parmy les fleurs des plaisirs mondains, elle sera le iouet des vents, & ne rencontrera l'abry & du miel que dans ceste ruche. Que ceste Aigle vole tant haut qu'elle voudra, elle battra sans cesse des aisles, iusques à ce, selon l'imagination des Poëtes, qu'elle soit arriuee dans le sein du Dieu porte-tonnerre, *terrible & grand Roy sur tous les Dieux, terrible aux Princes de la terre.*

<small>Deus magnus, terribilis super omnes Deos. Ps. 95. Terribilis apud reges terræ. Psal. 75.</small>

Iacob est tousiours inquieté dans la maison de Laban, & ne gouste du repos que restably en Mesopotamie. *Dans les tabernacles des pecheurs* il n'y a point de tranquillité, le monde est vn Pharao, qui faict sans relasche trauailler les siens apres *des œuures de boüe & de fange, & le cœur de ses suyads est comme vne mer boüillante,* comme tousiours venteuse, tousiours orageuse. Comme des Michas & des Labans, ils sont en continuel soucy, ou au culte, ou à la recherche de leurs idoles, car tout peché aussi bien que l'auarice *est vn seruice d'idoles.*

<small>Ope fibui cocti lateris & luto. Exod. 1. Cor impij quasi mare feruens. Esa. 57.</small>

Helas ! nous ressemblons à ceux, qui emmenez captifs en leurs ieunes ans en des terres estrangeres, oublient bien leur patrie : mais non iamais si à

sur le Cantique des Cantiques. 115

plein, qu'il ne leur reste quelque sorte de desir de la reuoir : mais desir languissant côme le triste effort d'vn malade, ou l'essay d'vn Lethargique, qui se veut, mais ne se peut resueiller. Nous sçauons par la foy *mille glorieuses nouuelles de la cité de Dieu*, nostre chere patrie, nous cognoissós bien à tāt de morts qui nous tôbent à milliers à droict & à gauche, que *nous n'auons pas icy de demeure asseuree*: nous auons bien quelque eslans d'esprit vers nostre centre, qui est Dieu ; mais nous sommes comme des Ionas, si auant dans *la mer du monde, que ses orages nous engloutissent.* Si que nous auons bien peu de force pour aspirer, & nous releuer à nostre souuerain bien, si la main de la grace ne nous tire de cet engloutissement, pour nous *faire chanter en l'eternité les diuines misericordes. Helas ! que faisons nous en la voye de l'Egypte, y beuuans de ces eaux troubles ?* Quelle malencontreuse Dypsade nous a picquez, pour nous faire desirer auec vne soif non desalterable, vne conuoitise inextinguible, les biens passagers de ce monde trompeur? pourquoy comme l'arbre triste ouurons-nous les fueilles de nos desirs à l'ombre de la mort, les fermant aux rayons du

Gloriosa dicta sunt de te ciuitas Dei. Psal. 86.
Non habemus hic ciuitatē permanētem. Heb. 13.
Veni in altitudinem maris & tēpestas demersit me. Psal. 68.
Misericordias domini in aeternum cantabo. Ps. 88.
Quid facis in via Ægypti vt bibas aquam turbidam. Hiere. 2.

H ij

Soleil de Iustice. Quitterons-nous noſtre vray Iacob pour de friuoles mandragores, comme la mal conſeillee Rachel? Ne tranſplanterons-nous iamais noſtre cœur de la terre des mourans, où comme les Perſiques, il ne produit que des fruicts veneneux & mortels, en la terre des viuans, où il pouſſe des œuures d'eternelle durée? Non, non, n'eſperons pas trouuer en ce monde, qui n'eſt qu'vne branſloire vniuerſelle, le repos & la tranquillité.

Demandez au Demon qui affligeoit Iob, apres auoir rodé par toute la terre, s'il y a trouué du repos: certes il ne le rencontrera iamais quelque part qu'il aille, d'autant qu'il eſt ſeparé de Dieu, *Ambulat per loca arida quærens requiem, & non inueniens*, comme dict l'Euangile parlant du malin eſprit. Les pecheurs enfans de ce mauuais pere, participent à ſon inquietude, *Non eſt pax impijs, viam pacis neſcierunt. Ce ſont des roſeaux agitez des vents, ils cheminent en tournoyãt.* Tant il eſt vray que l'eſprit deſordonné ſe tourmente ſans ceſſe ſoy-meſme. Cain reprouué de Dieu ne faict que courir ſans repos. Eſau ne faict que broſſer les boys auec inquietu-

Arundines vento agitatæ.
Matt. 11.
In circuitu impij ambulant.
Pſal. 11.

sur le Cantique des Cantiques. 117
de. Voyez-vous le rebelle Abſalon, qui ne faict que remuer? le prodigue qui s'eſ-gare hors de la maiſon paternelle? Ionas qui ſe precipite au naufrage pour s'eſtre eſcarté de Dieu? O Seigneur, *Qui elon-gant ſe abs te peribunt, perdes omnes qui for-nicantur abs te. Longè à peccatoribus ſalus, quia iuſtificationes tuas non exquiſierunt.* Et c'eſt en ceſte inquietude cauſee par le peché, que commence l'enfer dés ceſte vie, ſelon qu'il eſt dict, *Peccatum peccauit Hieru-ſalem, ideo inſtabilis facta eſt.* Lequel pour faire ceſſer l'Eſcriture, nous conſeille *de ne laiſſer point regner le peché en nos corps, ny en nos cœurs.* La tranquillité d'eſprit au có-traire, *met le Royaume des Cieux en nous,* & ſelon la promeſſe faicte aux pacifiques, *nous rend paiſibles peſſeſſeurs de la terre.*

Nō regnet peccatum in mortali veſtro cor-pore. *Rom. 6.*
Regnū cœ-lorum eſt intra vos. *Luc. 17. Mat. 5.*

II.

Le cœur humain eſt vn grand abyſme, qui a mille recoins, mille cachettes, & plus de flux & de reflux que n'en a l'Oc-cean: nous aurions pluſtoſt calmé les flots de la mer courroucée, qu'accoiſé le tumulte de ſes paſſions. Le ſeul Neptu-ne, qui luy peut donner la bonnace, c'eſt

H iij

le diuin Amour: C'est le seul Curtius, qui peut combler cet abysme, *Abyssum & cor hominis quis inuestigabit?* Le cœur humain a vne telle chaleur, que pour la temperer tout le sang y court, & son alteration est telle, que toutes les eaux de l'Occean ne seroient pas capables de l'estancher: Dieu seul, mer infinie de bonté, peut assouuir ses appetits, & luy donner le repos desiré, c'est pourquoy la Diuine misericorde s'appelle *vne fontaine ouuerte en la maison de Iacob*, elle crie par les carrefours, que tous ceux qui ont soif aillent à ses eaux. *Venez*, dict elle, *achetez sans argent du laict & du miel*. Qui a soif, dict le Sauueur, *si vienne à moy, & boiue*. Qu'il boiue & qu'il s'en gorge, & s'en gorge iusques à s'enyurer. Car en moy est la source viue & de vie.

Sainct Augustin, qui auoit autrefois senty la tyrannique violence des passions desreiglees, estant en fin apres tant de tourmentes surgy au haure de la grace, recognoist ingenuement qu'il n'y a du repos qu'au celeste Amour. O Seigneur, dict-il, *donnez-vous à moy, voyla que ie vous ayme, & mon ame vous desire,*

Erit fons patens domui Iacob. Zach. 13.
Omnes sitientes venite ad aquas. Es. 55.
Venite, emite absq; argento. Esa. 55.
Qui sitit veniat ad me, & bibat. Ioan. 7.
Apud me est fons vitæ.
Da te mihi Deus meus, en amo, & si non satis est amem validius.
August. in Med.

& si ie ne vous ayme pas assez, faictes par vostre bonté que ie vous ayme dauantage. Certes ie ne sçay pas ce qu'il me faut ou ce qui me defaut, pour vous aymer suffisamment; cela sçay-je, que toute abondance qui ne prouient de vous m'est vne extreme disette.

N'estoit-ce point le sentiment de ceste verité, qui faisoit dire au Psalmiste, *Quando veniam & apparebo ante faciem Domini.* Et encores, *Non dabo requiem temporibus meis, donec inueniam locum Domino, tabernaculum Deo Iacob.* N'est-ce point le ressentiment de ceste paix de Dieu qui passe toute intelligence, qui a tiré de ces cœurs amoureux de Dauid & de sainct Paul tant de souhaits de mort, *O Seigneur*, disoit celuy-là, *vous auez deschiré mon sac, & m'auez reuestu de liesse. Pauure moy*, dict celuy-cy, *qui me deliurera du corps de ceste mort, du reste qu'aucun ne me vienne molester.*

C'est ce mesme desir de repos & d'vnion, qui faisoit dire à nostre Espouse ces paroles amoureuses, auec lesquelles le grand sainct Thomas d'Acquin ferma sa bouche, & acheua sa vie, *Veni*

Quid mihi desit ad id quod satis est nescio, & hoc scio quia omnis copia quæ Deus meus nō est egestas est. *Idem.*

Pax Dei quæ exuperat omnem sensum. *Philip. 4.*
Concidisti saccū meū & circumdedisti me lætitia. *Psal. 19.*
Infœlix ego, quis me liberabit de corpore mortis huius. *Rom. 7.*

dilecti mi, egrediamur in agrum. C'est le sommeil de ceste mesme Amante, duquel l'Espoux ne veut pas qu'on la resueille que *quand il luy plaira.* Ame heureuse, *qui a rencontré le vray repos, & l'a trouvé trop plus agreable.* Tenez-le bien, ô Bergere sacree, & ne le laschez point iusques à ce qu'il vous aye introduitte en son repos eternel, en ses desirables Tabernacles, *Vbi sancti exultant cum gloria, lætantur in cubilibus suis.*

La gloire celeste comble de noſtre repos.

HOMELIE VIII.

Donec introducam eum in domum matris mea, in cubiculum genitricis meæ.
Cantic. 3.

Lors que les vents & les flots ces deux elemens ſi mobiles & perfides entrez en contraſte & mutinerie excitét dans le ſein de l'Occean ces furieuſes tempeſtes qui ſemblent eſleuer des montaignes d'eau dedans l'air, & enfoncer l'air dans les abyſmes,
Vnd Eurusq́, Notusq́, ruens, creberque procellis Affricus, atque imo Nereus ciet aquora fundo.
Les mariniers battus à outrance, & furieuſement combatus de la tourmente, tout l'attirail de la barque eſtant fracaſſé, & le vaiſſeau faiſant eau de toutes parts, eſchouans en fin, & faiſant bris contre vn rocher, n'ont point d'autre recours pour ſe ſauuer du naufrage que d'embraſſer fermemétvn aix, & ne le laſchet point que

quelque vent favorable calmant les ondes, ne les ait portez à la rade, où ils ne sont pas plustost vomis comme d'autres Ionas, qu'ils appēdent leurs habits moittes au prochain temple, remerçians la Divine bonté qui les a retirez de la gueule de la mort, ainsi le dict cét Ancien Lyrique,

> Me tabulâ sacer
> Votiuâ paries indicat humida
> Suspendisse potenti
> Vestimenta maris Deo.

O Dieu! qui sçauroit bien exprimer la furieuse bourasque qu'excita dās le cœur de nostre Amāte la perte de son Espoux, quand paresseuse de luy ouurir, il se retira de sa presence. Hé! ne mettons point la main à ceste playe, de peur de la renoueller, & la faire tressaillir, *sa contrition estoit amere comme la mer*, embarquée sur le haut Ocean de la douleur, *la tempeste l'engloutissoit quasi, les eaux trauersoient son ame*, tout semble coniurer contre elle, *les enfans de sa mere la combattent, les gardes la battent, les soldats la blessent & la despoüillent*, quel abādonement: mais en fin parmy ces escueils

facta est vt mare contritio tua. Thren. 2. Veni in altitudinem maris & tēpestas demersit me. Psal. 68. Intrauerūt aquæ vsq; ad animam meam. Ps. 68. Filij matris meæ pugnauerunt contra me. Cant. 1. Percusserunt & vulnerauerunt me custodes murorū. Cant. 5.

sur le Cantique des Cantiques. 123

ayant rencontré l'aix fauorable de la grace, elle le serre si fort, qu'elle proteste de ne lascher point ceste prise, que ceste grace ne l'aye introduitte dans la gloire où elle desire entrer, *comme dans les puissances & la maison de son Espoux, luy offrir l'holocauste de son cœur, & luy rendre l'accomplissement de ses vœux.* A tout se prend qui se noye, dict le Prouerbe, Helas ! nous voguons en ce monde sur *vne mer spacieuse pleine de perils innombrables.* O que bien-heureuse est l'ame qui *est tousiours en crainte*, & qui en ceste crainte serre la grace sur son sein, la conseruant cherement durant sa vie, afin d'acquerir par son moyen vne bonne mort. O mes freres, que la grace est aymable, & tres-aymable la Mere de grace, *Amplectamur eius vestigia Fratres mei*, vous dis-je auec S. Bernard, *teneamus eam, nec dimittamus donec benedixerit nobis. Aue Maria.*

Introibo in potentias Domini. Psal. 70.
Holocausta offeram tibi, & reddam vota mea.
Mare magnū, & spaciosum illic pericula, quorum nõ est numerus. Psal. 103.

Bernard. serm. in 1. Apoc.

LEs cheuaux recous du loup, disent les Caualeries, sont les plus courageux, parce que dés le moindre ombrage se pensans encores entre les dēts de ceste beste enragee qui les vouloit deuorer, ils s'animent d'vne belle fougue, s'enflent d'vne forte vigueur. Sulamite ayant esté Sunamite & vagabonde quelque temps, consentât en fin au rappel de cet Espoux qui luy crie, *Reuertere Sunamitis, reuertere,* *reuertere vt intueamur te*, & reuenuë à soy, & à ce doux Amant en l'absence duquel elle estoit priuee de tout repos. O combien elle est courageuse, & combien chere tient-elle la prise, la possession, la iouïssance de ce vray bien, dont son inconstance l'auoit seurée. Certes comme les couleurs sombres prestent de l'esclat aux claires; ainsi la faim esguise l'appetit, & la priuation redouble le prix & la valeur de la iouïssance, *O qu'il est bon d'adherer à* *Dieu. O qu'il est amer d'abandonner son Dieu.* La saincte Vierge ayant vne fois perdu son fils à l'aage de douze ans, se tint depuis si fort attachée à sa suitte, que la mort mesme, & la mort de la Croix ne fut pas capable de la separer de luy: tandis que son fils estoit attaché à ce dur bois, *Stabat iuxta crucem Mater Iesu Maria.*

Iacob vne fois trompé à la subrogation de Lia, fut plus aduisé au bout du second septenaire, quand il receut Rachel, & quand il l'eut vne fois, il n'eut point de

Cant. 6.

Adhærere *Deo bonū* *est.* *Quā ama-* *rum est de-* *reliquisse* *Dominum* *Deum suū.* *Ierem. 9.*

sur le Cantique des Cantiques. 125

cesse qu'il ne l'eust remenee en Mesopotamie, redoutant tousiours les supercheries de Laban. L'ame vne fois blessee des traicts du peché, est plus accorte à les euiter, & se deffiant sans cesse, & de la propre imbecillité, & de la malice du monde est tousiours aux aguets pour conseruer la grace quand vne bonne fois elle en est en possession

Ce mesme Iacob tint son Ange au collet toute la nuict: mais l'Aurore venuë, il le lascha: En la nuict de ce siecle, nous ne deuōs iamais lascher la grace: mais quand le plein iour de la gloire paroist, lors la grace est engloutie en cet abysme, ne plus ne moins que la splendeur des estoiles dans la lumiere du Soleil.

Ie ne doute point que si l'Ange qui conduisoit le ieune Tobie, eust feint de se retirer, qu'il ne l'eust retenu par toutes sortes de prieres & coniurations, le priāt de le remettre en la maison de son pere; ainsi faict Sulamite, tenāt de si prés *l'Ange du grand Conseil*, qu'elle est resoluë de ne luy donner point de liberté qu'apres qu'il l'aura introduitte au lieu de l'eternelle asseurance: ainsi firent les Disciples d'Emaus, car le Sauueur *feignant d'aller plus*

Magni cō-
silij Angelꝰ
vocabitur.
Esa. 9.

outre; ils le prierent & pressèrent de demeurer auec eux, pource qu'il se faisoit tard. O lumiere du monde, qu'il faict bon auec vous; celuy qui chemine apres vous va en la splendeur des Saincts; & ne peut estre accueilly des tenebres.

O sacree perseuerance, tu es tout le fruict de ce bel arbre du sainct Amour, c'est toy qui obtiens tout, qui surmontes le Tout-puissant, & fais plier le Ciel sous la terre: par toy la veufue obtient d'Elie la resurrection de son fils, par toy Elie la rosee du Ciel; par toy Moyse pardon pour le peuple, l'Hemorroïsse sa santé, la Cananee celle de sa fille.

Par toy Ruth se voit vnie à Boos, par toy la Thecuite mitige le courage de Dauid, la veufue Euangelique tire son expedition du iuge inique, & Abigail obtient grace pour Nabal. La deuise de toutes les ames perseuerantes est: *Ie tiens & ne lasche point si ie n'ay la benediction. O que bien-heureux est le perseuerant, car il sera couronné.* Perseuerance, grenade du grand Prestre, seul fruict portant couronne. Perseuerance qui certes à parler selon la rigueur Theologique, n'est pas en nostre pouuoir, estant vn don spécial de Dieu:

(marginalia:)
Finxit se longius ire. Luc. 24.
Qui sequitur me non ambulat in tenebris, sed in splēdoribus sāctorum. Ioan. 8. & Psal. 109.
Qui perseuerauerit saluus erit, & habebit coronam vitæ, Matth.

sur le Cantique des Cantiques. 147

mais neātmoins qui vient en nostre pouuoir par nostre vouloir : car si nous ne manquons point à la grace, iamais elle ne nous defaut; celuy qui nous inspire le vouloir, nous fournissant encores le parfaire, pourueu que nostre malice n'obstacle point sa bonté.

O! que miserable est la liberté, & infauste la puissance que nous auōs de deschoir de ceste grace : ô que l'imperseuerance est connexe à nostre mauuaistié, à nostre fragilité, *O beau Lucifer, toy qui te leuois comme vne belle Aube, comment es tu tombé du Ciel?* C'est ce qui faict *trembler, non les roseaux du desert seulement, mais les colomnes plus fermes.* Sainct Paul confirmé en grace ne *laisse de châstier son corps, & le reduire aux ceps, de peur,* dit-il, *d'estre reprouué apres auoir presché aux autres le chemin de salut.* Il proteste de *s'aduancer tousiours de plus en plus, & de cheminer deuant sa face comme les animaux du Prophete, n'estimant pas estre arriué au but iusques au bout de la carriere de sa vie.* Ouy mes tres-chers : car tant que nous sommes en ceste vie, nous sommes en la voye, & non en la patrie qui n'est qu'en la vie du siecle aduenir. Voulez-vous vn homme plus esleué que Dauid, hom-

Quomodo cecidisti de cœlo Lucifer, qui manè oriebaris. *Esai.* 14.
Quid faciēt virgultæ si tremūt columnæ.
Iob. 26.
Castigo corpus meū & in seruitutem redigo. 1. *Cor.* 9
Semper ad anteriora me extēdo, nec existimo me cōprehēdisse. *ad Phil.* 3.

me selon le cœur de Dieu, le voyez vous neantmoins roulé en deux pechez abominables? O Dieu, mes bien-aymez, escoutons ce grand Apostre qui nous enseigne *d'operer nostre salut auec crainte, & tremblement*, & David, *de nous esioüyr en Dieu auec frayeur*. Gardons-nous de la vaine & temeraire confiance des errans qui se flattent presomptueusement de l'infaillibilité de leur salut, se mettant de l'escot de ceste *Royne superbe*, dont parle S. Iean apres Isaye, qui disoit en sa pompe, *Ie ne seray iamais veufue, sterile, & attristee. Ie seray grande à iamais*. Et voyla que toutes les calamitez l'accueillent, & accablent: nostre Espouse est bien plus sage, car balançant son cœur entre la deffiance de soy mesme, & la confiance en son Amant, elle proteste que

Son Amour est remply de soucieuse crainte, si qu'elle ne veut lascher son Amāt qu'elle tient comme esclaue, qu'il ne l'aye introduitte dans la *liberté des enfans de Dieu*, qui se trouue en la gloire.

Icy bas en la grace elle trouue son repos en son mouuement vers Dieu, & là haut en la gloire, elle aura du mouuemēt en son repos en Dieu. Ce sont les deux points

Cū timore, & tremore vestram salutem operamini.
ad Eph 6.
Exultate Domino in timore.
Psal. 2.

Apoc 18.
Isa 47.

Res est sollicita plena timoris amor.

poincts qu'il faut que ie vous expedie au reste de ce discours.

I.

Ie dy donc que l'ame Amante trouue icy bas en la grace son vray repos en son mouuement vers Dieu, en son escoulement en Dieu. Le cœur humain au milieu de la poictrine est situé en sorte qu'il n'est iamais plus inquiete que quand il est pressé, & que ceste oppressiõ luy oste la liberté de son battement;& il n'est iamais plus en repos que quand ses dilatations sont libres. Le vray repos de l'Amant est de trauailler sans cesse pour la chose aymee, comme il est clair en Iacob. Dauid picqué d'vn S. Amour disoit, *Non dabo requiem* Psal. 131. *tẽporibus meis donec inueniam locum Domino, tabernaculũ Deo Iacob.* Le ver à soye file cõtinuellement, iusqu'à ce qu'il se soit resserré en sa prison dorée. En l'eschalier de Iacob, symbole du diuin Amour, voyez cõme tout va, personne ne s'arreste, car *subsister en la voye de Dieu*, dit S. Bernard, *c'est desister, n'aduancer c'est reculer, demeurer c'est defaillir, ne combattre pas c'est fuir.* Le pelerin va tousiours iusques à son retour, *quot-* Lux splen-*quot viuimus peregrinamur à Domino.* C'est dens procedit vsque pourquoy l'ame amoureuse de son Dieu, ad perfe-

I

est comparee à l'Aube, *qui croist tousiours iusques au iour parfaict.*

Or l'Amour qui n'est autre chose (dict vn grand Deuot) *qu'vn mouuement, escoulement, & auancement du cœur vers le bien*, n'a repos qu'en ce progrez; de sorte que s'il cesse de se mouuoir, il cesse d'estre amour, ou si c'est vn amour, c'est vn amour inquiete & angoisseux. Theogenes, ieune homme Grec, ayant en fin obtenu par ses longs seruices, le consentemét d'vne fille qu'il aymoit esperduëment pour l'espouser, ne voulut point passer outre en ce mariage, de peur, disoit-il, d'esteindre sous les cedres d'vne froideur maritale, ceste gratieuse flamme qui luy donnoit tant de contentement, trouuant son repos dans le desir, & ne le voulant terminer dans la liberté coniugale.

Daniel Prophete tout extatique est appellé hóme de desirs: qu'est-ce à dire hóme de desirs, c'est à dire amoureux: car l'amour n'est autre chose qu'vn mouuemét de desir; si que celuy qui ayme desire, & reciproquemét celuy qui desire ayme, & qui ayme à bien aymer, ayme aussi à bien desirer, & qui desire de bien aymer, desire aussi de bien desirer: le cœur se mouuant

sur le Cantique des Cantiques. 131

tousiours, trouue son repos dans ce mouuement du desir amoureux, de l'amour desirant.

O mon Espouse & ma sœur, dit nostre Amāt, *tu m'as nauré le cœur auec l'vn de tes yeux, auec vn de tes cheueux:* c'est à dire, tu as tellement ramassé tous tes desirs en me contemplāt, cōme celuy qui mire à vn but, va recueillant tous ses rayons visuels; *tu as tellement mis tous tes desirs en moy*, qui sont comme les cheueux de ta teste, que les reliant tous en vn, tu en as fait vn iauelot qui me trauerse tout à fait. *O, dit l'Amāte, qu'il me baise d'vn baiser de sa bouche.* L'Hebreu a en son pluriel *des baisers*, comme si elle disoit: ô quand sera-ce que ces menus baisers de la grace que ie ressens en ceste vie, se termineront en ce sainct baiser de la gloire, comble de tous mes desirs?

Tant que les Amants sont sinceres, & en vne condition qui se peut dissoudre, leur affectiō est en haleine plus verd & vigoureuse, affectiō qui se retranche d'autāt plus au mariage, que l'estrainte de cet indissoluble lien est plus serree, estrainte bien plus heureuse neātmoins, & qui a d'autāt plus de solidité, qu'elle a de stabilité en ceste vie. L'ame amoureuse de son Dieu luy est

In te omne desiderium meum.

Cant. 1.

I ij

fiancée par la grace, mais à telle côdition, que ceste liaison se puisse descoudre, nostre franchise & liberté donnant tousjours lieu à la desditte: mais en la gloire l'amour est constant, & à iamais perdurable, le mariage y est accomply & consommé, les nopces faictes & parfaictes. Pour maintenir donc cet Amour icy bas en sa vigueur, nous auons besoin d'vn continuel mouuemēt de desirs, desirs qui sont les aisles du S. Amour: car le desir est vne passion suiuante & seruante de l'Amour, qui prend sa qualité de l'object de sa maistresse: & côme l'amour peut estre mauuais, aussi le desir des mauuais desirs. Dauid dit, *Dimisi eos in desideria cordis sui, ibunt in adinuentionibus suis*, parlant de ceux qui sont suggerez par l'amour propre des bons. Le mesme Prophete dict: *Desiderium animae eius tribuisti ei*, parlant de ceux qui prennent leur origine de la diuine inspiration. De là vient l'vsage des Oraisons jaculatoires si frequent aux amateurs de Dieu, par lesquelles, comme par de sacrez eslans, ils se maintiennent tousiours en l'air de l'Amour sacré. Ce sont ces aisles de Colombe que desire le Psalmiste pour voler en son repos. Concluons donc qu'i-

sur le Cantique des Cantiques. 133
cy bas en l'estat de la grace, l'ame remplie de dilection, trouue son repos dans le mouuement de son Amour.

II.

Mais là haut en l'estat de la gloire, les esprits bien-heureux qui sont au comble du celeste Amour, trouuent vn doux mouuement de dilection dans la tranquillité de leur beatitude. C'est ce qui me reste à deuider de ma matiere proposée. Vray Dieu, que vais-ie dire? O ames qui plus que tres-côtentes, souspirez neantmoins dans le Ciel vn tres-doux Amour, he! ne feray-ie point de tort à ce repos eternel, dont vous iouyssez auec vne profonde paix, si ie m'aduance de dire que vous auez du mouuement en ce grand calme où vous estes? car le mouuement ayant quelque idee de trauail, & le trauail n'estant point sans quelque peine, comment ferons-nous compatir ceste exemption de toute peine, en laquelle vous estes auec ceste action que ie vous veux attribuer, veu mesmes qu'il est escript que, *lors il n'y aura plus ny larmes, ny douleurs, ny trauaux, parce qu'icy bas toutes ces fatigues auront precedé.* Certes il y a ceste difference entre le mouuement d'Amour,

Non erit amplius neque luctus neque dolor. *Apo. 21.*

I iiij

qui est en l'estat de la grace en terre, & celuy qui en l'estat de la Gloire au Ciel: que celuy-là est penible, quoy que tres-aymable, car la peine d'amour, & pour l'amour est vne peine bien aymee: mais cestuy-cy est sans peine, excité seulement par la douceur de son extreme suauité.

Qui fecit cœlos in intellectu. Psal. 135.

Les Cieux faicts *dans l'entendement de Dieu*, ont esté creez dés le commencement auec ceste proprieté de rouler sans cesse sur les deux poincts du monde, que l'on appelle Poles, afin de *chanter la gloire*

Psal. 18.

de Dieu en leur cours; cours si iuste, que son resonnement esclatte par tout le rond de la terre. Or ceste proprieté de mouuoir leur est si naturelle, que non seulement ils tournent auec aysance: mais ce seroit les violenter que d'arrester leur branle, comme il arriua du temps de Iosué, quand il fit parer le Soleil au milieu de sa carriere, ouy ce Soleil *qui se meut sans cesse, & qui va galopant comme vn geant les vastes espaces du Ciel*, faisant le iour & la nuict par sa presence, & son absence. Pensez le mesme des esprits bien-heureux, mes tres-chers, lesquels doucement necessitez, non forcez violemment d'aymer ce bel obiect de la Diuinité, que l'on ne peut voir sans l'aymer vniquement, ont leur repos en ceste veuë, vray centre de leur souuerain bien, mais vn repos actif, qui laisse l'agreable poincte du desir dans le comble du contentement, & vn doux appetit dans vne ample satieté. Pour cela les Anges sont dicts, *desirer voir le beau visage de Dieu*, bien qu'ils soient continuellement deuant sa face, parce que ceste beauté n'est pas de celles dont le iouyr en esteint l'amour, mais celle-là seule embrase d'autant plus que l'on en a de iouyssance.

In quem cupiunt angeli prospicere. 1. Petr. 1.

Les ames beatifiees sont comme les poissons dás l'Occean, ausquels le flux & le reflux donne plustost du plaisir que de la peine. O flux heureux, quand Dieu vient en elles, leur faisant apprehender par la lumiere creée de la gloire, la splendeur increée de la diuinité. O reflux gratieux, quand elles s'abandonnent elles-mesmes, & se noyent totalement dans *la ioye de leur salutaire.*

Psal. 50.

Pareilles à ces animaux aislez qu'a vû le Prophete, lesquels voloient allans & venans sans cesse. Et à ces Seraphins à six aisles, voylans leurs faces auec deux, confessans ne pouuoir comprendre cet objet infiny, leurs pieds de deux autres, ad-

I iiij

uoüans par là de ne le pouuoir assez aymer, & volans auec deux autres en Dieu
par le continuel mouuement d'vn amour
transporté & extatique. Et ie vous prie,
que font ces ames heureuses, sinō ou agir
en Dieu par vne continuelle & non inter-
Pati diuina. rompuë dilection, ou *patir les impressions
diuines*, comme parlent les Theologiens
mystiques, ce qui est lors que Dieu agit
en elles, & qu'elles sont en l'estat d'vne
aymable souffrance. Or qui peut conceuoir vne action & passiō sans mouuemēt?
Il s'ensuit donc que ce repos dont elles
ioüissant, estant, agissant, & patissant, elles
ont du mouuement en ceste profonde
tranquillité qui les engloutit.

Quoy, Dieu n'est il pas de toute eternité en sa propre beatitude plein de paix, &
de repos, & cependant ce repos n'est pas
troublé par l'actiueté continuelle qu'il
exerce, soit en ses deux emanations internes, dont l'vne par la voye de l'entendement engendre eternellement & tousjours la persōne du Fils, & de l'autre procede la troisiesme personne, qui est le S.
Esprit, par la voye de la volonté, laquelle estant vne au Pere & au Fils, ils souspirent esgalement & d'vn mesme prin-

sur le Cantique des Cantiques. 137
cipe ce grand & infiny souspir de l'Amour eternel. Et quát aux actions du dehors, le Sauueur dit luy mesme, *Pater meus operatur, vsq adhuc, & ego operor.* Cóme dóc l'action de Dieu n'empesche point la tráquillité, aussi le mouuement amoureux des ames bien-heureuses, n'est point contraire à leur repos : *En cela semblables à Dieu, lequel elles voyent comme il est.*

Les oyseaux du Ciel sont tousiours en l'air auec les aisles estenduës & mouuantes, quand leurs aisles cessent de mouuoir ils cessent de viure, leur vie c'est leur mouuement, & quand leur vie cesse, ils cessent de mouuoir; ainsi tombent-ils en terre, où iamais on ne les void que morts : qui diroit que le bransle de leurs aisles leur fust penible comme aux autres oyseaux, diroit aussi que la vie leur seroit laborieuse, ce qui n'est pas, ains comme ils desirent viure, ils desirent aussi se mouuoir. Tant que le poisson est dans l'eau, tousiours il meut ses aislerettes, & s'il cessoit de les mouuoir, il cesseroit de nager, & il ne cesse de nager que quand il cesse de viure, voire mesmes quád tous ses sens sont assoupis par le sommeil, ses nageoires ne laissent d'auoir leur bransle có-

Videbimus cum sicuti est, & similes ei crimus. 1. *Ioan.* 3.

tinuel, qui le balancent esgalement dans cet element liquide. Venez-çà, les animaux de la terre ont ils de la peine à respirer, mesmes quand ils dorment leur souffle cesse-il, & ce manquement de respic n'est-ce pas leur mort, quand il est empesché, comme l'on voit aux Asmatiques, n'est-ce pas vne douleur insupportable? I'entasse tout cela, mes bien-aymez, pour vous faire comprendre, comme le mouuement d'amour, qui faict agir les esprits bien-heureux, n'est point contraire à leur repos, non plus que celuy du bercer au dormir du petit enfant; au contraire ce branfle contribuë à son sommeil. A propos d'enfant, voyez de grace ce petit poupó collé au sein de sa mere, il repose mollement, & dort suauement, & cependant il ne laisse de tetter, mais d'vn mouuement de leûres & de langue si lent & si doux, que tant s'en faut que ceste action preiudicie à sa tranquillité, qu'elle y ayde beaucoup, parce que le laict enuoyāt de suaues vapeurs à son petit cerueau, luy sert & de potion pour le nourrir, & aussi pour le faire dormir. Les Saincts iouïssans de la gloire, viuent ainsi sur le sein de la Diuinité, beuuans à longs traits le laict de

sur le Cantique des Cantiques. 139

la supreme beatitude; ce mouuement par lequel ils succent la Diuine substance, dõt ils se paissent, n'est point contraire au repos, dont ils sont surcomblez.

Et ie vous prie cet Heliotrope, pour se tourner tout le iour, selon le cours du Soleil, laisse-il d'auoir sa racine en repos dans la terre? Et l'Alcyon n'a il pas sa tranquillité dans son nid, bien que ce nid flotte vagabond sur les ondes mouuantes?

Croyez-moy, Messieurs, tout ainsi que les esprits perdus ont vn continuel mouuement de douleur sans aucun repos, se debattans furieusement pour la priuation de l'objet beatifique, pouuans dire auec Tobie, *Quelle ioye auons nous, ne voyans pas la lumiere du Ciel*, ou plustost l'Autheur de la lumiere & du Ciel, & se tempestans comme ces oyseaux de proye, chapperonez & affamez de la proye: Ainsi les Esleus voyans face à face cet objet, qui se peut admirer, nullement exprimer, non pas mesmes *monter en la pensee*, sont en vn perpetuel mouuement, mais mouuement de dilection, mouuement doux & amiable, qui accomplit plustost qu'il n'interrompt leur repos & leur tranquillité. Et c'est ce mouuement auquel le Sauueur

quale gaudium est mihi, qui lumē cœli nõ video. *Tob. 5.*

In cor hominis non ascendit, quæ præparauit Deus diligētibus se. *1.ad Cor.2.*

mesmes se plaira tant en la gloire, qu'apres auoir faict asseoir ses Esleus au banquet solemnel de ses nopces, il est escrit que, *Transiens ministrabit illis.*

Luc. 12.

O mes freres, il n'y a celuy en cet Auditoire qui n'aspire à cet heureux iour qui n'aura point de nuict, à ce seiour où la douleur ne peut penetrer. Mais souuenez-vous que l'on n'entre à la gloire que par la grace, & à la grace que par la Penitence: l'on ne va à la terre promise qu'à trauers les espines du desert: Rachel ne se donne qu'apres Lia. Cherchons donc icy bas en l'estat de la grace nostre repos téporel, au mouuement de la dilection, qui consiste au retour de nostre cœur vers Dieu, si nous voulons là haut en l'estat de la gloire exercer le mouuement tres-heureux de la parfaicte Charité, dans le repos eternel qui se trouue en Dieu seul.

sur le Cantique des Cantiques. 141

Feux & flammes du divin Amour.

HOMELIE IX.

Lampades eius, lampades ignis atque flammarum. Cantic. 8.

QVE ce Dieu *tout de feu*, le sainct Amour duquel ie vous presche, a grande raison de paroistre dans des embrasemens, puis qu'il est tout Charité: & si bien Charité, que qui a *la Charité demeure en Dieu, & a Dieu en soy.* Ne vous estonez point s'il se faict rechercher & trouuer par des Mages au flamber d'vne estoille, estoille qui comme celle du Phosphore annonçoit la venuë *du Soleil d'Orient*, puisque l'Espouse vous declare que *les flambeaux* de son Bien-aymé ne sont que feux & que flammes. Puissent ces flammes esclairer nos entendemens, ces feux eschauffer nos volontez, afin que nous puissions *gouster & voir combien le Seigneur est doux, & son Amour* desirable. *Aue Maria.*

Deus noster ignis consumens est. Deut. 4.

Qui manet in charitate in Deo manet, & Deus in eo. 1. Ioan. 4.

Gustate & videte quàm suauis est Dominus. Psal. 33.

Ezech. 10.

PRens du feu du milieu des roües, disoit autrefois le grand Dieu à son Prophete Ezechiel: ces roües à diuers rayōs, & enclauees les vnes dans les autres, denottent les Escritures sacrees, d'où comme de pierres viues se tirent des estincelles pour embraser les cœurs. Comme le feu se cache soubs la cendre; ainsi de claires lumieres se tirent de l'obscurité des Escritures, mais par ceux qui les sçauent bien manier: c'est le puits des Machabees, d'où se tire le feu sacré. Or entre les sacrez cahiers, le Cantique du S. Amour est le plus enflammé, & dedans ce diuin Epithalame, le verset que nous auōs en main porte vne consommation totale, selon quelque version, *Lampades eius, lampades ignis atque flammarū.* Ceste reduplication du mot de lampes tesmoigne l'excez de l'accez de l'Amour, mais ces feux & ces flammes m'obligent à vous monstrer cōme cet Amour est feu, & comme il est flamme.

I.

Peusse-je nouueau Promethe, animer vos cœurs, ô mes freres, d'vn feu si sainct,

sur le Cantique des Cantiques. 143
si doux, si aymable, si desirable. Et c'est ce beau feu que le Sauueur *est venu ietter en terre pour embraser l'Vniuers.* Ce n'est plus ce feu rougissant & estonnant sur le Sina, dans lequel se donne la loy, & *l'esprit de seruitude auec crainte* : mais c'est ce feu brillant & non bruslant, qui leche mollement les testes Apostoliques à la venuë du S. Esprit. Quand l'on veut desfricher vne terre, on se sert de deux moyens, du fer, & du pic pour retracher les surcots, & arracher les racines, ou bien l'on y met le feu, ce qui est bien plustost faict, & le boys moins subject à repousser. Pour preparer les cœurs à la vertu, l'on peut vser de deux moyens ; ou de la mortification exterieure & interieure, pour extirper les mauuaises habitudes, en quoy est requis beaucoup de patience & de longanimité ; ou bien de celuy de l'Amour, qui est *ceste meilleure & plus courte voye de charité*, que l'Apostre enseigne aux Corinthiens. Car ce feu diuin ne s'est pas plustost emparé d'vne ame, qu'il la faict à grands pas tirer à la perfection, *atteignant du bout à l'autre puissamment, & neantmoins suauement.* Tout ainsi que l'on aduance

Luc. 12.

Spirit⁹ seruitutis in timore. *Rom. 8.*

Act. 2.

Meliorem viam vobis ostendo.

plus sur mer par vn coup de vent, que par cent traittes de rame.

Abraham allant faire sur la montaigne son sacrifice, portoit le glaiue & le feu, celuy-là pour esgorger l'hostie, celuy-cy pour la consommer. En vain saccage t'on le corps par la mortification corporelle, si le cœur n'est espris de la flamme du diuin Amour: l'Hydre des pechez, comme celle du fabuleux Hercule, ne se surmonte pas tant par le fer, que par le feu. Ce feu sacré, comme celuy des animaux de Sanson, rauage toutes les moissons des vices, ces Philistins miserables, & terrasse le monde auec ses passions tyranniques, cõme ce feu qui descendit du Ciel à la priere d'Elie, pour deuorer les Satellites d'Achab, & qui sortit de la fournaise de Babylonne, pour consommer les bourreaux qui y auoient jetté les trois enfans.

4 Reg 1.

Quand vne fois l'ardeur de ce beau feu celeste est logee dans vn cœur vrayemẽt amoureux de son Dieu, tout autre feu, soit de concupiscence, soit de martyre, ou d'affliction luy cede volontiers. Vn sainct Laurens embrasé du diuin amour, au dedans se mocquoit des flammes qui le brusloient au dehors, *Segnior fuit ignis qui*

sur le Cantique des Cantiques. 145
qui foris ussit quam qui intus accendit, dict S. Leo serm.
vn Pere ancien. Sainct Tiburce animé de S. Laur.
de ce beau feu, prend les charbons ardās
pour des roses. Saincte Appolline ieune
fille, preuenant la main du bourreau, se
jette volontairement dans le feu que l'on
luy monstroit, pour esbransler sa constance,
& intimider son courage. Les trois
enfans compagnons de Daniel, espris de
ce celeste Amour, trouuent des raffraichissemens
& des rosees dans vne horrible
fournaise. Car tout ainsi que celuy
qui est agité de deux maux en mesme
temps, ne ressent pas le moindre estant
pressé de la vehemence du plus poignant;
ainsi quād vn cœur est vne fois picqué du
traict du diuin Amour, toutes les autres
affections qui tyranniseroient vne ame
priuee de charité, luy semblent vaines & Omnia arbitratus sū
friuoles. Escoutez l'Apostre, *qui estime* vt stercora, vt
toutes choses bouë & ordure au prix de son Christum
IESVS, *pour lequel il tient la mort pour vn* lucrifaciā.
profit indicible. O feu diuin, c'est toy dont Phil. 1.
la saincte ardeur amollit les cœurs plus Mihi viuere Christus
empierrez, qui oste la rouille des cœurs est, & mori
plus enferrez. C'est toy dont les flammes lucrum.
excellentes commencent icy bas pour Philip. 1.
K

durer en l'eternité : parce que *Charitas numquam deficit*.

> 1. ad Cor. 13.

Mais vous voudriez à l'aduenture sçauoir, mes freres tres-chers, quelques indices pour recognoistre quand vous serez si heureux que de posseder ce feu sacré. Et voyla que tout à propos le grand S. Denys Areopagite l'Apostre de nostre France, me fournit quatre marques tirees des proprietez du feu, desquelles vous pourrez tirer de bonnes conjectures, & ie dy conjectures : car en ces matieres il ne faut rechercher autre certitude que morale, y ayant vne temerité trop notable au desir des speciales reuelations.

> Dyon. c. 15. de cælest. hierarch.

Le feu est vn element sublim & altier, qui ne se mesle iamais auec les autres, ny auec quelconque matiere. L'Amour diuin est ainsi hautain & imperieux, ne voulant partager les cœurs auec aucune autre affection terrestre, Dieu crie exprez par vn Prophete, *Que le lict est estroict, la couuerture trop courte, pour couurir & receuoir en mesme temps l'Espoux & l'Adultere*. La vraye Mere ne vouloit point le *Diuidatur* de Salomon, Dieu comme vray Pere veut tout ou rien : *Ce Dieu qui est plus grand que nos cœurs*, n'y peut durer auec vn riual; l'Idole

> Coangustatum est stratum ita vt alter decidat. Isa. 28.
> Deus maior est corde nostro.

& l'Arche sont inassociables: & qu'est-ce que l'Amour du monde, sinon vne seruitude d'Idoles? Si donc, ô ma chère ame, vous recognoissez vos affections attachees desordonnément à la terre, tenez pour asseuré que le sainct Amour n'est point absolument en vostre cœur; mais à l'aduenture quelque ombre & apparence de Charité, qui vous abuse & vous amuse. Ceste Dame se plaist à estre cajollee, muguetee, admiree, recherchee, à dôner & receuoir de l'Amour; & au bout de tout cela, voudra estre tenuë pour bien sage & vertueuse: elle se trompe, car bien qu'elle soit chaste quant à la volupté du corps, elle ne persuadera iamais à aucun sein iugemēt, qu'elle le soit quāt à la volonté du cœur. *Nul peut seruir à deux maistres, à Baal & au vray Dieu, qui cloche des deux hanches; qui iura en Dieu & en Melchom, n'a point la charité en soy.* C'est pourquoy le Disciple bien-aymé nous enseigne à n'aymer point le monde, d'autant que son amitié est ennemie de Dieu. L'huille entre les liqueurs prend tousiours le haut, & ne se mesle auec aucune: tel est le diuin Amour, il ne peut se mesnager auec aucune autre affection desordônee, & veut su-

Vsquequo claudicatis in duas partes.
1. Reg. 18.
Nolite diligere mūdum, quia amicitia huius mundi inimica est Dei.
1. Ioan. 2.

K ij

périoter toutes les autres amitiez, nulle amitié estât iuste & bône, que celle qui se mesure & reigle à son niueau. Nous deuons donc imiter au cours de nos iours celuy du fleuue Alphée, qui perce la mer sans mesler ses eaux, pour les joindre pures, nettes, & douces à la fontaine Arethuse. Ainsi deuons nous *vser du siecle comme n'en vsans point, puisque sa figure & sa connoisise passe*, pour arriuer *& entrer auec innocence & pureté de cœur* au port de la gloire. Tant que nous aurons la farine de l'Egypte, nous ne gousterons point la manne cachée du diuin Amour.

La seconde proprieté du feu remarquée par sainct Denys est, que sans matiere qui le nourrisse, il ne peut durer icy bas; ainsi la Charité s'esteint en vn cœur si elle n'est nourrie par les bonnes operations, l'Amour de Dieu presse le cœur Amant à produire les effects de ses affections, tout ainsi que Rachel importunoit Iacob de luy donner lignee. Le vray Amour n'est iamais oysif & inutile, *Charitas non agit perperam.* C'est vn feu cuisant & actif, qui se veut nourrir de quelque bien ou mourir. La Charité qui n'opere pas est proche de sa mort, si desia elle n'est tres-

*Qui vtuntur hoc mundo tamquam non vtêtes, præterit enim figura huius mundi. 1. ad Cor. 7.
Ego autem in innocentia mea ingressus sũ. Psal. 25.*

passée. C'est ce feu que Dieu veut voir continuellemēt brusler sur l'autel de nostre cœur, dans le temple de nostre ame: mais il le faut entretenir auec la matiere des bonnes œuures. L'ame qui comme les Vestales anciennes, se laisse esteindre par sa negligence, merite de mourir en viuant, & de viure en mourant, & de mourir toute viue enferree dans le tombeau d'vn eternel oubly. Aussi voyez-vous comme en la parabole Euangelique les Vierges folles dont les lampes s'esteignirent, parce qu'elles n'auoient point porté d'huille pour les entretenir, furent rebouttees de l'entree des nopces auec vn rude *nescio vos*. Si dōc vous vous trouuez, ô mon frere, n'auoir aucune feruerur ny habileté aux actiōs de deuotiō, croyez moy, si vous n'auez du tout perdu le diuin Amour, il est bien malade en vous; c'est pourquoy ie vous conuie de demander à Dieu, *qu'il renouuelle en vous vn esprit de droiture, reprenez vostre premiere charité, & faictes vos premieres œuures, achetez cet or enflammé, afin que vous deueniez riche*. *Psal.* 50. Prima opera fac. Suadeo tibi emere aurum purum vt locuples fias. *Apoc.* 3.

La 3. proprieté est, que le feu change en soy toutes les matieres qui luy sont dōnees pour aliment: mettez du fer dedans le feu, le feu ne deuiendra pas ferré, mais le fer deuiendra tout ignée, prenāt en soy les qualitez du feu, le feu ne receuant aucune des siennes. Quant aux matieres plus fresles, comme la paille & le bois, elles sont soudain reduittes en cendres. Ainsi fait le diuin Amour, car outre qu'il nous transforme en Dieu, *Si Deum diligis Deus est. Qui adhæret Deo vnus Spiritus est*, Ceste charité diffuse en nos cœurs par le sainct Esprit, nous esleue à des pensees si genereuses, que, *quæ sursum sunt sapimus, nō quæ super terram*. Qu'vn cœur soit de fer en dureté, en pesanteur, en noirceur, en froideur, il deuiendra clair, luysant, leger, ardant, par le feu du sainct Amour. Que si il a tant soit peu de condescendance, il le reduira aussi tost aux cendres de la mortification ou de la Penitence.

En fin pour quatriesme proprieté S. Denys dict, Que le feu tend tousiours en haut vers la Sphere, où est son centre, & où il vit sans aliment. Voyez comme la flamme de ce flambeau voltige tousiours, & poincte pyramidalement vers le Ciel; si vous le renuersez il s'esteindra plustost suffocqué de la matiere, que de renoncer à cet eslacement qui luy est naturel image

August. Charitas diffusa in cordib. nostris per spiritum sanctum. Rom. 5.

viue du vray Amour de Dieu, lequel eſtát *de cælo cæleſtis*, met toute noſtre conuerſation dans les Cieux, vers ce Dieu tout de feu, ſon vray & vnique centre. Là ceſſent les bónes œuures: car, *Deus eſt omnia in omnibus*, il eſt l'alimḗt de ceux qui le contḗplent, *In ipſo vita erat, & vita erat lux hominum*. Mais icy bas ce feu eſtát hors de ce centre a beſoin de bónes operations pour ſon entretien. Regardez donc, mes freres, ſi vous faiƈtes du bien, & ſi vous faiƈtes ce bien pour l'amour du Dieu du Ciel, ſi vous auez le Pole pour guide en la nauigation de voſtre vie. Car nulle œuure a le coing du diuin Amour, que celle qui eſt faiƈte pour le ſeruice & la gloire, ou pour la gloire du ſeruice de Dieu. Mais aduiſez que ceſte proprieté du feu qui eſt de tendre en haut, regarde proprement la flamme, de laquelle ie ſuis obligé de vous diſcourir en ma ſeconde traitte.

Cōuerſatio noſtra in cœlis ſit. *Phil.* 3.

II.

Au feu deux qualitez ſont remarquables & tellement eſſentielles, que bien qu'accidents, ce ſont accidents naturellement inſeparables de ſa ſubſtance, la chaleur & la lueur. Vous venez d'entendre la chaleur & l'ardeur de ce feu diuin, que nous appellons Charité. Il me reste de vous faire voir sa splendeur: ce n'est pas sans raison que le grand sainct Iean Baptiste est appellé *lampe ardente & luisante*, pour marque de sa perfection. Car plusieurs fideles sont lampes: mais les vns luisent seulement, pareils au Soleil qui esclaire, mais n'a point de chaleur en soy; les autres ardent simplement en eux, mesmes contents de brusler d'vn feu sainct, mais secret en la contemplation: ceux-là sont vains, ceux-cy peu vtiles: mais l'excellence est de briller & de brusler tout ensemble; briller par bon exemple, brusler de zele & de desir de bien faire, meslant les illuminations de la contemplatiue Marie, auec les ferueurs de l'actiue Marthe. Tel estoit le Precurseur du Messie, ardent à bien operer, luisant à bien edifier. L'ardeur enflamme la volonté, & la lueur esclaire l'entendement, deux pieces requises à qui veut tendre à la perfection. Il est bon d'illuminer l'intelligence, pour cela disoit Dauid, *Lucerna pedibus meis verbum tuum, & lumen semitis meis, declaratio sermonum tuorum illuminat, & intellectum dat paruulis.* Mais à quoy ces lumieres, si la volonté n'a de la chaleur? pour cela disoit le mes-

Lucerna ardens & lucens. Ioan. 6.

Psal. 118.

sur le Cantique des Cantiques. 153

me Roy Prophete, *Ignitum eloquium tuum vehementer, & seruus tuus dilexit illud.* Et remarquez qu'en l'Euangile il nous est recommandé de tenir *des lampes ardantes en nos mains.* Qu'est-ce à dire, sinon que ceste lumiere doit estre non seulement brillante pour nous esclairer, mais ardante pour nous eschauffer en nos mains, c'est à dire reduitte en operation; tout ainsi que l'Ange de l'Apocalypse qui tenoit l'Euangile en ses mains, nous aduertit par ce geste d'operer ce qui nous est enseigné dans ce liure de vie.

Lucernæ ardentes in manibus vestris. Luc. 12.

Le Sauueur s'appelle lumiere du monde, *lumiere pour la reuelation des gentils:* mais non content d'esclairer, voyez-vous pas comme il eschauffe, quand ayant ouuert les yeux aux disciples d'Emaus, ils s'entredisent, *Nonne cor nostrum ardens erat,* & les Anges qui sont appellez par S. Paul *administratorij Spiritus,* & par Dauid, *Ministres du Tres-haut,* sont comparez par le mesme Psalmiste à la flamme brulante, *Qui mittit Angelos suos Spiritus, & ministros suos ignem vrentem,* ou comme dit vne autre lecture, *flammam vrentem,* où par la flame est entendüe la clarté, & par le brulement la chaleur.

Lumen ad reuelationem gentium Luc. 2.

Luc. 24. Hebræo. 1.

Psal. 103.

Durant les tenebres de l'Egypte si es-

Homelies Spirituelles

pesses, qu'elles estoiët palpables, par tout où estoit Israël esclairoit vne lumiere, Israël qui fut retiré de ceste terre tenebreuse par ce flambeau celeste d'vne colomne de feu. D'où nous apprenõs que l'ame esprise du feu de la charité, n'est iamais sans lumiere, voire mesmes dans les tenebres de son humilité, *Tenebræ eius ita vt lumen eius*. Aussi les iustes sont-ils appellez *luysans cõme des estincelles & des estoiles*. Moyse, Daniel, & S. Estienne, dont les visages parurent resplendissans, & en nos iours celuy du grand sainct Charles, sont des exemples puissans pour confirmer ceste verité.

Mais le tout est de conseruer soigneusement ceste chere flamme quand elle est vne fois allumee en nostre cœur; & ne souffrir pas *que nostre lampe s'esteigne par la nuict* du peché. O que nous serions heureux si nostre cœur estoit en cela semblable à ceste pierre appellee Asbeste, que l'on tient ne quitter iamais sa chaleur quand vne fois elle en est imbuë, ou au moins à ceste herbe Aproxis, & à l'eau de vie, qui ne quittent le feu que par leur totale consommation: car alors nous pourrions bien dire que nos *lampes seroient de*

Fulgebunt iusti, & sicut scintillæ in arundineto discurrent. Sap. 3.

Non extinguetur in nocte lucerna eius. Prou. 31.

feux & de flammes, ardantes d'vn entier embrasement.

O quand sera-ce que possedez de ceste ardeur sacree nous pourrons dire auec l'Apostre; *que la force ny de la mort, ny du cousteau, ny de l'angoisse, ny de la faim, ny de la nudité*, ny d'aucune autre misere, *ne nous pourra distraire de la charité de* IESVS-CHRIST, & auec nostre Amante, *que les eaux des tribulations plus intolerables ne pourront iamais esteindre nostre Amour, ny les torrens des afflictions amortir sa chaleur, & obscurcir sa flamme* ; ains que comme la pierre Amiantus redouble son esclat dans le vinaigre ; ainsi *que ceste vertu* de toutes les vertus *se perfectionnera en nous par nos infirmitez*, & par l'aigreur des afflictions, & persecutions plus poignantes & ameres : lors nous paruiendrons à la douceur du vray & parfaict Amour, par la douceur des souffrances, & nous *trauerserons par le feu & l'eau, au rafraischissement de l'eternelle gloire*.

Aquæ multæ non poterunt extinguere charitatem *Cant. 8.*

Virtus in infirmitate perficitur. *2. Cor. 12.*

De la Pasmoison sacree que cause le divin Amour.

HOMELIE X.

Fulcite me floribus, stipate me malis, quia amore langueo. Cantic. 2.

QVAND les abeilles regorgent de miel par l'abondance des fleurs d'vne belle & gracieuse primeuere, elles deuiennent tellement engourdies sur l'automne, qu'elles ne font plus que languir autour des fleurs, & des fruicts, où elles bordonnent & vireuoltent sans en tirer autre chose que le plaisir de les voir, & de les flairer. Nostre Amante s'estant *assise soubs l'ombre de celuy qu'elle desiroit, & ayant sauouré la douceur de ses fruicts, ayant esté introduitte dans le celier de ses delices où sa charité auoit esté reiglee, embrassee de la droicte & de la gauche de son Amant*, que voulez-vous qu'elle face gorgee de tant de suauitez, sinon se pasmer d'vne douce langueur, en laquelle elle desire que l'on la *soustienne de fleurs & de*

Sub vmbra illius quem desideraueram sedi. Cant. 2.
Introduxit me rex in cellaria sua. Cant. 1.
Laeua eius sub capite meo, & dextera illius amplexabitur me. Cant. 2.

sur le Cantique des Cantiques. 157

fruicts; non pas pour estre retiree de ce doux transport, mais pour s'y entretenir dauantage, ne desirant rien tant que la longueur en ceste langueur, dont la briefueté luy est si redoutable. Mere saincte qui auez resseñty tous les effets amoureux que la saincte Charité du celeste Amāt vostre Fils, & vostre Espoux a de coustumé d'operer dās les ames, impetrez nous la grace de penetrer le secret de ceste pasmoisō sacree que i'ay pourpensé de representer à ce deuotieux Auditoire. *Aue Maria.*

<small>Fulcite me floribus, stipate me malis. *Cant.* 2.</small>

JE ne pretends aucunement, mes chers Auditeurs, sous ce nom de Pasmoison saincte, vous discourir des suspensions, extases, & rauissemens de l'ame transportee en son Bien-aymé en l'exercice de l'Oraison : mais encor vous entretenir de ce desirable coup de l'amour affectif qui oste tout à faict la vie aux Amans pour les faires reuiure eternellement en l'obiect aymé. Mon dessein est seulement en ceste petite Homelie de vous representer vn definement, vne defaillance, vn abattemēt temporanee, qui me semble tres-propremēt exprimé par le mot de Pasmoisō,

& pafmoifon que i'appelle facree, parce que c'eft vn effet dont le diuin Amour eft la caufe. Pafmoifon facree que vous diftinguerez auffi de cefte maladie qui eft appellee par les Medecins, *Morbus facer*, & par le vulgaire *mal caduc*, ou *haut-mal*, & encores mal de fainct Iean : car nous parlons icy en Theologiens myftiques, non en Philofophes naturels. Il eft bien vray que ce doux languir, & cefte defirable fyncope, de laquelle ie veux parler, eft vn mal de S. Iean, c'eft à dire de la grace de Dieu, puis que c'eft vne agreable defaillance caufee par vn excez de charité, qui eft vne grace accomplie & confommee. Voicy donc que ie propofe de vous enfeigner, 1. ce que c'eft que cefte pafmoifon, 2. combien elle eft defirable.

I.

L'ame & le corps font attachez en cefte vie d'vne vnion, & d'vne liaifon fi eftroite, qu'encores que l'vne foit fpirituelle, & l'autre materielle, & partant plus differens que le ciel n'eft de la terre ; nous voyons neantmoins par vne fympathie merueilleufe que les impreffions & mouuemens de l'vn ont vn grand afcendant fur l'autre, tant ces iumeaux ont de conformité en leur disparité. Il n'y a que ceux qui ne furent iamais malades qui ne sçachent comme le corps deprimé aggraue l'ame : la douleur de celuy là, *denorant la sagesse de celle-cy.* L'esprit est tout alangoury quand le corps est abbatu. Aussi est-il constant, & par l'experience des simples, & par la science des doctes, que les passions & affections ont vne grande force pour esbranler & esmouuoir les humeurs & temperamens du corps : de là les ris & les larmes, la rougeur, & la palleur, la force & la foiblesse, la vigueur extraordinaire, & la debilitation soudaine. Certes quand l'Amour est violent & puissant, il occupe si absolument toutes les facultez de l'ame, & les ramasse si fortement, que remuees, resserrees, & pressees l'vne à l'autre, elle manque aux autres operations du corps, pour soustenir ceste estreinte affectueuse, ne plus ne moins que le sang quitte les extremitez du corps en vn assaut impetueux de maladie pour fortifier le cœur : & tout de mesmes qu'vn capitaine qui quitte la defence trop estenduë d'vne ville pour defendre la citadelle auec plus de force, ses soldats y estants ramassez.

Omnis sapientia eorum denorata est. *Psal.* 106.

Voicy donc, à mon aduis, comme arriue ceste sacree Pasmoison d'amour: l'ame puissamment recueillie en la contemplation de son cher obiect, tout ainsi que le glay qui resserre ses fueilles en la presence du Soleil, laissant les fonctions qui animent son corps, le faict tomber en defaillance, à cause de ceste autre occupation si tenduë & vehemente.

L'abeille ne picque iamais qu'elle ne laisse l'esguillon dans la playe, & elle ne quitte iamais cet esguillõ qu'elle n'en demeure toute engourdie & languissante, voire qu'elle n'en meure, si qu'en bleçant elle reste blessee à mort. L'ame qui ramasse tellement toutes ses puissances dans vn seul obiect qu'elle n'en faict qu'vne poincte, poinctant ainsi toute son affection en vn lieu, elle demeure languide pour les autres actions, si qu'elle en tombe en defaillance. C'est à quoy faict allusion l'Amant sacré, quand il dict à sa Bien-aymee qu'elle l'a *blecé d'vn seul de ses cheueux*; voulant dire qu'elle a recueilly toute sa cheuelure en vne poincte de cheueu, c'est à dire toutes ses pensees en vne: faisant de son Bien-aymé *vn bouquet de myrrhe*, pour le coler vniquement sur son sein.

Que

sur le Cantique des Cantiques. 161

Que si les accez violens de la douleur aux grandes maladies font tomber en syncope, qui ne voit que les excez d'vne ame entierement embrasee du celeste brandon, sont capables de faire ceste Pasmoison saincte que ie vous descrits. Car ie vous prie, serions-nous bien si iniustes de dénier à la royne des passions vn effet que nous ne pouuons nier aux autres, sans contredire l'experience? *L'espoir differé*, dit le Sage, *afflige l'ame*, & la trauaille si fort, qu'elle faict dire à vn grand Apostre pasmant en la pensee de la *retribution* eternelle, *Pauure moy, qui me deliurera de la prison de ce corps mortel?* Quant au desir, il presse bien si fort le cœur, qu'il fait dire à Rachel *qu'elle mourra, si elle n'a des enfans* de son Iacob. Quant à la ioye, qui ne voit le transport de sainct Pierre sur le Thabor? *Ie mourray ioyeux*, disoit Iacob à Ioseph retrouué, *maintenant que i'ay veu ta face.* De la defaillance causee par la tristesse, nous auons les exemples assez familiers d'Agar dans le desert, d'Esther deuant Assuere, de Rachel accouchant de son Benoni, & du Sauueur de nos ames en son agonie sanglante du iardin des Oliuiers.

Spes quæ differtur affligit animam. *Prou. 13.*
Infœlix ego, quis me liberabit de corpore mortis huius? *Rom. 7.*
Da mihi liberos, alioquin moriar. *Genes. 30.*
Iam lætus moriar quia vidi faciem tuá. *Genes. 46.*

L

Que fera donc l'Amour, puis que c'est la passion la plus tranchante, la plus transcendante ? son action seroit-elle moins vehemente ? certes nenny : car si nous iettons les yeux sur les accez violens de ce fieureux symptome en l'exemple de Demetrius deseichant sur pied pour Stratonice, d'Ammõ pour Thamar, de Sichem pour Dina, nous y verrons assez clairement le pouuoir qu'a ceste affection de nous faire tomber en syncope. N'est ce point où vise le traict aigu de ce Poëte, *Vt vidi vt perÿ.* Voyez ce bon Pere Euangelique tombant pasmé sur le col de son prodigue reuenu & rauiué. Voyez

Ab. 20. la dilection de ces bons Chrestiens de Milet qui tomberent pasmez sur le col de sainct Paul, prenant congé d'eux, & plorans de tendresse sur ceste parole qu'il leur dict, *Qu'ils ne le verroient plus au visage, s'en allant à vne mort asseuree.* Sont-ce pas là autant de defaillances & Pasmoisons causees par l'Amour ?

N'auez-vous iamais pris garde, mes tres-chers, à ces beaux lys blanchissans, l'honneur des iardins, & l'œil des parterres, s'ils sont trop battus de la pluye, ou rostis des rayons ardans du Soleil, vous les verrez appancher contre bas leurs testes releuees, aggrauez de l'vne ou l'autre extremité qu'ils ne peuuent supporter: vn Poëte dit cela Poëtiquement, c'est à dire delicatement,

——— *veluti lasso cum lilia collo*
Demisere caput pluuia cum forte grauantur.
Voyez-vous en ceste peinture l'image de ceste Pasmoison spirituelle que ie vous depeints? car quand l'ame est comblée de la pluye abondante, ou du Soleil ardant des consolations, ou desolations que traine apres soy la pratique du sainct Amour, lors le corps succombant à ces assauts impetueux est contrainct de defaillir, ne plus ne moins que les lampes s'esteignent suffocquees par l'abondance de l'huille.

I'ay besoin d'vne autre similitude pour me faire encores mieux entendre. L'on tient que les palmiers ne florissent, & ne fructifient qu'à l'aspect les vns des autres, & qu'ils se communiquent la fertilité par la transpiration des Zephirs, de sorte que l'vn estant arraché, l'autre deuient sec & sterile, sans qu'il y aye moyen de le fertiliser, sinon en le parsemant tout autour des fleurs ou des fruicts de quelque au-

L ij

tre palmier. Les Amans sacrez au Cantique sont comparez au palmier ; l'A-
mant est dict auoir *les cheueux semblables* *Coma tua*
aux iets des palmes, & la taille de l'Aman- *ficut elatæ*
te est dicte pareille à cet arbre droict & *palmarum.*
esleué ; c'est pourquoy nostre Espouse *Cant. 5.*
priuee de la presence visible de son Espoux, pasmee d'vn amoureux regret, de
peur de deuenir sterile & brehaigne, prie
que l'on *la soustienne de fleurs*, *& enuironne*
de fruicts, en ceste langueur de dilection
qui la faict pasmer.

II.

Mais d'vne defaillance si suaue, que ceste douleur est preferable à toute douceur, & ceste defectuosité est vne grande perfection. Dauid ce sainct Prophete
selon le cœur de Dieu, sçauoit bien le
bon-heur de ceste Pasmoison, puis qu'il
la souhaitte, & resmoigne en auoir esté
felicité, en tant de lieux de ses Pseaumes,
Cor meum, *& caro mea*, dict il, *defecerunt* *Psal. 68.*
in Deum viuum. Et encores, *Defecerunt* *Psal. 117.*
oculi mei ad te diluculo, *ut meditarer eloquia*
tua. Derechef. *Deficit in salutare tuum ani-* *Psal. 118.*
ma mea, *& in verbum tuum superspera ui*. Le
bon Roy Ezechias en ressentoit quelque
atteinte, quand il disoit, *Attenuati sunt ocu-* *Isa. 38.*

sur le Cantique des Cantiques. 165
& mei suspicientes in excelsum.

Les grands Saincts qui ont excellé en l'Amour diuin ont esté pour la pluspart subjects à ce symptome : nous ne lisons rien de si frequent dedans ces admirables vies des BB. Catherine de Sienne, de de Gennes, de la B. Angele de Foligny, de la B. Mere Therese de IESVS, que leurs sainctes langueurs & defaillances qui leur arriuoient par les excez du diuin Amour. L'accez de ceste desirable fieure estoit bien si impetueux en la poictrine du B. Philippe Nery fondateur de la Congregation de l'Oratoire à Rome, que ce feu sacré se fit air par la rupture de deux costes, & la rupture de son costé. Et ce Bien-heureux enfant, l'honneur de la Pologne, & vn riche fleuron de la Compagnie de IESVS, Stanislas Kostca, tomboit à tout propos en ceste Pasmoison saincte, pour l'ardeur excessiue du diuin Amour qui enflammoit son cœur. Chacun sçait les assauts impetueux que ce celeste feu donnoit au corps du B. Xauier, sous la vehemence desquels il estoit côtrainct de crier à Dieu, *que c'est assez*, sinon qu'il le voulust accabler tout à faict pour le combler de sa gloire.

L iij

Qui est ce qui ignore les pasmátes douceurs que ressentoit l'enflammé S. Augustin suspendu entre les deux mysteres de la naissance & de la mort de son Sauueur, defaillant en la contemplation du sein, & du laict de la mere, du costé & du sang du Fils, son ame se perdant en ce choix. Qui pourroit dignemēt exprimer les pasmoisons d'vn sainct Bernard, sur le visage duquel la saincte Vierge espluyoit la celeste rosee de son laict virginal? Et entre tous les Amans diuins, qui n'admirera ce Seraphin humanisé aussi embrasé que le celeste qui luy imprima les sacrees Stigmates de son Sauueur? qui ne s'estonnera, dis-je, de le voir apres ceste impression aussi sensiblement douloureuse que spirituellement doucereuse, definir à veuë d'œil, desseicher & languir d'vn desir continuel de voir Dieu iusques à l'heure de son trespas? si qu'il pouuoit dire auec verité, *Defecit in dolore vita mea, & anni mei in gemitibus*. Mais ie vous prie, Messieurs, reseruez encores vos estonnemens pour l'excessiue Pasmoison de ceste Royne des Penitentes, auparauant la premiere des pecheresses, lors que ne trouuant pas dans le sepulchre le corps de celuy qui estoit plus la vie de son ame, que son ame n'estoit la vie de son corps, elle s'assit sur le bord de ce tombeau triste & esperduë, disant en sanglottant ces mots, *Tulerunt Dominum meum, & nescio ubi posuerunt eum.* L'Ange la veut consoler: mais elle ne l'escoute pas, ouy, car ceste pasmoison sacree qui la transporte, bien qu'elle tire son origine de la douleur, est neantmoins accompagnée de tant de douceur, que c'est assassiner vn cœur, que de le tirer de ceste mort temporanee pour le ramener en la vie. Ioan. 20.

Et voyez, ie vous supplie, mes freres, quel estar les Anges mesmes, abysmez dans vn eternel transport, font de ceste pasmoison sacree: car ce sont eux qui disent au Cantique, *Quæ est ista quæ progreditur per desertum, delicijs affluens, innixa super dilectum suum.* Cet appuy denote assez ceste defaillance, & defaillance suruenuë par la surabondance d'vn sentiment delicieux. Ce doux abbatement est representé és Escritures par le sommeil d'Adam, d'Elie, de Iacob, de Ionas, & de l'Espouse, donnir que l'Espoux ne veut pas que l'on interrompe en son Amante. Cant. 8.

Nolite suscitare dilectā donec ipsa velit. Cant. 8.

L iiij

Paululum mellis gustaui in sumitate virgæ, & ecce ego morior.
1. *Reg.* 14.
En siti morior.
Iudic. 15.

Ionathas apres auoir gousté le miel au bout de sa gaule, *Helas!* fit-il, *voyla que ie meurs.* Sanson apres vne grande victoire, *Helas!* dit-il, *voyla que ie meurs de soif.* L'ame accablee de l'excez du S. Amour tombe en de pareilles defaillances pressee de l'effort de son affection. Mais tout ainsi que la mort qui est si horrible aux autres animaux, est delicieuse à cet vnique oyseau qui faict son berceau de sa tombe, & qui s'engendre à mesure qu'il s'encendre; ainsi cet excez de douleur amoureuse qui porte à la Pasmoison est si confit en douceur, que ceste mort instantanee est preferable à vne longue vie.

O que bien-heureuse est l'ame qui peut dire en cet estat, *Non ie ne vis plus moy, mais c'est* IESVS *qui vit en moy.* Ouy, car comme vne goutte d'eau qui se seicheroit au moindre souffle, se conserue heureusement dans l'Occean, elle viuant dans la mer & non en soy, & comme l'effacement de la splendeur des astres par l'esponge lumineuse du Soleil est vne heureuse perte, parce que leur splendeur particuliere engloutie dans celle du flambeau de l'vniuers est plustost dilatée qu'esteinte : ainsi c'est vne mort desirable, que celle qui nous faict perir à nous-mesmes pour reuiure en Dieu.

Et c'est là proprement que tend ceste pasmoison sacree de nostre Amante, dõt l'ame viuant plus où elle ayme, que non pas où elle anime, luy faict reclamer l'ayde des creatures, pour la soustenir en sa chere langueur : car que pensez-vous qu'elle entende *par cet appuy de fleurs, cet enuironnement de fruicts*, sinon les creatures, esquelles elle voit l'image de son vray bien, qui est le Createur ? Et tout ainsi que les Amans mondains se consolent par des portraicts en l'absence ; de mesmes en la priuation de la presence visible du celeste Espoux, les ames qui le cherissent taschent de ramasser és creatures les traces de ses perfections, pour en tirer quelque soulagement en ce pelerinage de mort. C'est ce qui fit faire le Cantique du Soleil au glorieux S. François, où il appelle toutes les creatures à la loüange du Createur, à l'imitation de celuy que les trois enfans chanterent dans la fournaise de Babylone. C'est à cela que vise ce beau Pseaume de Dauid, *Laudate Dominum de cælis.* Car pour dire la verité, tout de mesme que toutes les lignes de la circonference aboutissent à l'vnité du centre, ainsi la multiplicité des creatures se termine à l'vnité du facteur.

Que celuy-là est heureux qui n'ayme rien qu'en Dieu, ou qui ayme Dieu en toutes choses, & toutes choses en Dieu. Celuy-là certes n'ayme pas plusieurs choses, mais vne seule, qui est Dieu ; il ayme l'Vniuers en Dieu, mais tout de mesmes que si Dieu estoit sans Vniuers, n'aymant pas mesmes le Paradis de Dieu, mais bien le Dieu de Paradis ; ou s'il ayme le Paradis, c'est parce que Dieu est le mesme Paradis, puisque le Paradis n'est autre chose que la veüe du souuerain Bien-aymé ; & l'Amour du souuerain bien vers ceste ame, ne s'empresse pas comme Marthe apres la multiciplicité des creatures, mais comme vne Marie eslisant la meilleure part, elle choisit l'vn necessaire, qui la faict reposer en l'vnité de Dieu. Et c'est à ceste vnité vniquement vnique, que faisant aboutir toutes ses facultez, elle se perd heureusement en elle mesme, pour se retrouuer en celuy auquel consiste la vraye vie, non tributaire de la mort. Et voyla en quoy consiste ceste defaillance

sur le Cantique des Cantiques. 191

heureuse, & ceste pasmoison desirable, laquelle abbattant nostre corps, releue nostre esprit dans le sein du Bien-aymé, *pour y dormir & reposer en paix, auec vn repos opulant, vne tranquillité abondante.*

In pace in idipsū dormiam & requiescam. *Psal.* 4.
Sedebit populus meus in multitudine pacis, in requie opulenta. *Esa.* 32.

De la Rosee de la Grace.

HOMELIE XI.

Caput meum plenum est rore. Cantic. 5.

LE mariage imaginaire, que le sçauant Platon a pensé estre entre Olympe & Rhée, n'est autre chose qu'vn secret enseignement qu'il a voulu donner aux Amateurs de la verité, que comme la terre ne peut rien sans l'arriance du Ciel, ainsi nostre ame de soy est inutile, sans l'alliance de la diuine grace. C'est à quoy visoient ces reuers des medailles de ce Philosophe Empereur Antonin, où l'on voyoit vne Cybelle à genoux deuant le Ciel, comme la terre, confessant la necessité qu'elle a des rosees & influences celestes. A quoy tend à vostre aduis, Messieurs, ceste fraische rosee, que noſtre Espoux dict degoutter de sa teste, inuitant son Espouse à luy ouurir, sinon pour nous apprendre combien la grace de Dieu est prompte à se joindre à noſtre fraichise, pour peu que nous luy preſtions d'inclination & de condescendance? Mais auāt que d'entamer ce discours de la grace, entremettons celle qui en a esté comblee, & qui est ceste terre *benite, laquelle en germant le Sauueur a destourné la captiuité de Iacob.* Aue Maria.

Psal. 84.

L'Amour de la grace attire la grace de l'Amour, ie m'explique, l'Amour naturel de la celeste grace, fait venir en nous la diuine grace de l'Amour surnaturel, que nous appellons Charité. Ce n'est pas que la Charité ne soit pourtāt vn don gratuit, car la grace ne seroit plus grace, si elle se rendoit à noſtre merite, ce seroit recompense: mais c'est la verité que ceste grace ne manque iamais à ceux qui desirent la receuoir, & qui en cherchent les dispositions, la diuine bonté enuironnant tellement de toutes parts noſtre cœur, que pour peu d'ouuerture qu'elle y trouue

sur le Cantique des Cantiques. 173

elle s'y glisse incõtinet : ne plus ne moins que l'eau qui enuironne vn Nauire entre dedãs par le moindre passage qu'elle rencontre. Certes tout ainsi qu'en la creation les plantes ne germerent point qu'apres auoir esté arrosees de la pluye du Ciel, aussi ne peut nostre nature rien produire, si la rosee de la grace ne la fertilise. Et en la recreation du monde par la venuë du Sauueur, ne voyons nous pas que les arbres viuãs qu'il auoit plantez dans le verger de son Eglise, *afin qu'ils allassent & portassent des fruicts, & des fruicts de duree,* ne fructifierét point qu'apres auoir esté humectez & de la rosee de son sang, & de *ceste pluye volontaire,* & de feu, la mission du S. Esprit. C'est de là que vient *ceste grace respãduë en nos cœurs par le S. Esprit,* & de ceste grace que prouiennent tous les biens que Dieu opere en nous & par nous, Grace comparee en nostre Cantique à la Rosee, qui vient à la poincte de l'Aurore dans des clairtez obscures, & aux gouttes de la nuict, parce que ceste lumiere celeste en ceste vie est accõpagnee d'ombrages. Le Psalmiste Roy la compare à la pluye sur la toison, & à la bruine qui va distillant par menuës gouttes sur la face de la terre.

Vt eatis & fructum afferatis, & fructus vester maneat.
Ioan. 15.

Gratia diffusa in cordibus nostris per spiritum sanctum.
Rom. 5.

Psal. 71. *Descendet sicut pluvia in vellus, & sicut stillicidia stillantia super terram.* Ce passage de David a tant de conformité auec celuy de nostre Salomon, que leur conference fera naistre de claires estincelles pour l'intelligence de l'vn & de l'autre ; de sorte qu'en l'examinant nous interpreterons le Fils par le Pere.

Ie sçay bien que la plus grande part des Peres anciens, tant Grecs que Latins, ont communément entendu ce passage de l'Incarnation du Verbe, lequel est descendu, selon qu'il est escrit, *Domine inclina cœlos & descende* : & encores, *Quis ascendit nisi qui & descendit* : & en nostre Symbole, *Qui propter nostram salutem descendit de cœlis* : comme *la pluye dans la toison*, prenant chair humaine dans le ventre de la Vierge, vraye toison de Gedeon, sans aucune lesion de son integrité : *& comme la rosée* *Esai. 45.* *sur la terre*, selon qu'il est dict, *Rorate cœli desuper, & nubes pluant iustum, aperiatur terra, & germinet saluatorem.* Mais sans violenter la lettre de ce texte, nous le pouuons facilement appliquer à la grace diuine, & en tirer l'esclaircissement de nostre mot du Cantique : ce que nous ferons à deux traittes, selon les deux pieces du verset.

I.

Descendet, dict David, ouy : car si la grace ne descendoit à nous pour nous faire remonter à Dieu, qui pourroit aller à luy sans ceste attraction ? O grace que vous estes gratieuse de vo' raualer ainsi à nous, pour nous releuer vers nostre souuerain bien, & nous y vnir comme à nostre principe. Le Soleil attire les exhalaisons de de la terre, & les purifie estât esleuees; tel est le premier effect de la grace, nous faisant *despoüiller le vieil homme pour en reuestir vn nouueau* : conjoignant la lumiere celeste, pour parler auec S. Augustin, auec le limon de nostre fresle mortalité, tout ainsi que la splendeur du Soleil blanchit l'espesseur de la nuée.

Exuite veterê hominem, & induite nouum. Eph. 4.

Descendet, mais comment est-il possible que ce *Dieu tout de feu*, & qui est vne mesme chose que sa grace puisse descendre, puisque c'est le propre du feu de monter tousiours ? Certes il en est du feu de l'Amour au rebours du vulgaire : car il descend tousiours, specialement celuy du Createur enuers ses creatures. Mais pour parler comme il faut, ceste descente est Metaphorique, car Dieu estant infiny & par tout, *duquel, auquel, & par lequel sont*

In quo omnia, per quê omnia, à quo omnia Rom. 11.

toutes choses, dans lequel nous viuons, nous mouuons, & nous sommes, il ne monte ny ne descend, estant vn centre qui est par tout, & la circonference nulle part. Si dōc la grace est ditte descendre, c'est plustost eu esgard à nostre bassesse qu'à sa grandeur: car elle ressemble au Soleil, qui sans bouger du Ciel sçait bien illustrer & eschauffer ce bas monde; à la nuée, laquelle estant esleuee ne laisse d'humecter la terre; à la fontaine, dont la source boüillonnant sur la cime d'vne montaigne, vient arroser les plantes & les fleurs de la vallee: & au feu, qui descend contre sa naturelle propension attiré par vne puissante fumee. *Qui est celuy qui est monté au Ciel,* dict l'Apostre parlant du Sauueur, *sinon celuy qui est descendu?* Or il est bien proprement remonté quant à l'humanité, mais non pas descēdu quant à la Diuinité, sinō en parlant improprement pour accommoder les paroles à la capacité de nostre intelligence; ainsi dict on que le S. Esprit est descendu sur les Apostres, bien qu'estant vn mesme Dieu en essence auec le Pere & le Fils, il ne puisse descendre, estāt par tout, & n'estant pas moins au Ciel pour estre venu en terre demeurer auec nous,

In quo viuimus, mouemur, & sumus.
Act. 17.

Quis ascēdit, nisi qui & descēdit.
Eph. 4.

sur le Cantique des Cantiques. 177

nous, *iusques à la consommation du siecle.* Ainsi la grace de Dieu est-elle ditte descendre, bien qu'elle demeure tousiours dedans le sein de Dieu, à cause qu'elle s'abaisse iusques là, que de se *respandre en nos cœurs.*

Ego vobiscum sum vsq; ad cōsummationem sęculi. *Mat. 28.*

Et en quoy la bonté est admirable, & sa misericorde extreme, c'est que non seulement il faict *luire le Soleil de sa grace, & pleuuoir les rosees de ses faueurs sur les bons & les mauuais, les iustes & les iniustes:* Mais il semble aux effects qu'il aye plus d'inclination à fauoriser les pecheurs, & qu'il les comble de graces plus abondantes. Permettez moy, mon cher Auditoire, d'ouurir ceste pensee par quelques similitudes: vous ne verrez iamais qu'vn Seigneur de qualité s'amuse aux champs à voir tuer en sa basse-cour quelque beste familiere & priuée, comme vn poulet, ou vn mouton; mais vous le verrez se leuer deuant le iour, pour aller au boys auec son limier, disposer sa meute, faire mettre des cheuaux en relais, tendre des toiles, ou assembler ses Fauconniers pour voler quelque oyseau sauuage, ou pour prendre quelque beste farouche. Le gibier estant pris, voyez l'estat qu'il faict de ceste prise,

Solem suū oriri facit super bonos, & super malos. *Mat. 5.*

M

auec combien de friandife il s'en repaift, loüant la bonté de cefte venaifon, qui le mange viuant par les defpences d'vn attirail de chaffe, tandis qu'il la mange morte. Voyez vous là l'humeur de noftre Dieu, qui fe compare és Efcritures, tantoft au chaffeur, tantoft à l'oyfeleur, tantoft au pefcheur: il ne faict pas tant d'eftat de nonante neuf iuftes, que d'vn pecheur efgaré, car fes plus friands morceaux font les ames conuerties.

Semblable aux brodeurs, dont les ouurages paroiffent beaucoup plus fur des eftoffes groffieres, que fur vn fatin poly: il fçait choifir les plus lourds pecheurs, pour faire briller d'auantage le riche regain de fa grace en les recueillant du naufrage. *O que bien-heureux font ceux defquels les pechez font couuerts par cefte grace.* Si vous voulez voir les effets de cefte bôté, iettez les yeux fur vn Pierre reniant, vn Paul perfecutant, & voyez comme le Sauueur pourfuit iufques aux aboys de leur conuerfion, ces cœurs farouches & fauuages. Voyez le qui gaigne vne perduë Samaritaine, voyez le pourfuiuant vn Mathieu vfurier, vn Zachée Publicain, vne Magdeleine abandonnée: voyez le reconque-

Pfal. 31.

sur le Cantique des Cantiques. 179
rant vn Thomas incredule, & ses banqueroutiers disciples d'Emaus. *O Dieu quand* Psal. 20.
vous nous preuenez en vos benedictiōs de douceur, vous nous couronnez de vostre grace en misericorde & miserations. Non la lumiere Psal. 103.
du iour n'est point plus prompte à fraper nostre œil quand nous l'ouurons, que la splendeur de la grace est preste d'entrer en nos cœurs, pourueu que nous les disposions à ceste reception. C'est pourquoy l'Espoux se confesse vaincu par vn traict d'œil de son Amāte, parce que nous ne le regardons pas plustost de l'œil de nostre bōne volonté qu'il a pitié de nous. Et ie vous prie, si le coup de la disgrace est si prompt, que celuy qui fit tresbucher Sathan dās les enfers est comparé au foudre, *vidi Sathanam sicut fulgur de cælo caden-* Luc. 10.
tem: Combien plus preste sera celuy de la grace, puisque la main droitte a tousiours plus d'agilité que la gauche? Le Sauueur arriuant à Naim, n'eust pas plustost rencontré vne veufue esploree pour la mort de son fils vnique, qu'il fut esmeu à essuyer les larmes de ceste mere, en luy rendant son enfant plein de vie. Est-il prié par vn Roytelet *de descendre en sa maison*

Descende
Domine
priusquam
moriatur filius meus.
Iohn. 4.

M ij

avant que son fils trespassast, Ie descendray, dict il, & le gueriray. Comme Dieu peut tout ce qu'il veut, Dieu veut tout ce qu'il doit, & il doit, y estant obligé par sa promesse, toute assistance à celuy qui faict ce qu'il peut: pour cela *ne denie-il iamais sa grace à celuy qui faict ce qui est en sa puissance.*

Suit en nostre verset, *Sicut pluuia in vellus.* Belle comparaison de la descente de la grace qui decoule en nos cœurs, comme la pluye sur la toison: la pluye prouient d'vne nuée espreinte, comme vne esponge, & la grace du sainct Esprit, qui parut en la nuée en la transfiguration du Sauueur, est vn elixir de la diuine bonté: C'est *ceste pluye volontaire, que Dieu dispose pour son heritage.* Ce Dieu *qui operit cœlum nubibus, & parat terræ pluuiam, qui facit Arcturum & Oriona.* Ce Dieu qui pour nous se va fondant & distillant en grace, & qui la fait pleuuoir en abondance du costé de sa misericorde, comme de la part de sa iustice, *Pluit super peccatores laqueos ignis, sulfur, & spiritus procellarum pars calicis eorum, quoniam Dominus iustus, & iustitias dilexit, æquitatem vidit vultus eius.* Ainsi

---

Pluuiã voluntariam segregabit Deus hereditati suæ. Psal. 67.

Psal. 10.

sur le Cantique des Cantiques. 181
fut abysmée l'abominable Pentapolis, ainsi engloutis les Egyptiens : de ceste pluye, ou pluftoſt de ceſte inondation de feu vengeur, ſeront accablez les impies aux dernieres & vniuerſelles aſſiſes.

In vellus. Vous ſouuient-il, Auditeurs, de ceſte toiſon de Gedeon remplie de la rosee du Ciel, en ſigne de la grace que Dieu luy vouloit faire, *mettant* Iud. 6. *Madian en ſa main.* Roſee que puis apres il exprima dans vne cruche auec deuotion & ceremonie. O que n'auons-nous autant de diſpoſition que ceſte toiſon & ceſte cruche, pour receuoir la roſee de la grace en nos cœurs, *afin que deli-* Luc. 1. *urez de la main de nos ennemis*, le ſiecle, le ſang, & l'enfer, *nous puiſſions ſeruir à Dieu en ſainteté, & en iuſtice deuant ſa face tous les iours de noſtre vie.*

La cruche parmy les hieroglifes eſt le ſymbole de la dilection : pour cela les Anciens feignoient ceſte Deeſſe de Cypre mere de la paſſion amoureuſe, ſortie d'vne nacque, comme vne perle animée, & perle viue d'incōparable beauté. Certes ſi nous auions les cœurs diſpoſez,

M iij

comme les nacques à la reception de la rosée des celestes faueurs, la diuine grace ne manqueroit pas de s'y former, & d'y engendrer le bel vnion du sainct Amour, qui n'est autre chose que l'vnion de nostre cœur auec nostre souuerain bien. Mais tout ainsi que l'huille miraculeusement multiplié par le Prophete, ne remplit que les vases qui se trouuerēt vuides; ainsi le vaisseau de nostre cœur, où deux amours & deux maistres sont incompatibles, ne reçoit iamais l'huille de la grace, qui est la mesme chose que la Charité ou Amour de Dieu, qu'apres auoir rejetté la liqueur des affections mondaines. Pleust à Dieu que ce cœur fust tellemēt remply de l'eau de componction, qu'il nous seruist à pareil vsage que ceste mer de fonte du Tabernacle, ou ce cuuier des miroirs, où se lauoient toutes sortes de soüilleures.

Que si nostre cœur ne se conforme à ceste cruche de Gedeon, fust-il au moins semblable à la toison: vous sçauez que la laine est tantost blanche, tantost noire, tantost bigarree, comme estoient les agneaux de Iacob, & la robe diuersifiée

sur le Cantique des Cantiques. 185
de Ioseph ; tel deuroit estre nostre cœur, ou blanc d'innocence, ou noir de mortification, ou paré de la diapreure de diuerses vertus, pour receuoir la rosee de la grace. La toison prouient d'vn animal fort doux & benin, le Sauueur nous enseigne que si nous voulons auoir la grace, nous soyons *doux & humbles de cœur.* La laine se file, & de sa tisseure se font les vestemens : si nous ne demeurons dans la contexture de l'Eglise, comparee à la robe du Sauueur, nous ne serons iamais reuestus de la robe nuptiale de la Charité. Car c'est vne onction d'Aaron, laquelle se respand depuis le chef de l'Eglise, qui est IESVS CHRIST, *iusques en la barbe,* qui sont les Pasteurs, & de la barbe iusques aux extremitez des vestemens, qui sont les Laïques.

Il n'y a celuy d'entre vous, mes freres, qui n'aye souuent entendu parler de ceste fabuleuse conqueste de la toison d'or auec la nef des Argonautes. Mais laissant ce qui est de feint, pour appliquer ce vase Egyptien au seruice du Tabernacle ; que sommes-nous ie vous prie, sinon autant de vaisseaux flottans sur la mer

M iiij

du monde pour furgir au port de la bien-heureufe eternité, *Defcendentes mare in nauibus, & facientes operationem in aquis multis*: Et quelle eft cefte toifon d'or que nous deuons rechercher par tous nos tra-uaux, finon la celefte grace auant-cour-riere de la gloire? Ce n'eft pas pourtant que nos labeurs meritent la premiere gra-ce gratuïte en fon total, comme nous en-feigne la Theologie: mais tout ainfi que l'ame n'eft iamais infufe que dans vn corps organifé, & la forme ne s'appli-que iamais qu'à la matiere difpofee; aufli la grace ne fe communique qu'à vn cœur qui a rejetté de foy les empef-chemens de fa reception. Sa porte c'eft la franchife de noftre vouloir, c'eft pour-quoy noftre Efpoux dict, *Aperi mihi*: Liaifon admirable, car comme noftre franc arbitre gift paralitique fans l'ayde de la grace: aufli la grace eft comme percluse, fi elle n'eft fecondée par no-ftre volonté. O Seigneur, à quoy nous efleuez-vous, à quoy vous raualez-vous, partageant en quelque fens auec nous ce grand œuure de noftre fa-lut.

sur le Cantique des Cantiques. 185
II.

Et sicut stillicidia stillantia super terram; Pfal. 71.
c'est la seconde piece de nostre verset, & qui a plus de conuenance auec nostre motet, *Caput meum plenum est rore.* Certes ie ne conçoy aucune difference entre la pluye & la rosee, sinon du plus au moins: car la rosee c'est vne petite pluye, & la pluye vne grande rosee, l'exhalaison estãt toute semblable, & en sa matiere, & en sa forme. *Or la grace*, dit Dauid, *distile en nos cœurs comme la bruine, ou la rosee sur la face de la terre.* La rosee distile par gouttes, telle est la grace suffisante, elle s'espand cõme la rosee sans bruict, mais non pas sans fruict; la rosee donne vne espece de resurrection aux plantes flestries & allangouries, la grace qui chasse le peché, rauiue l'ame enseuelie dans *ceste ombre de* Luc. 1. *la mort*: elle engẽdre les fleurs & les fruicts aydez de la chaleur du Soleil: & n'est ce pas le Soleil de Iustice qui produit par sa grace en nos cœurs, & les fleurs des desirs, & les fruicts des bonnes œuures? Nostre franc arbitre est de soy comme l'espine aspalathus qui ne sent riẽ, mais qui passe en odeur les roses & les violettes, quãd la rosee de l'Iris de la grace l'a embaumé.

Mais tout ainsi que la rosee qui n'est que comme la sueur de l'air, se va diuersifiant selon les contrees où elle tombe: y ayant bien de la difference entre celle qui se respand sur les fleurs en ces contrees, & celle qui chet en Calabre, laquelle pour sa douceur sucrine & medicinale, acquiert le nom de Manne; ainsi la grace va-elle variant selon la diuersité des dispositions qui la reçoiuent. Que la source d'vne fontaine soit si abondante qu'il vous plaira, si ne coulera-elle en vn bassin que selon la grosseur du canal qui l'y conduira: le Soleil est bien grád, mais sa splēdeur n'entre en vne maison que selō la proportion des fenestres: nous ne receuós iamais la grace du ciel, selō son estēduë, mais selon l'estēduë de nostre foible capacité, & de nostre condescendāce. O si nous faisiōs vne large voye *à ce fleuue impetueux*, combien resiouyroit nostre interieur, *qui est la cité de Dieu*. Certes nous deuons grandement redouter de tomber *en ceste malediction*, dont l'Apostre menace *la terre qui reçoit souuent la rosee du Ciel sans produire que des ronces & broussailles*. Helas ! les gouttelertes de nos miseres ont bien le pouuoir de cauer le tour de ceste pierre viue IESVS-

Fluminis impetus lętificat ciuitatem Dei. Psal. 45. Terra sæpe cadentem supra se bibès imbré, spinas autē & tribulos germinans maledictioni proxima est. Heb. 6.

sur le Cantique des Cantiques. 187

CHRIST, lequel voyant les larmes d'v- *Petra aut*
ne veufue de Naim, d'vn sainct Pierre, d'v- *erat Chri-*
ne Magdeleine est incontinent touché de *stus.*
compassion, *Stillicidij lapsus lapidem cauat.*
Et la continuelle distillation de ses graces sera-elle point en fin capable de creuser nos cœurs endurcis? Attendons-nous tousiours qu'il enuoye des rauines & inõdatiõs de sa bonté pour nous entrainer à l'instar des Magdeleines, des Pauls, & des Mathieus? Certes ce sont exemples rares dignes plustost de nostre admiration que de nostre attente, & qui doiuent plustost seruir à oster le desespoir des pusillanimes qu'à fomenter la presomption des outrecuidez. Nous ferõs tousiours beaucoup mieux de ressembler aux auettes qu'aux crapaux: car celles-là tirent leur naissance, comme disent quelques-vns, & leur pasture des petites gouttes de rosee, & ceux-cy leur venin de l'abondance des pluyes. Combien y a-il de pecheurs qui tournét la multitude des diuines graces en poison, & d'ames pieuses qui font vn grand miel de deuotion des gouttelettes de ceste grace.

O grace, grace! tu es ce vray, & potable, qui chasses la corruption non des corps mais des ames, & qui leur donnes la santé, & la sainsteté: Tu es ceste pluye d'or, imaginee par les Poëtes, non pas corruptrice de l'integrité comme ceste fabuleuse, mais qui restituës l'integrité & l'innocence. Les Romains gardoient precieusement dans leur Capitole certains boucliers dorez, qu'ils appelloiët *Ancilia*, ausquels ils estimoient consister la protection, & le bon-heur de leur Republique: la grace de Dieu *est vne tour de force deuant la face de nos ennemis, & ceste tour de Dauid, d'où pendent mille pauois, & toute l'armure des plus forts.* Venez en nous, ô chere grace, & nous ne redouterons rien estans soustenus de vostre vigueur; c'est par vous que les Dauids terrassent les Goliats, les Iudits les Holophernes: vous estes l'Arche qui renuersez Dagon, vous estes ceste Manne cachee, non seulement dōnee au vainqueur, mais qui nous donnez la victoire: c'est par vous que nous acquerōs *ce nō nouueau, que la bouche du Seign. profere.*

Mes freres, ie vous fay ce discours à la surueille de ce grand mystere de la Grace des graces, la venuë du S. Esprit sur les Apostres, au iour de la Pentecoste: c'est en ce iour que ceste rosee de feu en for-

Turris fortitudinis à facie inimici. Ps. 60.
Turris Dauid mille clypei pēdent ex ea. Cant. 4.

Nomē nouum quod os Domini nominauit. Esai. 62.

sur le Cantique des Cantiques. 189
me de langues, remplira tous ces cœurs Apostoliques d'vne saincte Charité: & ne vous estonnez point si i'appelle du nom de rosee ces langues ignees: car si les trois enfans de Babylone trouuerent vne rosee rafraischissante au milieu des flammes d'vne fournaise; pourquoy les Apostres ne rencôtreront-ils pas la rosee de la grace, dans les flames du diuin Amour? Pour Dieu aduisons bien à *ne receuoir pas en vain la grace de Dieu.* Faisons comme les lys qui reçoiuét le matin les fraisches gouttes de la rosee pour en temperer le reste du iour les rays ardans du Soleil: moderons par le decoulemét de la grace les chaleurs de nos concupiscences, faisans en sorte *qu'elle ne soit point vuide en nous*: Or elle est vuide quand nous ne la soustenós pas de l'acquiescement de nostre franc arbitre. Le lys, honneur des parterres, est de trois façons, blanc, iaune, ou violet: ie voy dans le cenacle des lys blancs de pureté, & d'integrité virginale en la tres saincte Mere de Dieu, en sainct Iean l'Euangeliste, en saincte Marthe; i'y voy des lys iaunes de l'or de charité, qui sont les Apostres; i'y voy vne grande Penitente Magdeleine, qui est vn lys violet de

Gratia eius in me vacua nō fuit. 1. Cor. 15.

mortification & d'humilité sur tout cela tombe la rosee de feu du S. Esprit; ie voy de mesme en cet Auditoire, voire & en toute l'Eglise des personnes blâches d'innocence, jaunes par la pieté, & violettes par la mortification, & la Penitence. Ouurez donc les fueilles de vos desirs à ceste douce rosee de la grace qui vous emperlera des sainctes vertus. *Omnes sitientes ve-* Esa. 12. *nite ad aquas, & haurite cum gaudio de fontibus saluatoris. Venite, emite absque argento lac & mel.* Ouurez, cheres ames, la porte à cet Espoux qui desire descendre en vostre interieur, *Sicut pluuia in vellus, & sicut stillicidia stillantia super terram.* Escoutez qu'apres son *Aperi mihi*, il vous declare que *son chef est plein de rosee, & ses cheueux crespez remplis des meres gouttes de l'humidité de la nuict.* Quel sera le courage si lasche, l'ame si stupide & letargique qui ne vueille escouter la voix d'vne si desirable semonce, & receuoir la rosee de ceste diuine grace, auantcouriere de ceste gloire eternelle, où les Saincts se resiouyssent sans fin en la vision du Pere, du Fils, & du sainct Esprit.

sur le Cantique des Cantiques. 191

Quelques dons du sainct Amour.

HOMELIE XII.

Exultabimus & lætabimur in te, memores vberum tuorum super vinum. Cant. 1.

C'Est vne coustume ordinaire des Rois pour tesmoigner leur grandeur en leur munificéce, de ne loger iamais en la maison d'autruy sans faire du bien à leur hoste, & luy donner occasion de se loüer de leur liberalité. Bien que Dieu soit par tout, estant infiny, son propre siege neantmoins est le Ciel, comme la terre l'escabeau de ses pieds : ayant pleu neantmoins à la diuine Misericorde *habiter parmy nous sous la semblance de l'homme*, en ceste valée de pleurs, seiour de l'humaine mortalité, se faut il estonner si retournát dans les Cieux par vne Ascension triomphante, nous receuons le don de son S. Esprit, qui est le don de tous les dons, en ce temps auquel la saincte Eglise celebre la descente du Paraclet sur les testes Apostoliques. O S. Esprit, don eter-

Cœlum sedes meæ est, & terra scabellum pedum meorum
Esai. 66.
Ioan. 1.

nel du Pere au Fils, & du Fils au Pere, Amour increé & infiny, he! rempliſſez en ces Sainéts iours les cœurs des fideles, du brandon ſacré de voſtre celeſte feu, & donnez-m'en quelques eſtincelles, afin que i'aye la grace & le don de pouuoir dire la grace de vos dons: ie vous en ſupplie par celle par laquelle vous nous auez donné celuy que le Pere nous a donné par vous. *Aue Maria.*

PVis que ce Vendredy, cher Auditoire, ſe rencontre dans l'Octaue de ceſte celebre ſolemnité de la Pentecoſte, i'ay creu qu'il eſtoit à propos que ie vous entretinſſe, non pas des fruicts du S. Eſprit, dont parle l'Apoſtre aux Galates, non de ſes effects qui ſont infinis, & incomparablement plus diuers que ceux que le Soleil cauſe dedans le monde, encores qu'ils ſoient innombrables; mais ſeulement de quelques dons que ie me ſuis propoſé de vous repreſenter parmy ceſte grande multiplicité de preſens qui pleuuent auiourd'huy en forme de feu, & de langues, ou de langues de feu ſur le college des Apoſtres, car c'eſt bien maintenant

Gal. 5.

sur le Cantique des Cantiques.

maintenant que nous pouuons dire que le Sauueur montant en haut a *emmené la captiuité captiue, faisant des presens aux hommes*. Et qui ne sçait *que toute parfaite donation vient d'enhaut du Pere des lumieres*? Sans doute, Messieurs, *il n'y a rien de bon que Dieu seul*, & l'image de bonté qui est respanduë par les creatures, n'est autre chose qu'vne participation de ceste premiere bonté, *& vn rayon de la face de Dieu diffus sur l'estenduë de l'vniuers*. Que si toute bonté, mesme la creée, est communicatiue de sa nature, combien plus l'est la diuine. Et c'est pour cela qu'il est escrit, *que Dieu ne cesse d'operer*, pour se communiquer par ceste operation. Operation & communication double, interne & externe : Interne double quant à la forme, quoy que tres-simple en l'vnité d'vne essence indiuisible par la voye de l'entendement, d'où procede le Fils, & par celle de la volonté d'où vient la production du sainct Esprit: communication admirable, incomprehensible, qui donne sans la perdre la totalité de l'infinité. Quant à l'externe qui regarde les creatures, elle est sans comparaison beaucoup moindre, mais tousjours excellente, en ce que Dieu qui n'a

Ascendens in altũ captiuam duxit captiuitatẽ, dedit dona hominibus Eph. 4.
Omne datũ optimũ, & omne donũ perfectũ desursum est descendens à patre luminum, Iacob. 1.
Nemo bonus nisi solus Deus: Signatũ est super nos lumen vultus tui Domine. Psal. 4.
Pater meus operatur vsque adhuc, & ego operor. Ioan. 5.

rien d'exterieur, ne laisse pas de se communiquer au dehors, comme parlent les Theologiens, en autant de façons que la multiplicité des choses creées est extreme. Dieu en la creation de l'vniuers, reflechissant sur ses ouurages, *vit tout ce qu'il auoit faict, & le trouua non seulement bon, mais tres-bon*. Et toutes ces choses si excellentes furent donnees à vne creature, la derniere en l'operation, & la premiere en l'intention, qui est l'homme. Microcosme abregé de l'vniuers & le chef-d'œuure du facteur. O qui pourroit assez dignement magnifier ces dons, *Que toutes les creatures*, disoit Dauid, *magnifient le Seigneur auec moy, & exaltons tous ensemble son sainct nom*. Mais las, de combien la recreation ou renouuellement du monde surpasse la creation, d'autant, Auditeurs, que le bien estre deuance l'estre simple. Car en la creation les creatures sont donnees à l'homme: mais en la recreation l'Amour increé Createur de l'vniuers, auec le Pere, & le Fils indiuisiblement: car selon la maxime des Theologiens, les œuures de Dieu au dehors ne souffrēt point de diuision. Il ne faut donc pas dire de ces dons surnaturels & diuins,

Et erant valdè bona.

Magnificate Dominū mecum, & exaltemus nomē eius in idipsum. Psal. 33.

Opera Dei sunt indiuisibilia ad extra.

sur le Cantique des Cantiques. 195

qu'ils sont grandement bons, mais infiniment bons. De quelques vns de ces dons, & de ces biens, ou si vous voulez de ces bons dons, sera nostre discours, dont le tissu sera forme de la suitte de ces presens tres-desirables.

I.

Le premier qui a paru à mon entendemen est celuy de la ioye. Ouy, car c'est ce que le Sauueur promit en parlant à ses disciples, *que leur tristesse*, dont son depart les remplissoit, *se conuertiroit en ioye*. Heureux don qui chãge les tenebres en clairté, la misere en felicité, les larmes en allegresse : c'est la premiere grace que nous receurons à l'entree de la gloire, parce que *nous serons introduicts en la ioye du Seigneur, où il essuyera nos larmes, & tarira nos pleurs pour iamais*. Ce present a cette force de faire trouuer present le bien absent. Iacob ayant sceu la nouuelle de la vie & des grandeurs autant inesperées qu'extraordinaires de son fils Ioseph, mort si long temps en sa creance, *Ie mourray*, dit-il, *ioyeux, quand i'auray veu sa face* : iouyssant desia par sa resiouyssance des biens qu'il ne voyoit qu'en Idee. Que si vne

Tristitia vestra conuerterur in gaudium. Ioan. 16.

Intra in gaudium Domini tui. Absterget omnem lachrymã ab oculis sanctorum. Apoc. 21.

N ij

feinte mort auoit peu affliger son cœur d'vne douleur veritable, pourquoy l'allegresse ne luy donneroit-elle ce que la tristesse luy auoit rauy. *Abraham*, dit le Sauueur en l'Euangile, *s'est resiouy de voir* en esprit *le iour de mon arriuee*. Voyez vous comme il ressent vn plaisir present pour vn bien absent. Iacob supporta ioyeusement tous les trauaux de deux septenaires d'annees pour la conqueste de sa belle Rachel, & la peine, & le temps luy sembloit peu de chose pour l'acquisition d'vn si grand bien. Ceste Didon la Royne des Amantes desesperees, chez le grand Poëte, flatte sa passion en l'absence d'Ænee, par la presence d'Iulus son fils, la viue image de son pere,

Et gremio Ascanium genitoris imagine captâ,
Detinet infandum, si flectere possit amorem.

Quand la B. Vierge Mere de nostre Redempteur fut visiter sa cousine Elizabeth, ce Precurseur du Messie, que ceste bonne Dame auoit dedans ses flancs, estant dedans ces obstacles de la poictrine maternelle, se pouuoit aucunement dire absent du Sauueur, & cependant, *voyez comme il tressault dedans le ventre de sa mere*. Tout ainsi que l'Espouse du Cantique, dont *les*

Exultauit Abraham vt videret diem meū Ioan. 8.

Exultauit Infans in vtero. Luc. 2.

sur le Cantique des Cantiques. 197

entrailles furêt esmeuës tandis que son Amant tasche d'ouurir sa porte : ne fut-ce pas ceste ioye qui fit *trouuer douces* à S. Estienne *les pierres du torrent*, & qui luy rendit presente la ioye du ciel, qui n'est autre *que de voir Dieu, & son fils* Iesvs-Christ? Quand Dauid veut exprimer la felicité eternelle, il dict des bien-heureux, *que leurs chefs seront comblez d'vne ioye permanente, & qu'ils iouyrons d'vne allegresse & exultation continuelle.* Et n'est ce pas donc vne sorte d'anticipation du Paradis que de receuoir dés ce seiour de miseres, & de mort la ioye surnaturelle qui se respand en nos cœurs par le sainct Esprit ? *O Seigneur,* disoit le Psalmiste, *rendez moy la ioye de vostre salutaire, & me confirmez de vostre esprit principal.*

Le secōd present qui tire son origine de ce premier est la *Paix. Paix grande en ceux qui ayment la loy de Dieu. Paix de Dieu qui passe tout sentiment,* paix qui se tire *du tesmoignage de nostre conscience: car si nostre cœur ne nous reprend point,* dit l'Apostre, *nous deuons auoir vne grande confiance*: Paix qui se peut trouuer dans la guerre des tētatiōs, calme qui serene l'orage des tribulations, *paix qui nous faict doucement reposer en Dieu,*

Věter meus contremuit ad tactum illius.
Cant. 5.
Lapides torrentis illi dulces fuerunt.
Hęc est vita æterna vt videamus te verum Deum, & quem misisti Iesum Christum.
Ioan. 17.
Lætitia sempiterna super capita eorū gaudium & exultationem obtinebunt.
Esai. 35.
Psal. 50.

N iij

paix qui se cherche & qui se trouue en fuyant le mal, & operant le bien. Paix que l'homme de bien trouue parmy le tumulte des seditions, paix qui faict trouuer la resolution dans les perils, qui faict mespriser la violence des Tyrans, les assauts des ennemis, & de la constance dans le croulement de l'vniuers. He! ie vous prie, voyez ce petit enfant qui est effrayé de ceux qui le menacent, comme il trouue son asseurance dans les bras de son cher pere, ou de sa douce mere. *O Seigneur*, dict Dauid, se lançant entre les bras de Dieu, *vous estes ma protection, & mon salut, qui craindray-ie, vous estes le gardien de ma vie, qui redouteray-ie. O mon Espoux*, dict nostre Amante, *nous nous resiouyrons en nous souuenant de vos mammelles meilleures que le vin.*

Et ceste ioyeuse paix fait naistre par vne suitte comme necessaire, ce troisiesme don de la Confiance en Dieu, qui nous rend entre les bras de sa paternelle bonté. Tout ainsi que des petits enfants qui dorment suauement, & tettent encores plus doucement appuyez sur le sein de leur mere; vous les voyez quelquefois tesmoigner par leurs trepignemens, &

In pace in idipsū dormiam & requiescam. Psal. 4. Declina à malo, & fac bonum, inquire pacē, & persequere eam. Psal. 33. Si fractus illabatur orbis impauidum ferient ruinę. Psal. 26.

sur le Cantique des Cantiques. 199
tremoussemens l'aise qu'ils ressentent de se voir cherement collez à la source de leur vie: ils ont vne telle asseurance de l'amour de celle qui les allaicte, qu'ils ne sont en aucune crainte, & leur vnique apprehension est d'estre separez de ce centre de leur bien. Que l'ame est heureuse qui s'est vne bonne fois remise entre les mains de Dieu, où est toute son aduenture, pour ne se r'auoir iamais. O qu'elle est bien plus asseuree sur ceste prouidence diuine, que sur la prudence humaine, vne once de celle-la vaut mille liures de celle-cy. *Iette*, mon ame, *iette ton soing & ta pensee sur Dieu, & il te nourrira, il ne souffrira iamais que celuy qui l'ayme flotte dans l'incertitude.* O Dieu, *les yeux d'vn chacun de ceux qui esperent en vous reçoiuent leur nourriture en temps oportun. Vous ouurez vostre main, & voyla que tout animal est remply de vostre benediction.* Quelques deffians *nous disent, qui nous monstrera le bien, & ne voyent-ils pas que le fruict du froment, de l'huille & du vin se multiplie pour les fideles. Non,* dict le Sauueur, *vn seul poil de leur teste ne tombera point,* sans que i'en tienne registre; *Le Seigneur,* dict le Chantre Roy, *garde soigneuse-*

In manibus tuis sortes meæ. *Psal.* 30.

Iacta cogitatũ in Domino, & ipse te enutriet. *Psal.* 54.

Psal. 4.

Capillus de capite vestro nõ peribit. *Luc.* 21.

Custodit Dominus

N iiij

ment les os de ses Saincts, vn seul ne se perdra point. Aussi nostre Amante sçachant combien elle est cherie de son bien-aymé, *elle se repose entierement sur luy, où elle ressent des delices incomparables.* Et ie vous prie, d'où pensez-vous que prouint le desir de la mort en ces grandes ames de sainct Paul, & de Dauid, sinon de ceste confiance amoureuse qui leur faisoit regarder Dieu, non comme Iuge rigoureux, recherchant les moindres paroles, mais comme pere misericordieux, pardonnant les plus lourdes fautes. S. Louys mourant auec ces paroles: *I'entreray en vostre maison, Seigneur, & ie vous adoreray en vostre Temple celeste, en loüant vostre sainct Nom.* Et sainct François en proferant celle-cy, *Seigneur, releuez mon ame de sentinelle, les Iustes attendent que vous me rendiez la retribution*: Ne tesmoignent-ils pas vne extreme confiance en la diuine bonté. Le grand sainct Ambroise estant prest de payer le tribut à la Nature: *Ie n'ay pas vescu en sorte*, disoit ceste ame pleine d'humble confiance, *que ie ne desirasse faire Penitence de mes pechez, mais ie ne crains point de mourir, parce que nous auons affaire à vn doux &*

omnia ossa eorum. Psal. 33.

delicijs affluens innixa super dilectum suū. Cant. 8.

Introibo in domū tuā, adorabo ad templum sanctū tuū, & confitebor nomini tuo. Psal. 5.

educ de custodia Deus animam eā, me expectant iusti donec retribuas mihi. Psal. 141.

sur le Cantique des Cantiques. 201
pitoyable Seigneur. Hé! Dieu, quand le S. Esprit depart ce don de confiance à vne ame, combien est-elle heureuse en la nauigation de ceste vie, puis qu'elle n'a deuant les yeux que la beauté & seureté du port où elle aspire, & où tendent ses vœux.

II.

Mais les trois dons que i'ay à vous deduire en ceste seconde traitte, sont d'autant plus precieux que les premiers, que sans eux il n'est point de salut : ouy, car sans les trois vertus appellees Theologales ou Diuines, il n'est point d'accez au Ciel. La foy est la premiere, sans laquelle l'Apostre dict tout court, *qu'il est impossible de plaire à Dieu.* Et ceste foy est vne lumiere surnaturelle, de laquelle nostre entendement estant illuminé, il porte nostre volonté, à acquiescer aux veritez qui nous sont reuelees par l'Eglise. O quelle ioye a l'esprit humain à qui la verité aggrée sur toutes choses, quand il l'a rencontree parmy les tenebres qui enuelopent ceste vie. O, dict-il, *ie la tiens & iamais ie ne la lascheray.* L'Eunucque de Candace fut saisi d'vne ioye & d'vn contentement incroyable, quand sainct

Sine fide impossibile est placere Deo. *Hebræ.*11.

Philippe luy eut faict rencontrer ce qu'il cherchoit dans l'Escriture, sans le pouuoir trouuer, & à la premiere eau qu'ils rencontrerent: A quoy tient-il que ie ne soys baptisé, dict-il à l'Apostre, puisque ie croy. *Soyez remplis de toute allegresse en croyant*, dict S. Paul. Certes la foy est la grāde amie de nostre cœur: & bien qu'elle soit claire brune, elle luy semble neantmoins si belle, qu'il la prefere à toutes ces fades beautez des sciences humaines, les claires tenebres de celle-là estant mille fois plus aymables, que les tenebreuses clairtez de celle-cy. C'est à elle que nostre cœur donne l'Empire & le Sceptre, luy faisant vn marche-pied de toutes les raisons humaines, comme iadis Israël, qui releuant Iehu sur vn tas d'habits & d'armes au Camp de bataille, cria tout d'vne voix, *Iehu est Roy*. Ce n'est pas pourtant que la lumiere naturelle, & les sciences humaines doiuent estre rejettees, car elles seruent d'ornement & de parure à *ceste Royne de la dextre de Dieu*, qui est la foy: C'est sur elles que ceste Esther s'appuye, cōme sur les seruantes, quād elles veulent supplanter la maistresse, cōme l'orgueilleuse Agar la bonne Sara, il les faut rele-

Replemini omni gaudio in credendo.
Rom. 15.

sur le Cantique des Cantiques. 203

guer & bannir: mais quand elles seruent la foy auec humilité, elles sont receuables. Certes tout ainsi que la nuée pleine d'eau, qui paroist tenebreuse & noire en l'air, mais redoree des rayons solaires, elle est ennoblie de ces belles couleurs qui forment l'Iris; ainsi la raison humaine seule est bien peu de chose, mais esclairee de l'Orient d'enhaut, ô que de *glorieuses choses elle nous apprend de la Cité de Dieu*, & de l'autre vie. *Tenebrosa aqua in nubib. aëris. Psal.* 17. *Psal.* 86.

La foy viue & animée de la grace du S. Esprit, est suiuie d'vne esperance agreable, qui conforte grandemét nostre cœur. *Resiouyssez-vous en esperance*, dict l'Apostre, parce que *la fidelité engendre l'esperance, & vne esperance qui n'est point confonduë.* Et cet espoir nous porte sur ses aisles, à l'attente *des biens que Dieu a preparez en l'autre vie à ceux qui l'ayment.* Car comme dict sainct Paul, *Si nous n'esperons qu'és choses de ceste vie, nous sommes les plus miserables de tous les mortels.* Cet espoir estoit toute la consolation de Iob en ses extremes detresses, *& ceste esperance*, dict-il, *repose dans mon sein*; Comme les Poëtes content qu'elle resta au fond de la boëtte de Pandore. Cet espoir faisoit que le cœur de ce Patriarche *Spe gaudetes. Probatio spem, spes autem non confundit. Rom.* 5. *Et hęc spes reposita est in sinu meo. Iob.* 19.

surchargé d'afflictions, se relançoit comme vne palme contre le faix qui sembloit l'accabler. C'est ceste douce esperance qui trompoit tous les ennemis de nostre Amante, quand elle disoit que son Bien-aymé *demeureroit cherement collé entre ses mammelles, comme vn bouquet de* Myrrhe. Esperance qu'vn Ancien appelle fort proprement le songe de ceux qui veillent, car aussi bien que la ioye elle nous rend present le bien absent, & nous donne par sa flatteuse douceur l'assentiment des Isles fortunees de la beatitude celeste. Si faut-il que ie vous dise vn mot auant que ie lasche ce poinct: c'est qu'il y a vne fausse esperance vuide & creuse, comme les perles conceües au bruict du tonnerre, ou comme les fruicts du riuage Asphaltite, qui n'a que l'escorce d'espoir plaine au dedans de vent & de poussiere. C'est celle qui pipe les pecheurs, lesquels *se loüans au desir de leurs cœurs, & se benissans en leurs iniquitez,* se flattent au milieu de leurs ordures de la misericorde de Dieu, tousjours croupissans dans leur immodicité. O miserables qui vous seruez de ceste bôté pour l'offencer plus effrontement, asseurez-vous que comme sa douceur ou-

Laudatur peccator in desideriis animæ suæ, & iniquus benedicitur. Ps. 9.

sur le Cantique des Cantiques. 105

urira tousiours les bras à vostre conuersion, que sa iuste rigueur ouurira aussi les abysmes à vostre obstination. N'appellez donc point ceste piperie esperance, mais presomption, laquelle si vous n'abandonnez vous mettra *en la part des hyppocrites.*

Et partem habebunt cum hypocritis. *Mat. 24.*

La Charité en fin est le comble des dons du sainct Esprit, puisque le S. Esprit est la Charité mesme, est vne viue source de feu, & vne onction spirituelle. Or ce feu tesmoigne par son actiueté combien est gaye & ioyeuse la flamme du sainct Amour : Comment ne seroit-elle gaye, puis qu'elle faict trouuer des douceurs dans les douleurs, & des plaisirs dans le mesaise? Voyez vn S. Laurens, qui bruslé de ceste belle ardeur se mocque des lames ardentes, les trois enfans des feux d'vne fournaise, vn S. Tiburce des charbons rougissans. Isaac picqué d'amour pour Rebecca, tempera par ceste affection l'affliction qui le rauageoit, pour la mort de sa mere Sara. Iacob se resueillant comme d'vn profond sommeil sur la nouuelle de la fortune de son fils Ioseph, *Ie mourray ioyeux*, dict-il, *quand ie l'auray veu.* Et ne fut-ce pas l'excez de Cha-

Fons viuus, ignis charitas, & spiritalis vnctio.

rité qui fit chanter ſes propres funerailles, (ce que l'on dict du Cygne) à ce bon vieillard Simeon, deſireux de mourir en paix, apres auoir veu de ſes yeux le Salut de ſa face,& la lumiere de la reuelation des Gentils. Aſſuere n'auoit-il pas raiſon de demáder à la belle Eſther, pourquoy elle eſtoit triſte eſtant ſi aſſeuree de ſon amité: l'ame qui ayme ſon Dieu ne peut conceuoir iuſtement aucune triſteſſe, puiſque *c'eſt le propre des iuſtes de s'eſgayer & reſiouyr en Dieu. Quand mon ame,* dict le Pſalmiſte, *refuſe toute conſolation, elle ſe ſouuient de Dieu, & la voyla qui ſe delecte.* Et c'eſt pour cela que dás l'Epithalame de l'Amour ſacré, il eſt ſi ſouuent faict mention de l'Yureſſe ſpirituelle, à cauſe de l'abódance de la ioye qui ſe trouue en la pratique du ſainct Amour,& principalement du mouſt des pommes de grenade: mouſt dont le gouſt donne vne forte alienation d'eſprit, comme l'Amour diuin nous faict conceuoir vne forte abnegation de nous-meſmes, mais abnegation pleine de contentemét & de ſatisfactiō, parce que l'Amour eſt vne choſe ſi precieuſe, que toute la ſubſtance des biens ne luy eſt pas cóferable, ſi auec tout cela on ne prodigue

Lætamini in Domino, & exultate iuſti. Pſal. 31. Renuit cóſolari anima mea, memor fui Dei, & delectatus ſū. Pſal. 76.

son cœur. Ainsi Dieu a tant aymé l'homme, que non content de luy auoir donné toutes les choses qui sont au móde, *il luy a encores donné son fils vnique, & auec ce fils tout ce qui se peut donner.* Et voyla que pour combler la mesure, & la rendre *pleine & espanchante*, s'il se peut adjouster quelque chose à tout, & vn tout infiny, il nous a enuoyé en ce temps ceste personne entre les diuines, qui s'appelle Don, cóme pour clorre tous ses dons par cet vnique qui embrasse tous les autres, & apres lequel il ne reste plus rien à donner. O Seigneur quand sera-ce, que pour reciproquer vne si forte dilection, nous nous donnerons & abandonnerons tout à faict à vous, pour n'auoir plus d'autre volonté que la vostre, volonté qui ne respire que nostre sanctification, sanctification qui ne regarde que nostre salut & vostre gloire:

Sic Deus dilexit mũdum, vt filium suum vnigenitũ daret. *Ioan.* 3.
Cum eo omnia nobis donauit. *Rom.* 8.
Mensuram plenam cõfertam & coagitatã. *Luc.* 6.

Hęc est voluntas Dei sanctificatio vestra. *1. ad Thes.* 4.

Des maux qui sont au Monde.

HOMELIE XIII.

Veni de Libano sponsa mea. Cantic. 4.

E mot de Liban en la langue saincte signifie blancheur. Et d'où vient, trescheres ames, que l'Espoux sacré qui ayme, non seulement la candeur, mais qui est la candeur & la blancheur mesme, *Splendor & candor lucis æternæ, candidus & rubicundus,* semble en vouloir tirer son Amante, au lieu de la laisser en son innocence, que ceste couleur signifie? Il me semble que de cela on peut rendre deux raisons, l'vne qu'il l'appelle de ceste candeur, parce que rien *de soüillé ne peut estre admis deuant sa face*, non plus que deuant celle d'Assuere: luy qui veut que *ses Nazareens passent la neige & le laict en blancheur*, l'autre est qu'il l'appelle hors des affections du siecle, lequel est sourcilleusement esleué comme le Liban par son orgueil, & blanchy de neige en sa cime, neige blanche qui recelle vne terre noirastre,

Candidiores Nazaræi ei' niue nitidiores lacte. Threnor. 4.

sur le Cantique des Cantiques. 109
noiraſtre, marque de ſon hyppocriſie, & neige froide & ſterile, ſymbole de la tiedeur & infertilité de l'indeuotion qui y regne. O Vierge toute blanche d'innocence & de pureté, mais feconde en maternité, vous qui paſſez de bien loin le Liban par la hauteur de voſtre excellence: aydez-moy à depeindre les maux du ſiecle, que vous auez meſpriſé pour en imprimer vne ſainẛe horreur à ceſte deuotieuſe Aſſemblee, afin qu'à voſtre imitation elle foule aux pieds ceſte Lune inc̃oſtante. *Aue Maria.*

Quaſi Cedrus exaltata ſum in Libano. *Eccle* 24.

Luna ſub pedib' eius. *Apoc.* 12.

POur continuer l'explication de mon texte, tres-cheres ames, & en faire le plan de mon diſcours, vous remarquerez que le mont Liban, ce ſçite releué, dont l'Eſcriture nous fait tant de feſte, eſt merueilleuſemẽt diuerſifié en ſa hauteur, car ſa cime chenuë eſt reueſtuë d'vn eternel hyuer, & couuerte d'vne neige perpetuelle, dans laquelle s'eſleuent des Cedres & des Sapins infructueux, qui baiſent les nuës de leur ſommité. Le milieu de ſa pẽte abondante en paſturage eſt remply de beſtial, & ſes racines arroſees de belles & viues fontaines, produiſent quantité de fleurs & de fruicts. Le mode, d'où l'Espoux veut retirer sa Bien-aymée, a quelque chose de semblable à ceste bigarree composition, car ce feste hautain battu de continuelles tepestes, brisé de foudres & de tonerres, est la vraye image de l'ambition, tousiours accōpagnee de troubles, & subjette à des cheutes tres-dangereuses. Ce milieu chargé d'animaux denotte les sensualitez brutales & deshonnestes, & ce pied si fecond represente les biens de la terre, recherchez des mondains auec tant d'auidité. Et c'est de là comme des trois capitales sources de tous les vices que sourdent tous les maux qui sont au monde, auquel on ne voit selō la doctrine de S. Iean, que *connoitise des yeux, concupiscence de la chair, & presomption de vie.* Et c'est de ce Liban funeste, mes cheres ames, que l'Espoux vous reclame auec tant de passion, denotée en sa reïteration triplee, *Veni de Libano sponsa mea, veni de Libano, veni coronaberis.* Ce qui m'inuite à vous faire voir les maux du monde, dont Dieu vous veut deliurer, *vous tenant par la main droicte, & vous conduisant en sa volonté*; & le port heureux de la retraitte spirituelle, où il vous mettra à l'abry de tant de miseres, & vous couronnera de ses misericordes.

2. Ioan. 2.

Tenuisti manū dexteram meā, & in volūtate tua deduxisti me. Psal. 72.

I.

Et n'eſtimez pas ie vous prie que ce ſoit importunémét remettre deuát vos yeux cet ennemy commun de noſtre ſalut, qui eſt le monde, lequel nous deuons taſcher tous les iours tant que nous pouuós d'effacer de noſtre memoire, aboliſſant dedás l'oubly le ſouuenir de ſes faux & malheureux attraits: car ie le voꝰ repreſenteray en ſi piteux equipage, que ce ſera pour eſtendre à vos pieds le trophée de ſes deſpoüilles, en l'hóneur *de ceſte victoire que nous reporterons ſur luy*, en renonçát à ſes pompes: que ſi ſa forme pleine d'horreur offence voſtre memoire, voſtre entendement ſera cóſolé en la cognoiſſance de ſon indignité, & voſtre volonté renforcee en la iuſte hayne que vous luy deuez porter.

Hæc eſt victoria, quæ vincit mũdum.
1. Ioan. 5.

Ie viens donc pour faire ſeul l'Office de ces trois meſſagers de Iob, qui luy apporterent les nouuelles de ſes malheurs. Le 1. luy dict, que l'impetuoſité d'vn tourbillon auoit renuerſé la maiſon où banquetoient ſes enfans, qui auoiẽt eſté accablez ſoubs les ruynes. Le 2. que les Sabeens auoient enleué ſes troupeaux. Le 3. que les Chaldeens auoient volé le reſte de ſes biens. Ie vous diray donc que les facultez

O ij

du monde estant diuisees en trois bandes, le Prince du siecle qui est Sathan, rauage les biens du corps par les plaisirs illicites, ceux de l'ame par les tourbillons de la vanité, & ceux de fortune par des conuoitises desordonnées. O Dieu quelle pitié de voir le pauure pecheur despoüillé de toute la substance des diuines graces, qui le rendoient beaucoup plus opulent spirituellement, que le bon Iob ne l'estoit temporellement; ses enfans froissez, c'est à dire ses bonnes œuures amorties ou mortifiees, son ame remplie des playes horribles & puantes de mille pechez, & en fin reduit sur le fumier d'vne condition orde & infame. Hé! Dieu quelle commiseration doit apporter ce spectacle : *les Anges de paix plorent amerement* sur ce miserable, comme les amis de Iob la sensualité, comme sa femme l'excite à se reuolter contre Dieu par ses titillations : En fin les esprits celestes qui le voyent descheu de l'estat florissant de la grace dans le bourbier de l'iniquité, ne peuuent ils pas dire *estre icy ceste creature de parfaitte beauté, la ioye de toute la terre.* C'est là le miserable estat où l'empire tyrannique du siecle, comme vn cruel Pharao

Angeli pacis amarè flebunt.
Esa. 33.

Thren. 2.

sur le Cantique des Cantiques. 213

reduit vne pauure ame, qui est si malheureuse que de s'amuser apres ses œuures *de bouë & de terre*, & de souspirer apres *les porreaux & les chairs de ses marmites* sensuelles.

Dieu commanda vn iour à Ezechiel *Ezech.* 8. de percer la muraille du Temple de Hierusalem, & de regarder par ceste ouuerture les abominations qui s'y pratiquoiët contre sa gloire & son seruice : Il faict selon le commandement diuin, & voyla qu'il apperçoit vne quantité de simulachres, de serpens, & de reptiles, attachez au murailles, ausquels des vieillards presentoient de l'encens en signe d'adoration. Il voit d'autre-part des femmes qui versoient de grands pleurs sur la tombe d'Adonis, comme en celebrant les funerailles de cet effeminé Damoyseau. Portant encores ses yeux d'vn autre costé, il considere vingt & cinq hommes tournans le dos à l'Autel, & adoräs le Soleil d'Orient, applicquäs à leur odorat des rameaux aromatiques, ou des bouquets de fleurs. O que ceste vision est vn parfait tableau des abominatiós du siecle, voyez-le à parcelles. Le móde est vn grád

O iiij

Temple où ce Dieu se contemple en l'ouurage de ses mains, mais il arriue par vn estrange desastre, à ceux qui ont par leur malheur *leur entendement offusqué par leur malice, qu'ils ne sçauent pas cognoistre les pistes du Createur en la creature*, laissans celuy-là pour s'attacher à celle-cy, se perdans en *la vanité de leurs sens*. De là est née l'idolatrie des Payens, qui adoroient le Soleil & la Lune, au lieu de rendre cet honneur souuerain *à celuy qui a faict le Ciel & la terre, & tout ce qui est contenu en la rondeur de ce globe*. Est-il possible que le mõde que Dieu a créé pour estre le theatre de sa gloire, se change par la deprauation des mondains en vne cauerne de brigands, où la Diuine bonté est outrageusement deshonoree? Ouy: car le monde malin se diuise en trois bandes, conformes à celles que vit le Prophete. La premiere est des auares, qui adorent *l'ouurage des mains des hommes, les simulachres d'or & d'argent*: c'est pourquoy l'Apostre appelle *la Philargirie vne seruitude d'Idoles*. Et ces Idoles sont des serpens & de reptiles animaux, qui se cachent dans les entrailles de la terre, d'où se tire l'or, ce metal cause de tant de maux, qu'il a faict dire à ce Poëte,

Occœcauit eos malitia corũ.
Sap. 2.
Obscuratũ habentes intellectũ.
Eph. 4.
Ambulátes in vanitate sensus sui.
Ephe. 4.

Auaritia est Idolorum seruitus.
Coloc. 3.

sur le Cantique des Cantiques. 115

Aurum irrepertum, & sic melius situm,   Horat. in Od.
Cum terra celat quam tollere humanos in usus
Omne sacrum rapiente dextrâ.

  Les voluptueux sçauroient-ils estre mieux representez que par ces femmes qui ploroient Adonis, puisque ce sont des effeminez qui ne se paissent que de pleurs, mais pleurs de Crocodille pleins de feintise & de trahison, puis qu'ils ne tendent qu'à deuorer l'honneur d'vn sexe simple & fragile. Ie laisse à part, que les douleurs compagnes inseparables des desbauches deshonnestes, portent ordinairement ces mignons, ces Adonis dans le tombeau dés leur adolescence, ou s'ils vont plus auant, c'est pour rouler vne vie miserable sur la terre, pire que mille morts.

  Les hautains & superbes sont fort expressément figurez par ces hommes, qui tournet le dos à l'Autel, & se plaisent aux parfums: car de tous les vices, il n'y en a aucun si directement opposé à Dieu, que l'orgueil, peché detestable à Dieu & aux hommes: l'arrogant tourne tout à faict les espaules à Dieu, comme fit ce Prince des presomptueux, & des esprits reaoltez, qui du plus haut feste de la gloire, a esté precipité au plus creux des abysmes,

                  O iiij

& se delecte aux fausses senteurs des vaines & menteuses loüanges, & aux apparences des merites que la flatterie luy attribuë.

——quid enim est quod credere de se,
Non possis cum laudatur dijs aqua potestas.

Mais tout ainsi que rien n'est si tost passé que la fraischeur d'vne fleur, & la senteur d'vn bouquet; ainsi rien n'est si friuole que la loüange & la reputation, principalement si elle est fausse, aussi

Falsus honor iuuat, & mendax infamia terret,
Quem nisi mendosum & mendacem——

Cependant n'admirez-vous point, mes freres, la patience & longanimité de Dieu, qui souffre que le monde le traitte si indignement, se detracquant de son seruice, pour lequel il l'a tiré des cachots inuisibles de l'inexistence.

O que nous pouuons bien dire auec verité, ce que la crainte faisoit dire à ces espions d'Israël, reuenans de la descouuerte de la terre de promesse; *Que ceste terre deuore ses habitans.* Ouy, car *Dieu ayant enuoyé son fils vnique au monde, afin que le monde fust sauué par luy, non seulemẽt il est venu en personne, & le monde l'a mescognu, mais tellement mescognu qu'il a crucifié ce Roy de gloire. Nous auons veu,* disoient ces espies

Terra deuorat habitatores suos.
Num. 13.
Misit Deus filium suũ in mundũ, vt saluetur mũdus per ipsum.
Ioan. 3.
In propria venit, & sui eum non receperũt.
Ioan. 1.
Si cognouissent Dominũ gloriæ nõ crucifixissent.
1.Corin. 2.

sur le Cantique des Cantiques. 117

espouuentees, *des hommes de la race des Geans, aupres desquels nous paroissons des sauterelles.* Voyla pas vne naifue representation de l'orgueil du siecle dont les superbes habitans ne se peuuēt releuer que par le raualement d'autruy. *Ie ne suis pas comme les autres hommes, ny mesme comme ce Publicain*, disoit ce glorieux Pharisien, lequel idolatre de ses fausses perfections, se parfumoit du Thimiame de ses propres loüanges, par vne vanterie aussi sotte que ridicule.

<small>Vidimus homines de genere gygāteo, quibus comparati locustę videbamur. *Num.* 13. Non sunt sicut cæteri hominum, & velut hic publicanus. *Luc.* 18.</small>

Cependant nous sommes embarquez dedans ce monde si pernicieux, *au milieu de ceste nation peruerse*, où nous deuons essayer de faire esclatter nostre lumiere *comme des lampes mises en vn lieu tenebreux.* Nous ressemblōs à la terre, laquelle estant enuironnee des trois autres elemens, en est continuellement battuë & affligee: car l'eau des voluptez nous sappe & nous pille, l'air des vanitez nous euente & boursouffle, & le feu de la conuoitise nous rauage & deuore. Heureux si immobiles comme la terre à tant d'assauts, *& fondez sur la stabilité* de la grace, nous ne laissions emporter à ce pillage que la superficie de nostre ame, qui consiste en ses premiers

<small>In medio nationis prauæ sicut lucernæ in caliginoso loco.</small>

<small>Fundauit terram super stabilitatem suā. *Psal.* 103.</small>

mouuemēs où le peché n'eſt pas, *reſiſtant* *fortement en la foy*, à l'impetuoſité des tentations au fond de noſtre ame, où eſt le donjeon de noſtre volonté; que les bourraſques ſoiēt furieuſes tant qu'elles pourront, nous ne ſçaurions perir dedans les ondes tandis que nous tiendrōs ce timon droict. Ie ſçay bien que le monde eſt vne mer, *ſur laquelle nous fretons dans la freſle nacelle de* noſtre corps, & *que nous auons à operer noſtre ſalut en ceſte multitude d'eaux*, & de vagues qui y roulent. Ie ſçay qu'il y a *des perils & des monſtres ſans nombre*: mais ſi nous ſommes fideles, celuy qui tira Ionas du creux de la mer, & qui fit trouuer de la fermeté à ſainct Pierre ſur l'inſtabilité des ondes, nous peut tirer de tous dangers. Mais tout ainſi que les nautonniers qui flottent ſur cet element perfide redoutent principalement trois choſes; les orages qui prouiennent du contraſte des vents & des flots, ou le heurt de quelque rocher, ou le feu qui ſe peut prendre au bois du nauire; ainſi ſur l'Occean du monde, nous nous deuons touſiours deſfier, ou des tempeſtes de la vanité, ou de la terre de l'auarice, ou du feu des concupiſcences.

qui reſiſtite fortes in fide. 1. Petr. 5.

Qui deſcēdunt mare in nauibus facientes operationē in aquis multis. Pſal. 106. *Illic pericula quorū non eſt numerus.*

II.

O qui nous fera la grace, mes treschers, de trouuer vn port asseuré, vn haure de saueueté parmy tant de tourmentes dont ceste mer est continuellement agitee. Certes ie n'en voy point d'autre que celuy de la retraicte spirituelle, ou en quelque lieu escarté du tumulte des hommes, de la presse des conuersations mondaines, ou au moins dans le plus secret de nostre cœur. Dauid apres auoir faict voir le deplorable estat du peuple d'Israël sous la tyrannie de Pharao en Egypte, & descrit sa deliurance miraculeuse à trauers la mer rouge, l'ayant faict passer par les deserts, dict en fin de son introduction en la terre promise, *que Dieu l'a fait arriuer au port de sa volonté*, c'est à dire de son desir, leur faisant gouster vne agreable paix apres de fascheuses guerres, & de longues fatigues. O quelle ioye à ces nochers qui ont couru vne euidéte risque de naufrage parmy les rochers, & les ondes, de se voir abborder au riuage de la terre ferme, de quelles allegres acclamations ne font-ils rebattre les falaises d'alentour? Quelle fut la satisfactiō de ceux qui conduisoient S. Paul quand apres vne cruelle

Psal. 106.

Deduxit eos in portū voluntatis eorum. *Psal.* 106.

Act. 27. In locum boni portus

tourmente, ils se virent anchrez à ceste plage que l'on appelloit *Bon port*, tel est le contentement de ceux qui acquiesçans aux diuines inspirations, par lesquels ils sont induicts à se desprendre des embarassemens du siecle, se sequestrent en vne douce retraicte pour *escouter ce qu'il plaira à Dieu de dire à leur cœur.* Car c'est dans ce desert mystique où tombe le Manne des consolations spirituelles, non dans la seruitude d'Egypte, l'esclauage du monde & du peché.

C'est là le lieu de saueté contre les troubles, & de santé contre la contagion pestilente du siecle peruers : ces retraites ou locales, ou mentales, sont les citez de refuge où se sauuent les vrais Israëlitez persecutez par la malice des mondains, & où ils peuuent dire, *Sub vmbra alarum tuarum speraui, donec transeat iniquitas.* & auec ceste Amante, *Ie me suis assise sous l'ombre de celuy qui possede tous mes desirs, ô que ses fruicts m'ont semblé saueureux.* Dauid ce grand Prince selõ le cœur de Dieu, trauaillé, mais plustost accablé des ordinaires empressemens que traine quant & soy la charge de la Royauté, ne souspire rien tant que la retraicte : *Voyla*, dict-il, *que*

Psal. 56.

Ecce elongaui fugies

sur le Cantique des Cantiques. 221
ie me suis esloigné en fuyant, & que i'ay demeu-   *& mansi in*
ré en solitude, i'ay ressemblé au Pelican solitaire.   *solitudine.*
Et ne fut-ce pas dãs les solitudes qu'il eui-   *Psa. 54.*
ta les fureurs de Saül, & la persecution
d'Absalon ? d'où nous apprenons que les
tentations du mõde s'esuanouïssent dans
la retraicte. S. Louys cet admirable Roy
parmy la multitude des Courtisans qui
l'enuironnoient, & dans le plus fort des
armees, ne laissoit de pratiquer frequemment des prieres qui tesmoignoient assez
combien il estoit recueilly en soy-mesme,
portant vn Hermitage dans son cœur, au
milieu des plus grandes assemblees du
monde.

Et ne fut-ce pas cet amour de retraicte,
& ceste cognoissance claire des maux &
perils qui sont au monde, qui peupla iadis
les deserts d'Orient de tant de saincts Re-   *Habitabãt*
ligieux ? n'est-ce pas cela *qui a remply les*   *in spelũcis,*
grottes & cauernes de la terre de ceux dont le   *& cauernis*
monde n'estoit pas digne? N'est-ce pas dans   *terræ, qui-*
la retraitte que Moyse void Dieu ? que le   *bus dignus*
Sauueur se transfigure ? n'est-ce pas en cet   *non erat*
escart que l'Espouse du Cantique desi-   *mundus.*
re rencontrer son Bien-aymé ? *La solitu-*   *Heb. 11.*
de m'est vne prouince, disoit sainct Hieros-   *Quis mihi*
me, *& la ville vne prison.* Ce fut en la   *det vt inue-*
  niam te fo-
  ris. Cant. 8.

solitude que Ionas trouua le port de son naufrage, & la trāquillité apres beaucoup de peines & de frayeurs. C'est à la retraitte que S. Guillaume chāgea sa souueraineté, mais d'vn eschange si heureux qu'il estoit perdu s'il ne se fust ainsi perdu : *Car qui perd son ame icy bas, la retrouue là haut.* C'est pour cela mesme que S. Pierre Celestin quitta la Thiare du souuerain Pontificat, & Charles cinquiesme tant de couronnes Royales, & le Diadesme Imperial. Ce fut cet amour de la retraicte qui fit refuser à S. Bernard tant de dignitez Pontificales pour iouyr plus à plein du doux repos de la cōtemplation dans ceste sombre valée d'absynthe qu'il changea par sa demeure en claire valée, où comme en la terre de promesse couloit le laict & le miel des celestes benedictions. Ie pourrois estaler icy vn grand nombre de Roys & de Roynes, qui par vne vraye & manifeste cognoissance des vanitez du monde, au feste desquelles ils s'estoient veu esleuez par l'eminence de leurs throsnes, ont donné du pied au siecle, pour surgir au port heureux de la saincte Religion, *aymans mieux embrasser l'abiection en la maison de Dieu, que la sublimité dans les tabernacles des pecheurs.*

Qui ōdit animā suā in hōc mōdo in vitam æternam custodit eam. Ioan.12.

Elegi abiectus esse in domo Dei mei magis

Mais parce que cela regarde vn abandonnement absolut du monde, fault que la plus-part de ceux qui m'entendent ne peuuent pas franchir, chacun *estant obligé de demeurer en la vocation à laquelle il se trouue attaché:* Au moins, mes tres-chers, ne soyons point si negligens en l'œuure important de nostre salut eternel, que nous ne nous estudions à retirer tant qu'il nous sera possible nos affections d'vne si perilleuse marine, nous rappellans de temps en temps à nostre cœur pour *visiter nostre interieure Hierusalem auec des lampes, prenans garde à nos voyes, & conuertissans nos pieds aux tesmoignages diuins.* Ainsi nous executerons le desir de l'Amant sacré, qui nous appelle du Liban du siecle, pour nous *couronner de misericorde, & de miserations.*

quàm habitare in tabernaculis peccatorū. *Psal.* 83.
In qua vocatione quisque vocatus est in ipsa permaneat. 1. *Cor.* 7.

Visitabo Hierusalē in lucernis. *Soph.* 1.
Cogitaui vias meas, & conuerti pedes meos in testimonia tua. *Ps.* 118.

Suitte du sujet precedent. Des maux qui sont au siecle.

HOMELIE XIV.

Veni de capite Amana, de vertice Sanir & Hermon, de cubilibus Leonum, de montibus pardorum. Cant. 4.

VEne peux ie par ma parole faire le mesme effect en vos cœurs que fit le roulement de ceste pierrette de Daniel sur ce colosse bigarré du Roy d'Assirie, reduisant en poudre tous les metaux qui le composoient. Certes i'esperetois de voir le monde representé par ce bizarre assemblage demoli entierement en vos ames, & iettant les derniers abois en vos affections. O Seigneur donnez *à vostre voix vne voix de vertu & de magnificence, vous qui communiquez à ceux qui euangelisent vne parole efficace, illuminez* ceux qui m'entendent de ceste parole, *qui procede auec admiration des montaignes eternelles de vostre grace,* & faictes que ceux qui l'escouteront

Davoci tuę vocem virtutis.
Psal. 67.
Dat verbū euangelizātibus virtute multa.
Psal. 67.
Illuminans tu mirabiliter à mōtibus æternis, Psal. 75.

sur le Cantique des Cantiques. 225
l'escouteront quittent les sourcilleuses crestes d'Amana, de Sanir, & d'Hermon, les repaires des lyons, les montaignes où se retirent les leopards.
Ave Maria.

L'Espouse, qui est l'ame saincte, est r'appellee des crouppes d'Aman, de Sanir, & d'Hermon, des retraictes des lyons, & des cauernes des leopards : c'est à dire en vn mot, du Monde. Car ne voyez-vous pas l'image de ses Voluptez, en ces florissants & verdoyans coustaux, de ses Ambitions en ces lyons orgueilleux & fiers : de ces Auarices en ces leopards, gardiens ordinaires des minieres, ou habitans des cauernes où sont les pierres precieuses ? Et le discours precedent ne vous a il pas appris que *le monde malin* n'est que volupté, vanité, & connoitise des richesses. O ma chere ame, ce sont là les trois filets, les trois pieges, que te tend l'aduersaire de ton salut : mais si tu escoutes la voix de ton Espoux, *Il te tirera de ces lacqs*. Ce sont là les trois lances dont ce Ioab perce les cœurs des Absalōs mondains, les trois pieces de batterie dont il

Totus mūdus in maligno positus est.
1. *Ioan.* 2.

1. *Petr.* 5.
Ipse euellet de laqueo pedes tuos.
Psal. 24.

P

foudroye dans le siecle, & renuerse quantité d'ames dans les Enfers. *O Seigneur, retirez nos ames de ceste mort, nos yeux des larmes eternelles; & soustenez nos pieds en ces pas glissans; afin que nous vous plaisions en la region des viuans.* Et qui sont ces viuans, sinon ceux qui sont animez de vostre grace, & de vostre Amour, suiuant ceste parole de l'Escriture, *Que celuy qui n'est en l'Amour, est en la mort*, & ceste autre, *Nous sommes transferez de la mort à la vie; parce que nous aymons. O Dieu deliurez-nous donc de la gueule de ces lyons, & de la redoutable corne de ces lycornes; & nous raconterons vostre misericorde à nos freres, & nous la magnifierons au milieu de vostre Eglise saincte.* Ouy, Seigneur, car Daniel retiré de la fosse des lyons, les trois enfans de la fournaise, Israël du sein de la mer, Ionas du ventre de la baleine, Loth de l'embrasement de ceste ville infame, dont le nom doit autant estre innominable que son crime estoit abominable, ne sont point des exemples si signalez de vos miserations, comme l'est vne ame retiree des pattes du monde. *O quelles hosties de loüange vous doit-elle sacrifier, pour auoir rompu les liens qui l'y tenoient garottee.*

O Domine eripe animam meam de morte, oculos meos à lachrymis, pedes meos à lapsu.
Psal. 114.
qui non diligit manet in morte.
1. Ioan. 3.
Translati sumus de morte ad vitam, quia diligimus fratres.
1. Ioan. 3.
Salua me de ore leonis, & à cornibus vnicorniū humilitatē meam.
Psal. 21.
Narrabo nomen tuū fratribus meis, in medio ecclesiæ laudabo te.
Psal. 21.

Psal. 115.

sur le Cantique des Cantiques. 227

Mais afin de les briser, il les faut voir, & c'est ce que ie veux vous estaler en ceste Homelie, selon l'ordre que nous preste nostre texte.

I.

Le premier escadron des troupes coniurees contre nostre salut, & des bandes du monde, c'est *la concupiscence de la chair*: c'est *ce vent bruslant* qui tarit les sources de la grace, & qui bannit de nous toute vertu : car comme dict cet Accien, *Au royaume de la volupté elle ne peut faire sa demeure.* Car ie vous prie, quel accord peut estre entre *les tenebres & la lumiere*, entre la corruption & la pureté, la deshonnesteté & l'honneur? C'est ce vice miserable qui change l'homme en beste : ce que les Anciés nous ont appris sous la fable des breuuages de Circé, & que sainct Bernard compare aux chariots de Pharao, qui vouloit retarder Israël en sa fuitte au desert : car il n'y a peché qui face trouuer la Penitence plus rude que celuy de la sensualité : aussi fut-ce le dernier & plus violent assault dont sainct Augustin fut attaqué en sa conuersion. Ce qui faisoit dire à sainct Hierosme, qu'entre les combats de la milice Chrestienne, ceux de la

Ventus vrens.

In voluptatis regno virtus subsistere non potest. Cic. paradox.
Quæ conuétio lucis ad tenebras 1. Cor. 4.

Bern. serm. 39. in Cant.

August. in Confess.
Hieron. in epist.

Q ij

chasteté sont les plus rudes, où les atteintes sont plus dangereuses, & la victoire plus rare. Grande pitié que Loth ce sainct personnage qui auoit esté si continent dans vne ville malheureuse, où se commettoit le plus horrible desreiglement qui se puisse imaginer, soit tombé dans l'inceste estant dans le desert, & qui plus est vsé de vieillesse; tant il est vray que ce feu gregeois ne laisse de brusler parmy les feux & les glaces d'vn aage aduancé, les corps humains ressemblans aux verres qui se froissent en se touchant. C'est pourquoy vn bon Hermite ancien estant aux extremitez de la maladie qui trancha le fil de ses iours, ne voulut iamais permettre que sa sœur entrast dans sa cellule pour le secourir, disant que le feu de la sensualité ne laissoit pas de se couuer sous les cendres d'vn prochain trespas. Ce qui me faict dire que Socrate sentant grisonner son poil, se hasta trop de dire qu'il estoit par ceste blancheur deliuré de la seruitude d'vn monstre furieux & enragé, entendant l'Amour, puis que ceste flamme malicieuse ne s'esteint en nous que quand la chaleur naturelle nous laisse à la froideur du tombeau. Ce

sur le Cantique des Cantiques. 229
fut ce miserable vice qui appella les eaux vengeresses des Cieux, & des abysmes pour nettoyer le monde, *où toute chair auoit peruerty sa voye, où l'adultere regorgeoit, & où le sang touchoit le sang* : c'est à dire, où regnoit l'inceste.

Escoutons, mes amis, *La voix de la tourterelle*, du chaste Espoux de nos cœurs, *qui se faict entendre en la terre de* nostre interieur. *Le temps de retrancher*, non seulement les plaisirs illicites, *qui nous precipitent à la mort, est venu*, mais encores les licites, par de salutaires mortifications : c'est ce qui faisoit que l'Apostre conseilloit aux mariez d'estre comme ne l'estant point, sortant de ces collines florissantes d'Hermon, qui veut dire destruction : car il n'y a point de vice qui face vn si cruel rauage en nos corps, & en nos cœurs, comme ce vice brutal, indigne de regner en vne belle ame.

Mais retirons-nous aussi d'vn mesme pas des *repaires des lyons* : c'est à dire des Vanitez & Ambitiõs du siecle trompeur; picquons nos cœurs de la vraye cognoissance de nostre neāt, afin de les desenfler

Vox turturis audita [est] in terra.
Cant. 2.
Quæ mergit homines in interitum.
1. *Tim.* 6.
Qui habet vxores tã quàm non habentes.
1. *Cor.* 6.

P iij

de ce vent qui les bouffit cóme des balós, & les rend le iouet de Dieu & des hommes, ouy: car est-il rien de plus ridicule que de voir *la poudre & la cendre s'enorgueillir, l'homme se glorifiant en ses honneurs est faict semblable au cheual qui deuient glorieux estant richement caparassonné.* Tel fut l'orgueil de ce pompeux Roy d'Assirie, qui voulant se faire adorer comme Dieu, se voit relegué au rang des animaux, broutant l'herbe par l'espace de sept années. O venin secret, ô poison pestilent, dict sainct Bernard, qui excites vne tumeur qui faict en fin creuer. Sainct Gregoire l'appelle *racine de tout peché*, en suitte de l'Escriture, qui le nomme *commencement*. Ce fut ce vice qui precipita du Paradis celeste le premier Ange, & du terrestre le premier homme, empoisonné de ceste fausse creance, *Vous serez comme Dieux.* C'est de là que toutes les Heresies qui ont traversé l'Eglise, tirent leur origine: ●●● les Heresiarques ne rompent l'vnité, que parce qu'ils ayment mieux estre les premiers parmy leurs sectaires que se contenir modestement dans les rangs de l'Eglise vniuerselle, tesmoing Arrius, dont l'esprit ambi-

Quid superbis terra & cinis.
Eccl. 10.
Homo cum in honore esset non intellexit, comparatus est iumentis insipientibus.
Psal. 48.
Bern. serm. 6. in Ps. 90.
Greg. 31.
Mor. 17.
Eccl. 10.

Eritis sicut dij.
Genes. 3.

sur le Cantique des Cantiques. 231

...eux s'est glissé en ceux qui ont introduict de nouuelles opinions en nos iours. Ausquels ce mot de sainct Iean conuient fort bien : *Comment pouuez-vous bien croire, veu que vous ne cherchez que vostre propre gloire ?* pareils à celuy qui brusla le Temple de Diane pour perpetuer son nom en la memoire de la posterité. Ioan. 5.

Il me semble que l'inanité que ce vice a en soy luy sert d'antidote, comme la Cantharide qui porte en soy le remede de son venin. Inanité qui n'a pour base *que les aisles des vents*, & pour soustien qu'vne reputation creuse, vuide, & ordinairement mensongere. N'auez vous iamais veu ces enfans se iouans auec des bouteilles de sauon, qui s'esuanouissent quand on les touche ? Vous auez veu les superbes qui *defaillent comme la fumee*, fumee qui se dissipe à mesure qu'elle s'esleue. Paons enflez de la beauté de vostre rouë, *& qui vous glorifiez en la multitude de vos richesses*, ne regarderez-vous iamais la crasse de vos pieds, ne penserez-vous point *que vous estes terre, & que vous retournerez en terre ?* Ambulat super pennas ventorum.

Sicut deficit fumus deficient. Psal. 67.

qui in multitudine diuitiarum suarum gloriantur. Psal. 48.

Cinis es & in puluere reuerteris. Genes. 3.

Q iiij

II.

Or pour éteſter tout à faict ceſte hydre du monde, & luy aualer ſa troiſieſme teſte, qui eſt la conuoitiſe des yeux, ou autrement l'Auarice; il me ſemble qu'à des ames iuſtes & raiſonnables il ſuffiroit de produire le glaiue de feu des Eſcritures ſacrées : car qui ne tremblera eſcoutant ces menaces, mais pluſtoſt ces foudres? *Malheur à vous, ô riches, qui auez voſtre conſolation.* Et encores, *Ie vous aſſeure qu'il eſt autant difficile qu'vn homme riche entre en Ciel, que de voir paſſer vn gros chable par le pertuis d'vne eſguille.* Et derechef, *Ceux qui ſe veulent enrichir tombent dans les tentations, & aux pieges du diable, & qui pis eſt, en pluſieurs vaines conuoitiſes qui les plongent dans vne eternelle perte.* De plus, *Celuy qui ſe veut promptement enrichir, ne peut eſtre innocent.* Dauantage, *Celuy qui ſe fie en ſes richeſſes tombera en ruine.* Derechef, *Malheur à vous autres qui dormez en des licts d'yuoire, qui vous delictez en vos pompeuſes couches, qui faictes bonne chere, & eſtes touſjours parfumez.* Encores, *Si les richeſſes vous viennent en affluence, n'y attachez point vo-*

Luc.6.
Mat. 19.

1. Tim. 6.

Prouer. 28.

Pſal. 51.

stre cœur. En fin, *Pleurez maintenant, ô* Iacob. 5.
riches, & hurlez, vos richesses pourries & pe-
ries, vos habits & vostre or sont rongez de la
rouille, vous auez thesaurisé auec vos thresors
l'ire du Dieu des vëgeances. Voyla d'estranges esclairs, de furieux esclats. Que si le
contraire preste iour à la cognoissance de
l'autre, voyons vn peu quels sont les eloges de la pauureté dans les mesmes Escritures, qui declament si fortement contre
les richesses. *Bien-heureux est celuy qui n'a* Eccl. 31.
point couru apres l'or, & qui n'a point esperé
aux thresors d'argent, mais qui est celuy-là afin
que nous le magnifions: car certes il a faict des
merueilles. Et encores: *Bien-heureux les*
pauures d'esprit, car le Royaume du Ciel leur
appartient. Sur quoy dict sainct Ambroise que le Sauueur a commencé les Beatitudes par la pauureté, parce qu'elle
est la mere des vertus, comme la riches- Ambr l. 5.
se est nourrice des vices. Ce qui a esté in Luc.
recognu par les Payens mesmes, tes- v. Hieron.
moin ce que fit le Thebain Crates. ep. 13. & Ber.
Ces textes sont forts & inuincibles: ep. 103.
mais quoy, l'aueuglement de l'auarice
est tel, qu'il les faict mescognoistre: dites les à ceux qui sont atteints de ceste

conuoitise desreiglee des biens temporels, vous chantez à des sourds, vous semez sur le sable. C'est ce qui a faict dire à S. Bernard, *que l'abondance des biens de la terre, engendre l'oubly de ceux qui nous sont promis au Ciel*; ce qui est conforme à ce dire du Sage. *O mort que ta memoire est amere à celuy qui a son repos en ses possessions*, c'est la haye qui suffocque la semence Euangelique.

Quand vne fois ce dur metal s'est emparé des affections de nostre cœur, il semble que par vne contagion malheureuse il le rende dur & insensible aux mouuemens de la pitié. Comme il se void clairement en l'histoire du Riche gourmand, lequel trouua sa damnation dans l'immisericorde, dont il mal-traitta le pauure Lazare, & dãs l'abus de ses richesses qu'il employoit au luxe des banquets & des habits. Certes comme les Nauires trop chargees coulent souuent à fonds; si que parmy les tempestes, les Nautonniers sont quelquefois contraints de jetter des marchandises en la mer, pour alleger le vaisseau, & empescher qu'il ne perisse; ainsi ceux qui sont trop gorgez de biens, sont en hazard de succomber au faix, &

sur le Cantique des Cantiques. 235

de perir eternellement, à cause de leur abondance temporelle, s'ils ne se deschargent prudemment de ce fardeau, par des aumosnes & liberalitez pieuses, *se faisant des amis aux despens de Mammone qui les reçoivent au Ciel:* autrement ils sont en danger de se trouuer parmy ces reprouuez, ausquels l'Escriture faict tenir ce langage, *Insensez que nous sommes, de quoy nous a seruy l'orgueil de nos richesses, tout cela est passé comme l'ombre.* Ceux qui veulent entasser l'argent vif, plus ils le pressent, plus ils l'esparpillent; ainsi ceux qui amassent auaricieusement des biens, se trouuent à la fin n'emporter qu'vn drap de ce monde, *& semblables à ceux qui songent à des thresors en dormans, & à leur resueil se trouuent les mains vuides.* Tantales affamez & alterez dans les fruicts & les eaux, Mydas miserables qui meurent de faim dedans l'or.

Facite vobis amicos de Mámona iniquitatis.
Luc. 16.
Quid nobis profuit diuitiarum iactantia.
Sap. 5.

Dormierūt viri diuitiarum somnū suum, & nihil inuenerunt in manibus suis.
Psa. 75.

Bien plus heureux est celuy, qui iettant sa confiance en Dieu, *va partageant de ses biens aux pauures, car sa Iustice demeurera au siecle des siecles, & son nom sera exalté en gloire. Quand bien il donneroit toute la substance de sa maison, il l'estimera comme rien à cause de son amour.* Ses mains pareilles à

Psa. 110.

Cant. 8.

celles de l'Espoux sont *faictes au tour & pleines de hyacinthes*. Et comme il seme des benedictions, aussi recueilla-t'il les benedictions du Pere, du Fils, & du S. Esprit. Amen.

Manus tornatiles plenæ hyacinthis
Cant. 5.
Qui seminat in benedictionibus de benedictionibus & metet.
2.Corin. 9.

De l'honneur de la Penitence.

HOMELIE XV.

Reuertere Sunamitis, reuertere, reuertere vt intueamur te. Cantic. 6.

LE petit serpenteau appellé Saura contre la nature des autres, est sans venin & Philanthrope; de sorte que s'il voit quelque hôme endormy dans vn pré, & en dâger d'estre atteint de la morsure de quelque serpent veneneux, il l'esueille doucemét en se glissant sur son visage, afin qu'il se garantisse de la picqueure mortelle qui le va menaçant. Le Sauueur en l'Euangile se compare au serpent d'airain exalté par Moyse au desert, & est appellé *vermisseau* par Dauid, mais serpent & ver sans venin: au demeurant il est si amateur de

Sicut exaltauit Moyses serpentem in deserto.
Ioan. 3.
Ego vermis & non homo.
Psal. 21.

sur le Cantique des Cantiques. 237

l'homme, que non content d'auoir donné ſa vie & prodigué ſon ſang pour ſon rachapt, il ne laiſſe par de continuelles inſpirations, qui ſont autant de ſpirituelles gliſſades, de l'eſpoinçonner, afin qu'il ſe reſueille du ſōmeil lethargique du peché, *de peur que ſes yeux ne s'endorment dans l'eternelle mort*, & afin qu'il retourne à la terre promiſe de la grace, par le deſert de la Penitence : Penitence qui le remplira d'autant de gloire & d'honneur, que les fers de l'eſclauage du peché le couuroiēt d'infamie. Or puis que la Penitence eſt vne eſpece d'innocence, ſaluons la mere d'innocence, pour parler de la Penitence. *Aue Maria.* Illumina oculos ne vnquam obdormiā in morte. *Pſal.* 12.

IE *me ſuis conuerty en mon affliction*, dict le Pſalmiſte Roy, *tandis que ie ſuis trauersé de la pointure de l'eſpine*. Certes ceſte verité ſe manifeſte en ceux, qui eſtans aueuglez en leurs deſbauches durant le temps de la ſanté, ſans aucun ſouuenir de Dieu ny de l'autre vie, reclament le ſecours d'enhaut, ſoudain que la maladie les couche de leur long, & les eſtend contre terre. *Ad Dominum cum tribularer clamaui, tribulationem & dolorem inueni, & nomen* Pſa. 31.

Domini inuocaui. Tandis que les voiles de noſtre Prophete ſont bouffies & enflees du doux vent des proſperitez, ne voyez-vous pas que par vne deſloyale meſcognoiſſance, il ſe plonge dans l'adultere & l'homicide, *n'ayant plus Dieu deuāt les yeux.* Mais ſi toſt que Nathan enuoyé de Dieu, vient percer auec la lancette d'vn ſalutaire reproche l'apoſtume qu'il couuoit dās le cœur, ſe voyant deſchargé de tant de pus & d'ordure, & la veuë recouurée par le fiel de ceſte amertume, auſſi toſt il a recours à la Penitence, pour purger l'enormité de ſes crimes, *Tribulatio & anguſtia inuenerunt me, & lex tua meditatio mea eſt.*

{Non propoſuerunt Deum ante conſpectū ſuum. Pſal. 51.}

{Pſal. 118.}

Combien de fois ſentons-nous de pareils effects, ſans produire vne ſemblable repentance: car ou les maladies ou les afflictions nous oppreſſent ſouuent, ſans eſtre pour cela preſſez à recognoiſtre ceſte main paternelle, qui ne nous chaſtie que pour nous corriger, & non pas pour nous perdre : Retenus quelques fois par ie ne ſçay quelle honte imaginaire, que l'ennemy de noſtre ſalut forge en la Penitence pour nous en deſgouſter ; bien qu'au rebours l'ignominie ſoit dans les

sur le Cantique des Cantiques. 239

liens du peché les cordeaux de l'iniquité, & la gloire dans la deliurance que nous donne le repentir. Et ie vous prie, qui seroit si dépourueu de iugement que d'estimer la vie d'Israël dans le desert, moins honorable que celle qu'il trainoit soubs la barbare seruitude de Pharao. Et afin de vous grauer ceste verité en l'ame, ie vay vous monstrer, mes chers Auditeurs, l'honneur de la Penitence, tant de la part de Dieu que de celle des hommes.

Funes peccatorū colligationes iniquitatis.

I.

De la part de Dieu, ouy : car ceste Diuine bonté, dont l'œil tousiours veillant, *& qui ne dort iamais en gardant Israël, regardant du haut des cieux sur les enfans des hommes*, est aussi ayse de *les voir retourner de leur mauuaise voye, que fasché de les voir decliner inutilement au mal, sans operer ny rechercher le bien.* C'est ce bon Pasteur qui demeine si grande ioye en l'Euangile, sur le recouurement de l'oüaille esgarée. Et ie vous prie, si nous solemnisons auec allegresse en l'Eglise militante les mysteres de nostre salut, estimons-nous que Dieu ne soit pas bien content, de voir en la conuersion des pecheurs l'efficace de son sang employée, qu'il a suffisamment, voi-

Non dormitabit neq; dormiet, qui custodit Israël. Psal. 120. Dominus de cœlis prospexit super filios hominum. Omnes declinauerūt, simul inutiles facti sūt. Ps. 13.

re surabondamment respandu par *une redemption copieuse, pour nous lauer de nos pechez.*

Psal. 120.

A la naissance du Sauueur en terre dās la grotte de Bethlehem, les Anges chanterent dedans les airs ce bel air, *Gloire à Dieu aux lieux tres-hauts, & la paix en terre aux hommes de bonne volonté* : & pensez-vous que ces celestes Esprits, autant desireux de nostre bien, que les Demons de nostre perte, n'ayent pas vne pareille allegresse quand ils voyent le Sauueur *se formant*, & cōme renaissant dans le cœur des pecheurs conuertis ? C'est pour cela que l'Euangile nous apprend, *qu'il y a grāde ioye au Ciel parmy les Anges sur vn pecheur qui vient à Penitence.*

Donec formetur in vobis Christus. Galat. 4.

Que si les pecheurs icy bas font la feste des Saincts le iour qu'ils sont receus en la gloire; pensons-nous que les Saincts qui sont dans le comble de la parfaitte Charité, ne facent pas vne feste speciale quand le pecheur est remis en grace, grace auāt-courriere de la gloire.

Mais pourquoy les Anges & les ames bien-heureuses font-elles si grande feste en la conuersion des pecheurs, sinon parce qu'ils se resiouyssent de voir la gloire
de

sur le Cantique des Cantiques. 241

de Dieu amplifiee, & son nom d'autant plus sanctifié? Sinon parce que sa *misericorde est exaltee par dessus son iugement & sa magnificence*, en ce grand œuure de la iustification du pecheur, *relevee par dessus tous les Cieux?* sinon parce que *le nombre de leurs freres & associez se dilatte?* sinon parce que les sieges vuides se remplissent, & s'il faut ainsi dire se remparẽt les breches du Paradis, prouenües de la cheute des Anges rebelles & reuoltez? Sinon parce que l'vnion des deux Eglises militante & triomphante, & la Communion des Saincts est si estroitte, que l'aduantage de l'vne est la resiouyssance de l'autre? {Elauata est magnificẽtia tua super cœlos, Psal. 8.}

Que tardõs-nous doncques, ô pecheurs, de donner par nostre desiree conuersion, ceste satisfaction a ce bon Dieu *longanime grandement misericordieux, qui nous a si long temps attendu à repentance*? ceste allegresse aux Anges, qui ne respirent que nostre association, ce contentement aux ames des Saincts, qui ne souspirent qu'apres l'accomplissement du nõbre de leurs freres, & que la derniere main soit mise au bastiment *de ceste celeste Hierusalem, qui est edifiee comme vne cité, où doiuent monter &* {Longanimis & multũm misericots. Psal. 102. Expectans peccatores ad pęnitentiam. Hierusalẽ quæ ædificatur vt ciuitas. Ps. 121.}

habiter diuerses tribus pour le tesmoignage d'Israël pour loüer le nom du Seigneur, & qui ne demandent que la paix eternelle pour leurs freres & pour leurs prochains.

Tel qu'apres de furieuses tēpestes & des orages creuez, paroist le Ciel riāt & serain, baloyé tout autour de nuages & d'obscurité; telle paroist l'ame deuant les yeux de Dieu & de ses Anges, quād apres les bourrasques des passiōs qui l'auoiēt detraquee du sentier de Iustice, elle reuient au port de salut, soubs le calme d'vne saincte repentance. Car lors le gracieux rayon de la grace venant à redorer sa volonté en chasse l'hyuer horrible du peché, pour y faire naistre le printemps des desirs, printemps qui esclot mille fleurs de bonnes pensees, & ces fleurs engendrent les fruicts des bonnes œuures en leur saison.

Iam hyems transiit; flores apparuerunt in terra nostra. Cant. 2. Et flores fructus parturiunt. Cant. 7.

Que ce Soleil est gracieux qui nous essuye apres le triste naufrage de l'iniquité: de quelles acclamations d'allegresse ne deuons-nous faire retentir les voutes de ce Ciel fauorable qui nous prend à mercy, & qui n'a pas permis *que venus en haute mer, la tourmente nous aye engloutis: mais qui nous a faict trauerser ce torrens grossy d'eaux intolerables.* Quelles hosties de loüan-

Veni in altitudinem maris, & tempestas demersit me. Psal. 68.

sur le Cantique des Cantiques. 243

ge ne deuons nous sacrifier à celuy qui a brisé nos liens, puisque c'est ce Dieu qui nous a tirez de l'Egypte de l'iniquité, & de cet infernal esclauage. <small>Torrentem pertransiuit anima mea, forsitâ pertransisset anima mea aquam intolerabilē. *Psal.* 123.</small>

Beau rayon de la grace, qui changes nostre bouë en feu, comme du temps des Machabees, nostre terre en or, ce que faict le ray du Soleil dans les minieres. Rosée celeste, qui fais que la mauuaise odeur de nostre interieur, plus desagreable que celle de la ronce Aspalathus, se change en vn parfum, qui passe la soueftueté des roses & des lys.

Certes la maison de la Penitence est la demeure de cet admirable potier, qui sçait changer les vases de honte en vaisseaux d'honneur, & dont les fourneaux amoureux peuuent faire d'vne cendre noirastre vn verre transparent. <small>Descēde in domum figuli. *Hier.* 18.</small>

O femme (disoit le Sauueur à ceste Samaritaine, qui deuoit en vn moment décroistre le nombre des pecheresses, pour augmenter celuy des penitentes,) *si tu sçauois le don de Dieu*; si tu sçauois d'où la diuine bonté te va retirer, & à quelle gloire tu vas estre esleuee; si tu sçauois l'auantageux changement que la droitte du Treshaut va operer en toy. <small>Mutatio dexterae excelsi. *Psal.* 76.</small>

Q ij

Mais pour ne filer pas de longues excellens portraicts de la Diuine misericorde, qui reluisent aux grands pecheurs, que la Penitence a non seulement deliurez de l'ignominie de leurs honteuses fautes, mais releuez au feste d'vne treshaute gloire; il ne faut que ietter les yeux sur vn S. Pierre renegat, constitué chef du College Apostolique; sur vn Mathieu vsurier, augmentant sa qualité d'Apostre de celle d'Euangeliste ; sur vn Paul persecuteur des Chrestiens, deuenu vase d'elite; sur vn Thomas Apostat, priuilegé de ceste grace, de toucher les mains & le costé du Sauueur ; sur vn Larron repentant, auquel le Paradis est promis aussi tost qu'il le demande ; sur les Disciples d'Emaüs, qui par vne miraculeuse Communion sont gueris de leur Apostasie; sur vn Prodigue enfant remis en son premier honneur, & reuestu en sa Penitence d'vne robe qu'il n'eust osé esperer en l'estat de son innocence ; sur vn Dauid couronné de gloire & d'honneur, apres que Dieu eust aboly son peché; sur vn Cyprian qui de sorcier infame, deuient vn Martyr triomphant; sur vn Augustin qui de destructeur du Temple de Dieu, deuient pilier de l'Eglise : En fin sur vne Magdeleine, dont l'exemple paroist entre tous les Penitens, comme vn grand Astre en vne claire nuict, ou comme vn croissant qui remplit son rond parmy les autres Astres. C'est ceste triomphante Repentie, qui a noyé dans la mer de ses pleurs les aduersaires de son salut, & estouffé dans ces eaux salutaires les dragons qui la deuoroient. C'est ceste Royne des Penitentes, laquelle *ayant esté tenebre est deuenuë vne lumiere en Dieu*, & dót les pleurs comme la source de Mardochée se sont changez en vn luisant Soleil. Si qu'vn Pere ancien a dict d'elle, qu'elle precedera dedans le Ciel beaucoup de Vierges, qui certes auront eu plus de pureté, mais non pas tant de ferueur & d'amour, fondé peut estre sur ce qui est dict, que plusieurs *viendront de l'Orient & de l'Occident, qui deuanceront au Royaume des Cieux les enfans de lumiere* : Ou sur la parabole des dix Vierges, dont les cinq moins aduisees furent excluses de la nopce, non faute d'integrité, mais pour le defaut de dilection, denottée par l'huille de la lampe. O que la Penitence est admirable, qui nous peut *rendre les annees que les*

Contribulasti capita draconum in agnis.
Psa. 73.

suistis aliquando tenebræ, nũc autem lux in Domino.
Eph. 2.

Reddã annos quos comedit locusta.
Ioel. 2.

Q iij

sauterelles ont brouté, & nous faire faire vn tel progrez dans la grace, que nous nous trouuerons fort aduancez en la gloire.

Les Lacedemoniens auoient raison de mettre aux premiers rangs du second cóbat, ceux qui auoient fuy au premier, parce que le desir de regaigner leur honneur perdu les rendoit plus auantureux, & redoubloit leur courage, les picquoit à produire des efforts extraordinaires, & à mespriser le peril. Et c'est ceste mesme raison qui faict que nous lisons les plus signalees Penitences auoir esté pratiquees par ces Saincts, qui auoient commis les plus lourdes fautes. Fautes que l'on peut nommer en quelque sens heureuses, puis qu'elles ont produit de si admirables effects; comme S. Gregoire appelle celle d'Adam, pour auoir attiré sur la terre le Redempteur de l'Vniuers.

II.

Et suyuant cet esprit, ce n'est pas sans raison que la B. Therese se disoit tirer plus de deuotion de la vie des Saincts, qui auoient esté gráds pecheurs, parce qu'elle y voyoit plus clairement briller les rayós des Diuines miséricordes. Et tout ainsi que l'abeille faict son plus doux miel de

sur le Cantique des Cantiques. 247
l'herbe plus amere; ainsi la plus signalée Penitence tire son origine des plus enormes pechez, estant raisonnable en termes de iustice, que la peine aye de la proportion auec la coulpe, afin que la douleur de la souffrance efface la douceur des delices.

Mais pour ne me ietter point à l'escart de ma proposition, & faire voir clairemét que mesmes deuant les hommes la Penitence, bien qu'elle presupose le peché, est honorable, Qui ne me confessera que les fautes de ces grãds pecheurs signalez en Penitence, dont nous auons tantost faict vne si longue liste, sont comme des tenebres effacees par la lumiere de leur repentir? Lisez les Confessions de S. Augustin, & puis dittes moy si sa recognoissance ingenuë ne vous faict pas honorer ce sainct personnage plustost que le mespriser, *pour les delicts de sa ieunesse, & les erreurs de son adolescence.* Quand nous lisons vn S. Paul, qui s'estime indigne du nom d'Apostre, pour auoir persecuté l'Eglise de Dieu, en verité, ne nous edifie-t'il pas par son humble repentir, plustost que de nous scandaliser par le faux zele qui le portoit à la defense *des traditions de ses Pe-*

Q iiij

Zelator su-
pramodum
paternarũ
traditionũ.
Galat. 1.

res. Qui ne voit que les larmes de S. Pierre, sont bien plus dignes de consideration que son reniëment? Ces pleurs nous sont vne eau d'oubly, qui efface sa faute de nostre souuenance.

Les Escuyers font estat de ces cheuaux qui portent empraintes sur leur peau les morsures des loups, parce qu'ils les estiment plus remplis de fougue que les autres, & plus brusques pour le maneige. Et qui ne sçait que les gens-d'armes tirent leur gloire de leurs cicatrices? *Ie me glorifieray*, dict S. Paul, *en mes infirmitez*, i'entends bien corporelles pour exercer la patience, mais pourquoy non des spirituelles, pour exercer plus fortement la Penitence? *O Seigneur*, chante le Roy des Penitens, *i'ay peché contre vous & deuant vous, & mon peché est tousiours deuant moy*. Aussi voyez l'effect où le porte ce regard: *Voyla que ie suis preparé aux foüets, parce que ma douleur est tousiours deuant ma face*.

Le criminel que ses forfaicts trainent au supplice, ne laisse de nous donner de la pitié par sa contenance triste & miserable, bien qu'il aille à la mort contre son gré: Combien plus nous doit donner de commiseration celuy qui criminel de leze

Psal. 50.

sur le Cantique des Cantiques.

diuine Majesté preuenant la Iustice du Ciel, se punit par ses propres mains, *Faisant vn sacrifice volontaire, & chastiant son corps par vn dur esclauage?* Et c'est ceste pitié *qui change nos liens en honneur*, & qui nous faict recognoistre que comme c'est vne ignominie de demeurer dans le peché; c'est vne gloire de s'en deporter par la Penitence. Socrates à vn ieune homme honteux de ce qu'il l'auoit veu sortir d'vne tauerne, Mō enfant, luy dit il, il ne faut pas rougir d'en sortir, mais d'y entrer. Allons donc, mes freres, glorieusement & la teste leuee à la Penitence, resolus de luy sacrifier honorablement nos trauaux & nos peines, *Que nos membres qui ont seruy au peché, & à l'immondicité, seruent desormais à la pureté, & à la Iustice.* C'est à quoy le sainct Espoux conuie amoureusement & tendrement la Sulamite, c'est à dire l'ame oublieuse de son salut, la rappellant deuant sa face, pour changer par son regard ses laideurs en beautez, ses miseres en felicité, son ignominie en honneur, sa repudiation en grace, & ceste grace en gloire.

Voluntariè sacrificabo tibi.
Psal. 53.
Castigo corpus meum.
1. *Corin.* 9.
Funes ceciderunt mibi in præclaris.
Psal. 15.

Du Retour de l'ame à Dieu.

HOMELIE XVI.

Reuertere Sunamitis, reuertere, reuertere, vt intueamur te. Cant. 6.

LE rappel tant de fois reiteré, tesmoigne l'ardāt amour de celuy qui reclame & la volontaire surdité de celle qui est reclamee. O Dieu que vostre bonté est grande, que nostre malice est extreme. Bien que nous faciōs la sourde oreille, vous ne cessez de nous appeller, & nostre obstination serre la porte de nostre cœur où vous frappez continuellement: ne vous lassez pas de nous faire du biē au milieu de nos maux, rappellez nous tousiours du precipice de nostre ruine, & faictes que vostre patience dompte nostre acariastrise. Le diamāt se brise auec difficulté: mais aussi quand il se brise, il se puluerise. En fin les cœurs diamantins cedent aux coups de la grace efficace: *Domine contere brachium peccatoris*

& maligni, quaeretur peccatum illius & non inuenietur. O qui nous donnera ceste conrrition salutaire qui poudroye, qui foudroye, qui reduit le peché au neant, & qui faict ce ciment admirable, qui resiouït nos cœurs à Dieu, par ce retour amoureux dont ie vay vous parler si la Vierge nous assiste. *Aue Maria.*

COmme le peché, ce triste auorton de l'abysme, ce tison des flammes infernales, n'est autre chose qu'vn destour du Createur, & vn regard vers la creature ; aussi la Penitence son antidote, n'est autre chose par contrepied qu'vne auersion de la creature, & vne conuersion au Createur : c'est pourquoy nous lisons si souuent aux sacrees Pages, *Conuertissez-vous à Dieu de tout vostre cœur. Hierusalem conuerty-toy au Seigneur, que le meschant delaisse sa voye, & l'impie ses pensees, & se conuertisse à Dieu.* Et c'est en ce Retour de l'ame à Dieu que consiste le grand chef-d'œuure de la Penitence, qui par vne soudeure de Charité, & vn ciment de feu reünit nostre cœur à son principe : mais comme cest œuure est grand, aussi est-il difficile, & puis qu'il est difficile, nous devons d'autant plus soigneusemét conseruer en nous ceste conuersion de cœur, quand nous l'auons vne fois rencontrée, & y perseuerer constamment. Sur cela ie vous vay briefuement entretenir.

I.

Que la conuersion d'vn cœur saisi de la dureté du peché, soit vne chose difficile, il est aisé à conclure, en ce que c'est vn des plus grands ouurages de la puissance, sagesse, & bonté de Dieu. Ie dis puissance, parce que sans l'ayde de la grace nous ne sçauriós nous releuer de la cheute du peché. *Ta perte vient de toy, ô Israel! & ton ayde de moy*: nous allons seuls à ce desastre, mais nous n'en reuenons pas: Ainsi il est aisé de descendre, difficile de remonter, voire impossible aux corps humains, *Il faut qu'en ceste besoigne Dieu œuure puissamment en son bras.* C'est ce qui faisoit dire à Dauid, *O Seigneur, reueillez vostre puissance, & venez pour nous sauuer.* Et encores, *Que Dieu se leue, & ses ennemis*, qui sont les pechez, *seront abbatus.* Il faut bien que la puissance marche, puis qu'il est besoin de destruire vne faute infinie, à raison de son object; & comme elle est commise

Spiritus vadens & non rediens Psal. 102.
Fecit potentiam in brachio suo.
Luc. 1.
Excita potentiam tuam & veni, vt saluos facias nos.
Psal. 79.
Exurgat Deus, & dissipentur inimici eius. Ps. 67.

sur le Cantique des Cantiques. 253

contre Dieu, Dieu seul la peut pardonner & rendre abolie.

Certes Dieu eut beaucoup meilleur marché (s'il faut ainsi dire) de la creation du monde que de son renouuellement: car ne trouuant aucune resistance en ce qui n'estoit pas, il n'employa qu'vne parole pour faire ce grand vniuers, *Il dit, & tout fut faict, il commanda, & tout fut creé*: grande docilité en ce qui se tiroit des tenebres de l'inexistance. Mais en la conuersion d'vne ame, ô qu'il trouue d'opposition de la part de nostre frachise, laquelle debilitee, mais non pas perduë par le peché du premier homme, a des inclinations qui combattent ses inspirations, nostre partie inferieure excitant mille reuoltes & rebellions contre la susuperieure.

Et c'est en ce contraste que paroist la sagesse auec la puissance: car celle-cy *atteint puissamment à son but*, mais celle là *dispose le tout auec suauité*; Car la sagesse diuine sçait si dextremét manier nostre cœur, qu'elle l'attire sans l'entrainer, le violente sans violer sa volonté, & le presse sans oppresser sa liberté; doucemét, mais fortement, d'vne puissante douceur, d'vne suauité

Attingit à fine vsque ad finem fortiter & disponit omnia suauiter. Sap. 8.

extremement forte : car bien que nostre volonté se rende à ses attraicts, en estant comme preuenuë, liee, enuironnee ; c'est neantmoins de telle façon qu'elle peut, si elle veut, resisterà ce qui l'emporte, & arrester tout court le doux effort qui l'emmene. La reiteration de ceste parole, *retourne*, semble presser la Sulamite, si est-ce que ceste Espouse tesmoigne bien sa liberté, puis que negligeant de se leuer pour ouurir à son Amant qui frapoit à sa porte, elle le laisse passer outre sans sortir de son lict.

La bonté aussi esclatte en cét œuure de la iustification du pecheur, quant & la puissance, & la sagesse, en ce que nonobstant tous nos refus, nos coniuences, nos nonchalances, & les intelligences que nous pratiquons auec les tentations ennemies de nostre salut, ce cher Espoux rejetté tant de fois, ne laisse de perseuerer auec vne patience incroyable, à nous rendre tous les bons offices dont il se peut aduiser pour nous remettre au train de salut.

Vous diriez que par vn progrez insensiblement sensible, il se plaise à gaigner pied à pied ceste forteresse de nostre

sur le Cantique des Cantiques. 255

cœur rebelle à ses loix, pour y planter l'estendard de sa volonté. Que comme vn peintre industrieux, il s'estudie peu à peu à restablir en nous son image défigurée par la souïlleure de l'iniquité; Que comme vn Chirurgien expert il estende sa main charitable à ressouder doucement les playes de nos ames; Que côme l'ourse par ses allechemens il forme en nous l'image de celuy auquel nous deuons estre conforme, si nous voulons entrer en la gloire. Somme sa grace est si gratieuse, qu'elle ne gaste rien en l'œconomie de nostre franchise, sans perdre vn seul brin de l'empire de sa douceur. Aussi Dieu se plaignant de ce que l'on se pert, nonobstant ses attraicts, dict à l'ame ingratte, sous le nom de *Hierusalem*, *que maintesfois il l'a voulu ramasser sous ses aisles, comme la poule ses poussins, mais qu'elle n'a pas voulu.*

Vocabitur voluntas mea in ea. *Esai. 62.*

Donec formetur in vobis Christus. *Galat. 4.*
Voluit nos conformes fieri imaginai filij sui. *Rom. 8.*

quoties volui congregare te sicut gallina congregat pullos suos *Mat. 23.*

Souuent on secouë rudement les lethargiques pour les resueiller, on frappe les pasmez, on les frotte de vinaigre pour les faire reuenir; mais quand le mal surmonte le remede, on les laisse en leur assoupissement. S. Augustin compare les eslans de la grace, & ses foibles consentemens aux debiles efforts de ceux qui accablez de sommeil se r'endorment en se pensant leuer. Que si la puissance, la sagesse, & la bonté diuine employe tant d'industrie pour r'appeller le pecheur à Penitence, si que le Sauueur considerant l'image du pecheur endurcy & enuieilly en son iniquité, en la resurrection du Lazare, crie bien haut, fremit, & plore sur son tombeau; combien estimerons nous que la conuersion d'vne ame soit vn œuure difficile?

Aussi nostre Amante ne retrouue elle son Espoux qu'apres auoir beaucoup couru & rodé, apres beaucoup de sueurs & de peines, apres auoir esté non pas violee, mais volee, battuë, excedee par les gardes de la ville, & souffert mille & mille trauerses.

Moyse ne vit Dieu qu'apres auoir beaucoup enduré; Dauid n'eust Michol qu'apres beaucoup de sang, de carnage, & de risque; Iacob Rachel, qu'apres plusieurs fatigues; le Prodigue, la belle robbe, qu'apres beaucoup d'abiection; Noé le rameau de paix, qu'apres les terreurs du deluge: Et l'ame n'a le rameau de reconciliation auec son Dieu, & ne retourne en sa grace,

sur le Cantique des Cantiques.

la grace qu'apres beaucoup de langueurs & de souffrances.

II.

IVgez par là combien la conseruation d'vn bien doit estre precieuse, dont l'acquisition est si difficile; *Et si quand on a trouué le lieu où l'espoux repaist & repose au mydy, on ne s'y doit pas tenir, si apres l'auoir rencontré, on ne doit pas se coler à luy inseparablement.* O qu'il est amer d'auoir laissé son Dieu, & qu'il est bon de luy adherer, & de mettre en luy son esperance. O Seigneur, que i'ayme vostre loy immaculée, qui conuertis les ames, non mon Dieu, ie n'oublieray iamais vos iustifications, car par elles vous m'auez donné la vie. Ie veux que l'eau de mes larmes penitentes, amares comme de l'allun liquefié, efface à iamais ces miserables caracteres de la paction, que par mes pechez i'auois faicte auec la mort & l'Enfer.

Ce n'est pas le tout, tres cheres ames, de se retourner vers Dieu: mais c'est le principal de demeurer, fermes, & perseuerer en ce retour: car si l'amitié qui peut finir, selon le prouerbe Toscan, ne fut iamais veritable, comme appelleronsnous ceste Penitence qui est suiuie d'vn

Indica mihi vbi pascas, vbi cubes in meridie.
Cant. 1.
Inueni quem diligit anima mea, tenui eum, nec dimittam.
Cant. 3.
quam amarum est dereliquisse Dominum Deum suũ.
Ierem. 2.
Mihi adhærere Deo bonum est.
Psal. 72.
Lex Domini immaculata cõuertens animas.
Psa. 18.
Ps. 118.
Pepigimus fœdus cum morte & cum inferno fecimus pactum.
Esa. 28.

R

foudain retour au vice, sinon vn simulachre, vne idole, vn masque de Penitence. O chiés qui reprenez vostre vomissement, ô pourceaux qui vous replongez dans vos ordures anciennes, vous estes des animaux immondes, qui estes indignes d'estre receus aux sacrifices de Metance. Non ja que ie vouluße tôber dans l'iniuste rigueur de ces Heretiques anciens qui excluoient du benefice de l'absolution, les pecheurs recidiuans : mais certes il y a bien du danger que ceux-là ne meurent miserablement qui tournent le remede en venin.

Ils se seruent de la Penitence comme d'vn bain, pour se descrasser : mais au sortir de là ils reprenent leurs habits, c'est à dire leurs anciénes habitudes deprauees: si que l'on peut dire d'eux, *que c'est vne generation qui s'estime nette, bien qu'elle soit pleine d'ordure & d'immondicité*. Sainct Paul reprend aigrement les Corinthiens, de ce qu'apres leur Baptesme, & la reception de la foy Chrestienne, ils pratiquoient encores les vices des Gentils : *I'entends*, dit-il, *que parmy vous il se commet vne fornication, qui seroit en horreur aux Payens*, parlant d'vn fornicateur incestueux. Certes

sur le Cantique des Cantiques. 259

celuy qui *met la main au soc, & regarde en arriere*, c'est à dire, reprend ses premieres erres ou erreurs, *n'est pas digne du Royaume de Dieu.* — Nemo mittens manū ad aratrum & respiciés retro, aptus est regno Dei. *Luc.* 9.

Le criminel qui a receu grace de son Prince, retournant au mesme delict, n'est plus gratiable, *& ceste seconde faute pire que la premiere* aggraue bien fort son ingratitude & sa desloyauté. Ie sçay que la misericorde diuine est infinie, mais pour cela faut-il que *les superbes multiplient leurs iniquitez* ? Quelle maxime abominable est celle-là, parce que Dieu est extremement bon, ie peux estre extremement meschant. Si le diable estoit vne seule fois capable de Penitence, il se rendroit tellement constant & inuariable au bien, que iamais il ne recidiueroit, ny retourneroit au mal. Que l'infirmité humaine est miserable, d'estre sujette à tant de rechoutes, il la faut accuser pour nous excuser, si encores l'on peut sans offence, *ie cherche des excuses au peché.* Hé, Seigneur, nous sommes des roseaux agitez du vent, mais prenez-nous en vostre main comme vn sceptre, ô mon Sauueur, & nous deuiendrons auec vostre assistance, des pilliers inebranslables. *Celuy qui vaincra*, dites-vous, *ie le fe-* — Psal. 118.

Ad excusādas excusationes in peccatis. *Psal.* 140.

Qui vicerit faciam illū columnam, *Apoc.* 3.

R ij

Vincenti dabo manna absconditum, nomen nouū, & calculum candidum. Apoc. 2.

Nō regnet peccatum in vestro corpore. Rom. 6.

Psal. 1.

Plantatus in domo Domini in atrijs domus Dei nostri florebit. Psa. 91.

Psal. 84.
Psal. 104.

ray vne colomne en ma maison: ouy le vainqueur des tentations & du peché, *aura la Manne cachee, vn nom nouueau, & vn mereau blanc*. O que bien-heureux est celuy lequel vne fois eschappé *des liens du peché, ne permet plus qu'il regne en son cœur, & qui pour cela ne se trouue plus en l'assemblee des peruers, fuyant leur train* & les occasions de mal faire, *mais qui mettant sa volonté en l'obseruance de la loy de Dieu, y medite la nuict & le iour. Il sera comme vn bel arbre planté sur les plains courans de la grace, qui porte du fruict en sa maison, & dont les fueilles tousjours verdoyantes, ne craignēt point les cheutes de l'Automne*, ny les rigueurs de l'Hyuer, *planté dans la maison de Dieu, il florira dans les parvis du Seigneur*. Il ne sera pas comme ces plantes miserables, qui trop souuent trāsplantees seichent à la fin pour ne pouuoir ietter leur racines en aucū lieu: mais cōme ces Persiques veneneuses dans leur folage natal deuiennent vtiles transmises en vn autre territoire; ainsi son cœur tout remply de poison dans le terrein du monde se fera bon & sain trāsposé *dans la terre beniste* de la grace, *où finit la captiuité de Iacob: où se remet l'iniquité, & où le peché se couure*: C'est là que l'on *benit ce bon Dieu,*

sur le Cantique des Cantiques. 261
qui est propice à nos fautes, qui guerit toutes nos infirmitez, qui retire nostre vie de la mort, & qui nous releve des portes de l'eternelle damnation.

Qui exaltat me de portis mortis. Psal. 9.

Certes, si nous voulons estre vrais imitateurs du Sauueur, en l'imitation duquel consiste nostre perfection; quand vne fois par vne resolution ferme & asseuree, nous nous serons attachez auec luy en la Croix par la Penitence, nous y deuōs demeurer iusques au dernier souspir, sans prester l'aureille à ces syreines du monde, du sang & de l'Enfer, qui nous crient, comme ces Iuifs au Sauueur Crucifié, *Descens de la Croix*. C'est en ce Caluaire douloureux & penible, neantmoins plein d'Amour & de feu, que la fidelité courageuse nous doit tirer les mesmes mots que l'aise & le rauissement tira sur le Thabor de celle de sainct Pierre, *O qu'il faict bon icy, c'est icy mon repos pour le reste de mes iours; i'habiteray en ce lieu où i'ay esleu ma demeure*. C'est en ces embrasemens que ie veux trouuer mon refrigere, dans le trauail ma paix, dans ces larmes ma ioye.

Christo cōfixus sum cruci. Galat. 2.

Si filius Dei es, descende de cruce. Mat. 27.

Bonum est nos hic esse. Mat. 17. Hæc requies mea in sæculum sæculi. Psal. 131.

Puis que i'ay vne fois retiré ma foible

R iij

nacelle du naufrage qui m'estoit preparé sur la mer du monde, ie veux mouiller l'ancre pour tousiours à ceste rade de la Penitence, & ne m'embarquer iamais en vne si perilleuse nauigation, où il y va de la ruine eternelle; comme le sel sorty de la mer, ie n'y veux plus retourner, de peur de m'y refondre: que si i'ay à viure dans la saleure de la Penitence, ce sera comme le poisson de mer, pour ne gouster iamais les eaux douces, mais fades, des voluptez terrestres. Me souuenant pour empescher ma recheute de ceste redoutable parole de celuy qui doit vn iour iuger les viuans & les morts : *Ne pecche plus, de peur que pis ne t'arriue*; car les recheutes spirituelles ont cela de dangereux, qu'elles sont beaucoup pires que le premier mal; *Fiunt nouißima peiora prioribus*. Si nous apprehendions comme il faut ceste verité, bien qu'amere comme l'absynthe, elle nous seruiroit comme de chicotin pour nous seurer à iamais de ceste dangereuse mammelle du monde, où nous succons aueuglement vn laict douceteux, où est caché le venin qui nous empoisonne.

Noli am-plius pec-care ne deterius tibi contingat. Ioan. 5.

sur le Cantique des Cantiques. 263

Du secours divin aux extremitez.

HOMELIE XVII.

Paululum cum pertransissem eos, inueni quem diligit anima mea. Cant. 3.

LA bague suspenduë au bout de la lice, ne s'emporte qu'à la fin de la carriere, & la pierrerie destinee pour celuy qui aura mieux couru, ne se distribuë qu'apres toutes les courses: c'est pourquoy il est dict que la fin couronne l'œuure. Il semble que Dieu procede ainsi en la dispensation de sa grace, ne la donnant qu'à l'extremité du trauail, & ne prestant son secours qu'au periode de la necessité. *Tous courent au stade*, dit l'Apostre, *mais courez en sorte que vous emportiez le prix*. *Moy mesme*, dit-il de soy, *i'ay combatu un bon combat, i'ay parfourny ma course, i'ay gardé ma foy, il ne me reste que la couronne de Iustice que i'attends de l'equitable Iuge.* Nostre Espouse experimente ce procedé, ne rencontrant son Espoux qu'apres des questes, des

Qui in stadio currunt omnes currût, sic currite vt côprehendatis brauium 1. Cor. 9. Bonû certamen certaui. 1. Tim. 4.

R iiij

poursuittes & des trauaux incroyables, en fin elle cherche auec tant de perseuerance, qu'elle trouue celuy qu'elle cherit plus que soy-mesme, puis qu'elle estoit hors de soy, quand elle estoit hors de luy. Si nous desirons la grace auec autant de feruear, sans doute nous l'obtiendrons, si encores nous y adioustons la ferueur de la Mere du bien-aymé. *Aue Maria.*

C'Est le procedé ordinaire de Dieu, mes tres-chers freres, de ne faire briller la grace de son secours, ou le secours de sa grace, qu'aux extremes necessitez. Nostre Amante ayant declaré à ses compagnes qu'elle *languissoit* d'amour estant toute pantoise & recreuë comme vne biche mal-menée, qui ne respire *que les fontaines des eaux de ce Dieu fort & viuant*, en fin elle le trouue, auec protestation de ne lascher plus ceste precieuse prise. Or ie desire en ce discours vous faire voir par exemples ceste façon de faire dont Dieu se sert pour esguiser la vertu & esprouuer la fidelité des siens, & puis nous en chercherons la raison.

Psal. 41.

I.

Voyez vn peu en quelle extremité se trouua reduit Abraham, lors que sa femme qu'il appelloit sa sœur luy fut ostee en Gerara, comme Abimelech Roy de ceste contree, estoit prest de souïller sa couche nuptiale Dieu apparoist en songe à ce Prince, & luy commanda de rendre ceste espouse à son mary. Ce mesme Patriarche experimenta bien mieux ceste Diuine grace, quand sur le poinct de deslacher le coup meurtrier sur la teste de son fils, il entend la reuocation de cet arrest qui luy auoit faict par l'espace de trois iours remascher l'amere pesee de la mort de celuy qui luy estoit plus cher que sa propre vie, & auquel Dieu luy auoit promis de multiplier sa semence à milliers.

Iacob n'estoit-il pas aux portes d'vne agonie inconsolable, quand il fut bienheuré de ceste vision mysterieuse de l'eschalier de Bethel? Mais il estoit reduit en vne destresse bië plus pressante, lors qu'à son retour de Mesopotamie il pësoit trouuer la fin de sa vie en la rencontre de son frere Esau. Vray Dieu, de quelles terreurs de la mort son ame fut-elle saisie, quand il sceut que ce frere cruel qu'il auoit

Gene. 20.
Gene. 22.
Gene. 28.

Gene. 32. supplanté de la primogeniture & de la benediction, auoit iuré en son ire de le forclorre de la maison paternelle, & venoit à luy de droict front, ayāt percé son auātgarde, & sa seconde troupe, prest de le perdre, si la beauté de Rachel, & la grace du petit Ioseph, n'eust en vn instant changé ce courage felon, qui ne respiroit que carnage & que sang: mais le voyla, qui cōme du plomb qui se fond tout à coup, il est metamorphosé en vn clin d'œil, & son cœur creué dans son estomac, se resout en vne douce pluye de larmes qui distille par ses yeux.

Gene. 37. En quelle extremité estoit reduit le petit Ioseph, descendu dans vne vieille cisterne creuassee, où il fust mort de faim, si les marchāds Ismaëlites ne l'eussent achepté en passant? Et en quelle autre se trouuat'il, quand relegué dans vne basse fosse par la fausse accusation de son impudique maistresse, *il se vit ensevely dans les obscuri-*
Gene. 39.
In obscuris *tez, parmy les morts du siecle*, & comme hors
inter mor- d'esperance de rencontrer personne qui
tuos seculi. parlast de le deliurer, & de defendre son
Psal. 142. innocence? Cependant voyla que Dieu,
Oculi Do- *dont les yeux veillent sur les iustes, & dont les*
mini super
iustos. *oreilles sont attentiues à leurs prieres*, lors
Psal. 33.

sur le Cantique des Cantiques. 263

qu'il y pensoit le moins pouruoit à sa liberté par le don de Prophetie qu'il luy auoit communiqué, le releuant en d'aussi hauts degrez d'honneurs auprés de Pharao, qu'il auoit esté raualé dans la misere. *Gene. 41.*

Qui ne diroit à voir le petit Moyse exposé sur le courant des eaux dans vn coffin de joncs, qu'il est abandonné de Dieu & des hommes à la mercy des ondes? & cependant c'est lors que la prouidence Diuine veille plus attentiuement sur cet enfançon, destiné pour estre vn iour le liberateur & conducteur d'Israël: car voila que sur le poinct de son submergement, la fille du Roy d'Egypte se iouant sur les prairies qui tapissoient le riuage du fleuue, apperçoit ce petit enfant, dont le visage agreable & les pleurs enfantins l'esmeurét à pitié, & telle pitié, que non seulement elle le retira de la mort, mais l'esleua soigneusemét & à la Royale, le voulant faire son heritier, si ce sainct personnage *iettant l'œil sur l'eternelle retribution, n'eust mieux aymé estre affligé auec le peuple, que de iouyr des fausses delices d'vn peché passager*. *Exod. 2.*

Maluit affligi cū populo Dei, quá temporalis peccati habere iucunditatem. *Heb. 11.*

Comme Israël estoit au periode de ses

tribulations, & que la cruauté des officiers de Pharao le preſſoit d'ouurages impoſſibles, exigeant pareil nombre de briques pour les baſtimens du Roy, en luy ſouſtrayant le bois pour les cuire, deſia il auoit reclamé le Ciel par mille & mille ſupplications, lequel ſembloit eſtre deuenu de bronze, ſourd & inexorable : & voyla qu'ineſperément & d'vne façon toute extraordinaire, il enuoye le bergerot Moyſe d'vn pays eſtráger, armé d'vne houſſine pour le faire ſortir de ceſt eſclauage inſuportable. Eſt-il ſorty à la faueur des tenebres eſpoiſſes, ſoubs la ſplendeur d'vne Colomne de feu, & arriué au bord de la mer rouge, Pharao le pourſuit auec vne effroyable armee, il ſe voit enclos entre les deux grands fleaux de la vie humaine, la mer & le fer, celle-là engloutiſſant, cettuy-cy deuorant, celle-là menaçant de les ſuffocquer dans ſes ondes rougiſſantes, cettuy cy de les noyer dans les ruiſſeaux de ſon propre ſang. *O Dieu côbien il eſt vray que vous aydez aux opportunitez, & que vous ſecourez aux plus preſſantes tribulations.* Voyla que la mer, plus pitoyable que le fer, fend miraculeuſement

Exod. 13. & 14.

Adiutor in opportunitatibus, & in tribulatione. Pſal. 9.

sur le Cantique des Cantiques. 269

ses ondes, & faict vn passage sec dans ses humides entrailles à tout ce grand peuple, & tandis que le fer veut poursuiure à outrance ceux à qui la mer auoit pardonné, voyla que les flots qui ne s'estoient encroustez en muraille que pour le peuple de Dieu, fondent sur Pharao, & sur ses chariots, si que les *dragons* (armoiries & estendars des Egyptiens) *sont submergez dans le creux de la mer, où ils descendent comme des pierres.* Les enfans d'Israël ayans recognu l'assistance Diuine en cet extreme peril, n'est pas plustost passé dans le desert, que la farine d'Egypte consommee, le voyla assiegé de la faim, sans espoir de tirer aucun aliment de ce terroir desert & solitaire : & voyla pas qu'en ce besoin le Ciel pleut la chair aussi menu que la poussiere, à quoy succede la manne, viande toute celeste & miraculeuse? *O Seigneur vous donnez à manger en temps oportun à ceux dont les yeux esperent en vostre bonté.* Les Israëlites sont-ils oppressez dans Bethulie & prests à se rendre à composition, si le Ciel ne leur donne de l'eau pour reuigorer leur mêbres allangouris & abbatus

Contribulasti capita draconum in aquis. *Psal.* 73.
Descenderunt in profundũ quasi lapis. *Exod.* 15.
Pluit super eos sicut puluerem carnes. *Psal.* 77.
Pluit illis manna ad manducandum. *Psa.* 77.
Oculi omnium in te sperant Domine, & tu das illis escam in tempore oportuno. 144.
Iud. 13.

d'alteration, voyla pas que par la main d'vne vaillante veufue, *la confusion se met en la maison de Nabuchodonozor*, laquelle tranchant la teste du General de l'armee des Assiriens, abreuue ses Concitoyens du sang de leurs ennemis?

Qui ne sçait en combien d'extremitez Dauid, ce grand Prince selon le cœur de Dieu, a ressenty la main fauorable de l'assistance celeste, & au combat de Goliath, & en la rebellion d'Absalon, & en tant d'autres instances? mais pour dire vray, ie n'en trouue point de plus insigne que celle où vne araignee luy seruit de bouclier auec sa toille, contre les attaintes mortelles de Saül, son ennemy capital & irreconciliable.

La pauure Agar apres auoir mangé son pain & beu son eau, se voyant delaissee dans le creux du desert, & abandonnee pour curee à la faim des animaux sauuages, ou en proye à la rage de la faim mesme, sentant ses mammelles taries, viues sources de la vie de son cher Ismaël, qui n'en pouuoit plus espraindre ny laict, ny sang. Ah! dict-elle, se resoluant à vn triste trespas, faut-il que deuant mes yeux perisse le fruict de mes entrailles? *non ie ne*

sur le Cantique des Cantiques. 291
verray pas mourir l'enfāt, elle le met à quar- | Nō videbo morientem puerum. Gene. 21.
tier, & se retire assez loing n'attendant
que la mort, laquelle abhorree de chacun, sembloit tarder à venir à ceste miserable, pour terminer ses douleurs en trā-
chant le fil de sa vie : & ne voyla pas tout
à propos vn Ange de bon conseil, qui luy
donne l'aduis de retourner en la maison
de son Maistre, & de sauuer sa vie en s'hu-
miliant sous la main de sa maistresse Sara?
Elle croit cet aduertissement salutaire, &
retournee elle efface par son humiliation
la disgrace que son orgueil auoit faict naistre.

Regardez vn Elie, lequel fuyant par les
deserts la cruauté d'vne Royne impie &
alteree du sang des Prophetes, las & fati- | Petijt animæ suæ vt moreretur. 3. Reg. 17.
gué, se repose soubs vn Geneure, moins
herissé de pointes qu'il n'estoit percé de
douleurs, demandant instamment à Dieu
qu'il luy donnast la mort : L'ame outree
de desplaisir, & détrempee en de cruelles
angoisses, vn doux sommeil vient siller
ses yeux, & voyla qu'à son resueil il trouue auprés de soy vn gasteau cuit soubs la
cendre, & vn bocal d'eau qui luy fut ap-
porté par le ministere d'vn Ange : il se
refectionne, & trouue tant de force en ce

mets, qu'il chemina en la vigueur de cette viande l'espace de quarante iours.

Qui ne sera saisi d'admiration, voyant vn Daniel au milieu des Lyons affamez, serrant la gueule à ces animaux, que Sanson compare *à la mort qui deuore tout*, qui l'assiste en cét extreme peril, sinon la diuine grace, laquelle ne s'arreste pas, mais d'vne extreme distance de paix, faict apporter à manger à ce Prophete par vn autre dans cette cauerne seellée, le faisant porter à vn Ange par vn seul de ses cheueux, afin de nous faire escrier: *ô Seigneur! vous estes le Dieu seul qui faittes les merueilles*. Et qui verra sans s'estonner le poinct où la chaste Susanne estoit reduitte, sauuee neantmoins de la mort honteuse qui pendoit sur sa teste, par l'industrieuse enqueste du jeune Daniel.

Tu es Deus faciens mirabilia, tu es Deus solus. Psal. 85.

Qui diroit que la pauure Ruth, reduitte au pitoyable exercice de glaneuse, qui est le dernier poinct où la misere puisse releguer vne chetiue creature, elle qui en Moab s'estoit veuë pleine de gloire & d'honneur auec le fils de Noemi, deust estre releuee de ceste vile condition aux costez de ce riche Prince Booz, soubs les seruantes duquel elle se fust estimée heureuse

sur le Cantique des Cantiques. 273
reuse d'estre employé. Et qui verra l'extreme affliction de ces vousues de Sarepte
& de Naim pour la perte de leurs enfans
vniques, & comme elles en sont retirees
par d'admirables resurrections, qui pourra se contenir d'exclamer, *qui dira les puissances du Seigneur, & qui chantera dignement
toutes ses loüanges.*

Ie n'ay iamais faict, si ie veux ensuiure les
exemples de ce diuin procedé, que les
seules escritures me fournissent, ou ceceluy de nostre Amante, qui est clair comme le iour. Mais ie m'apperçoy que vous
m'attendez au pas des raisons, pourquoy
Dieu se comporte de ceste façon, enuers
ceux qu'il veut secourir. Car si celuy-là, selon l'ancien Prouerbe, faict doublement
plaisir qui le faict de bonne heure : comment se peut il faire, que Dieu qui est la
mesme Charité, & doit le pouuoir &
le vouloir marcher en d'vn pied esgal, &
patient en mesme temps, comme l'esclair
& le tonnerre, soit si lent en la distribution de ses faueurs, qu'il estende les extremitez, si la pompe de la dolëance & la confession de nostre foiblesse peut, à pourquoy, ne soit si tost en la fin, puis que

Quis loquetur potentias Domini, & auditas faciet omnes laudes eius.
Psal. 105.

Ne tardes conuerti ad Dominum,
Eccl. 5.
Sine me nihil potestis facere,
Ioan. 15.

nous ne pouvons rien faire sans luy. O Seigneur convertissez-vous à nous, & nous serons convertis. Mais, ô mes freres, *qui cognoist le sens du Seigneur, & qui est son Conseiller?* ne sçauons-nous pas *que ses voyes sont autant esloignées des nostres, que le Ciel est escarté de la terre?* Entre plusieurs raisons qui se peuuent auancer de ceste retardation, i'en ay gousté deux, l'vne de sa part, l'autre de la nostre, que ie vay proposer à vostre Charité.

De la part de Dieu, parce que *tout seruant à sa gloire*, il attend ce poinct là pour la faire esclater dauantage: car qui ne sçait que l'honneur du Medecin s'accroist par la cure des maladies desesperees? Qui ne voit que les sauteurs reculent pour se lancer plus auāt, & que les archers arrierēt le bras pour enfoncer leur fleche plus fortement? Certes comme c'est aux derniers efforts de la maladie, que l'on employe les bezoars & les confections cordiales; aussi la grace, composition celeste, semble se deuoir communiquer au plus pressant besoin. Le Sauueur attendit sur la fin de ses iours à operer ses merueilles, & le premier de tous ses miracles qui se fit en Cana de Galilee, ne fut faict que quand sa

Conuerte nos ad te, & conuertemur, Threnor. 5.
Quis cognouit sensum Domini, aut quis consiliarius eius fuit, Rom. 11.
Quantum distant coeli à terra tantum viae meae à vijs vestris. Esai 55.
Omnia seruiunt tibi, Psal. 118.

sur le Cantique des Cantiques. 273

douce Mere luy vint dire la necessité des
banquetez, *qui n'avoient plus de vin*. Ce fut   *vini vinum*
au periode de la separation de son ame, &   *non habet,*
de son corps que se firent ces espouuanta-   *Ioan. 2.*
bles prodiges, qui sembloient deuoir reduire le monde en son premier chaos.

Et tout ainsi que le Marinier expert attend à desployer ses voyles quãd le vent
est propice & fauorable; ainsi Dieu sçait
bien estaler sa puissance quãd il est temps
de manifester sa gloire.

De la part des hõmes il est fort vtile que
Dieu en vse ainsi, pour les faire *aduancer*
de vertu en vertu. Car tout de mesmes que
la nourrice laisse seul son petit enfant, afin
qu'il s'affermisse les iambes, & apprenne
à marcher sans soustien, luy ouurant   *Ibunt de*
neantmoins les bras si tost qu'elle le voit   *virtute in*
chãceler; ainsi nostre bon Dieu qui nous   *virtutem,*
ayme d'vne affection tendre & plus que   *Psa. 83.*
maternelle, pour nous faire acquerir de la   *Probatio*
vigueur, & fortifier nostre patience par   *patientiam*
l'espreuue, & nostre espoir par nostre pa-   *operatur,*
tience, nous faict *attendre long temps auant*   *patientia*
qu'entendre à nous, auant qu'exaucer nos prie-   *vero spem,*
res, & nous retirer du lac de la misere, & du   *Rom. 5.*
sale bourbier de la necessité.   *Expectans*
   expectaui
   Dominũ, &
   intendit
   mihi.
Quoy qu'il vous arriue, mes freres, ne   *Psal. 39.*

S ij

Nolite a-
mittere ve-
stram con-
fidentiam,
Heb. 10.
Etiāsi occi-
derit me in
hoc ego
sperabo,
Iob. 13.
In diluuio
aquarum
multarum,
Psal. 31.
Circunde-
derunt me
mala quo-
rum nō est
numerus.
Psal. 39.
Hæc spes
reposita est
in sinu
meo,
Iob. 19.
Si dormia-
tis inter
medios cle-
ros,
Psa. 67.
Quis dabit
pennas, vt
Columbæ,
& volabo,
& requies-
cam. 54.
Pone in
Deo spem
tuam,
Psa. 77.

vueillez point perdre vostre confiance, qui aura vne grande remuneration si vous y persistez. Dittes, dittes tousiours auec Iob: *quand bien Dieu me tueroit ie ne laisseray d'esperer en luy*, & de baiser esgalement auec Magdeleine le pied gauche de sa Iustice, que le droict de sa Misericorde. Il faut mourir en confiance, & que nostre ame sorte de l'arche de nostre corps, au deluge des douleurs de la mort, auec le rameau vert d'vne saincte esperance, qu'elle demeure au fond de la boëtte de nostre cœur, au milieu de tant de maux innombrables qui nous enuironnerōt alors. Iob plustost accablé que chargé de langueurs, ne se console *que sur l'espoir qui reside en son sein. O Seigneur*, dict le Psalmiste, *i'espere en vous, hé! que ie ne sois pas confondu eternellement.* Ô quel grand bien nous arriue en ceste suspēsion du secours celeste iusques à l'extremité, puisque *dormans en l'incertitude* d'estre assistez ou delaissez, nostre ame *prend des aisles de Colombe pour voler & se reposer en Dieu, auquel seul elle met toute son esperance.* Il soit beny à iamais. Amen.

Du Diademe de l'Espoux.

HOMELIE XVIII.

Egredimini filiæ Syon, & videte regem Salomonem cum diademate, quo coronauit eum mater sua. Cant. 3.

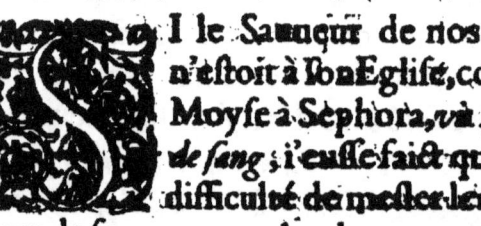

I le Sauueur de nos ames n'estoit à son Eglise, comme Moyse à Sephora, vn Espoux de sang, i'eusse faict quelque difficulté de mesler les douleurs de sa mort auec les douceurs de son Amour peintes en ce Cantique nuptial: mais parce que ie sçay que sur le Caluaire, qui est le mont des Amans, l'Amour est tellement destrempé auec la mort, & la mort si iointe à l'Amour, que l'on ne peut disioindre ce sacré mariage, cimenté par vn sang tout diuin: i'ay creu que les espines qui enuironnēt la teste de nostre Seigneur en sa Passion, ne seroient point mal assorties auec les roses florissantes, dont

Spōsus sanguinum tu mihi es,
Exod. 4.

S iij

noſtre Epithalame eſt ſurſemé. Certes cōme la mort eſt miſerable, qui n'eſt accōpagnee de l'Amour du Sauueur, car c'eſt
mourir en Dieu, que de mourir en la
Charité: auſſi tout amour eſt friuole qui
n'eſt fondé ſur la mort du Redempteur:
de ceſte mort qui deuore tout eſt ſortie la
viande de noſtre vie, de ſa violence noſtre douceur: c'eſt cet Amour *plus fort
que la mort, dont l'ardeur eſt plus vehemente
que celle de l'enfer, & dont les lampes ſont toutes de chaleur & de lumiere.* O feu, ô flammes du diuin Eſprit, embraſez nos poi-
trines, & vous Vierge ſacrée, *lumineuſe
comme le Soleil, claire comme la Lune, eſclat-
tante comme l'Aurore, brillante comme l'E-
ſtoile du matin*; impetrez-nous les rayons
de la grace. *Aue Maria.*

Beati qui in Domino moriuntur, Apo. 14.

De comœ-dête exiuit cibus, & de forti dulce-do, Iud. 14. fortis vt mors dile-ctio, Cant. 8.

LEs Propheres participent en cela de
l'Eſprit de Dieu, de ce que les choſes
futures leur ſont comme preſentes, ils
les *voyent comme dans vn miroir, mais par
enigme.* Qui ne diroit à entendre noſtre
Sage, inuitant à ſortir hors de Hieruſalem
les filles de Syon, pour voir celuy qui eſt
plus que Salomon, le Roy pacifique des

Per ſpeculū in ænigma-te, 2. ad Cor. 13.

sur le Cantique des Cantiques. 279

cœurs couronné du Diadesme, non de beauté, mais de douleur, dont sa mere la desloyale Synagogue le couronna au iour de ses sanglantes espousailles auec l'Eglise, laquelle sortit de son costé ouuert, comme la premiere femme du premier homme, tandis qu'il est endormy du sommeil de la mort sur le lict de la Croix : Qui ne diroit, dis-je, que c'est la viue description du rencôtre des Dames deuotes, qui virent le Sauueur couronné d'espines, portant sa Croix au Caluaire, ausquelles il dict les voyant larmoyer : *Ne pleurez pas sur moy, mais sur vous-mesmes.* Mais pourquoy ce iour d'espousailles est-il appellé *le iour de la ioye de son cœur*, puisque nous sçauons par l'Escriture que le Sauueur auant son amere Passion fut *effrayé, attedié, attristé, & si fort, qu'il declara que la douleur l'accabloit, & que son ame seroit triste iusques à la mort.* Certes on ne peut nier que la partie sensible & inferieure du Sauueur, ne fust bien auât plongee & enfoncee dans la tristesse & l'amertume : mais en la superieure, comme il ne *vouloit que la volonté de son Pere :* en celle là *il desiroit d'vn extreme desir d'estre lauédu baptesme de son sang.* Mais à tât du sens litteral

Diadema decoris, Cant. 3.

Cœpit pauere, côtristari, & mœstus esse, Mar. 14. & Mat. 26. Tristis est anima mea, vsque ad mortem, Mat. 26. Pater non mea, sed tua volûtas fiat, Mat. 26. Baptismo habeo baptisari, Mar. 10.

S iiij

de nostre passage : mon dessein n'est pas d'y sejourner dauantage, ouy bien de vous deduire quelques raisons pourquoy nostre Seigneur en sa Passion a voulu estre couronné d'espines : deuidons les l'vne apres l'autre.

I.

La premiere raison pour laquelle il a voulu estre couronné est pour denotter sa Royauté. Car outre que chacun sçait que la Couronne en est la marque, il est tres-certain que le Sauueur (comme le verifie sa Genealogie) estoit nay, non seulement de la Royale tribu de Iuda, mais de la lignee Royale de Dauid: c'est pourquoy il est appellé fils de Dauid par le peuple aux acclamations de son triomphe, *Loüangé au fils de Dauid*: & les Demós mesmes qu'il dejettoit des corps des possedez l'appelloient *fils de Dauid*, & la Cananée, *fils de Dauid ayez pitié de moy*. C'est ce que l'Ange promit à la Vierge, en la saluät de la part de Dieu, *Que son fils auroit le siege de Dauid son Pere*: vray est que Dauid auoit porté son sceptre à la main, mais il le porteroit sur l'espaule : & ce sceptre c'est sa Croix, *par le bois de laquelle il a regné*.

sur le Cantique des Cantiques. 281

Et non seulement le Sauueur a voulu estre couronné pour denotter son Empire par sa couróne: mais aussi pour tesmoigner l'eternité de son regne, par la ródeur de ceste guirlande qui n'a point de fin en sa circonference. Si nous ne voulons dire que comme elle commence par tout, elle finit par tout : & c'est icy vne seconde raison. Or le Sauueur *estant Prestre eternellement selon l'ordre de Melchisedech*, de Melcisedech, dis-ie, Roy de Salem, qui auoit ioinct la Royauté au Sacerdoce ; comme sa prestrise est eternelle, sa Royauté le deuoit estre aussi. Et ceste eternité fut signifiée par l'Ange à la saincte Vierge, quand il luy dit, *Que le Royaume de son enfant seroit sans fin*, paroles que nous chantons au grand Symbole, & que la B. Therese dict auoir donné à son ame de grandes consolations. Ouy : car quand nostre esprit guindé sur l'aisle d'vne douce esperance, se promet d'entrer vn iour dans *la ioye du Seigneur, & de regner auec Dieu eternellement*. He ! que les Empires de la terre, fussent-ils aussi grands que toute l'estendüe de l'vniuers, luy semblent peu de chose, puisqu'ils ont si peu de durée que la vie humaine, *qui n'est qu'vne*

Psal. 110.

Et regnieius non erit finis, *Luc.* 1.

legere & debile vapeur, qui se resout en mesme temps qu'elle s'esleue: vn bourrier que le souffle emporte, vne paille *à la face du vent.* Le bien qui peut finir, pour grand qu'il soit en apparence, est tousiours petit en effect : car quand son terme est venu, il ne laisse que le souuenir de l'auoir possedé, inseparable du regret de ne l'auoir plus. Tels sont les Royaumes perissables & transitoires de ce monde. Mais le Royaume de nostre Seigneur, *c'est le Royaume de tous les siecles, comme sa puissance est vne puissance eternelle.* Et ceux qui seront vn iour corregnans auec luy en cet empire celeste, seront possesseurs *d'vne ioye qui ne leur sera point ostee* : car c'est vn seiour où la teigne, la vermouleure & les mains rauissantes des larrons n'a point d'accez, d'où la mort est forclose, & où reside à perpetuité *vne plenitude de paix, & vn riche repos.* Et ceste durée interminable est representee par la rondeur de la couronne, laquelle est sans commencement & sans fin, comme Dieu est *l'Alpha, & l'Omega*; & c'est pour cela que les anciens Egyptiens en leurs Hieroglifes signifioient la diuinité par vn cercle, ou vne sphere, comme l'annee qui recom-

Quæ est vita nostra nisi vapor ad modicũ parens, Iacob. 4. Stipula ante faciem venti. Psal. 82. regnũ meũ regnũ omnium sæculorum, Psal. 144. Potestas eius, potestas eterna. Ierem. 7. Gaudium vestrũ nemo tollet à vobis, Ioan. 16. Ibi neque ærugo, neque tinea demolitur, neque fures effodiunt, Mat. 6. Ibi præcipitabit mortem in sempiternum, Esai. 25. Habitabit populus meus in multitudi-

sur le Cantique des Cantiques. 283

mence sans cesse son cours, par le serpent qui s'arrondit en repliant sa queuë vers sa bouche. Et semble que David regardast ce mouuement circulaire, quand il disoit: *O Seigneur, vous benirez la couronne de l'annee de vostre benignité, & les champs seront remplis d'abondance.*

ne pacis, in requie opulenta,
Esai. 31.

Benedices coronę annū benignitatis tuæ.
Psal. 64.

La matiere espineuse de la couronne fournit vne troisiésme raison, quid enotte la Royauté de nostre Seigneur: car comme l'espine, selon qu'il est escrit au liure des Iuges, obtint en l'assemblee des arbres la Royauté sur les plantes, ainsi le Sauueur *constitué Roy sur Syon, maistre de la maison, & Prince de toutes les possessions de son pere*; Il a voulu tesmoigner par son Diademe, qu'il estoit principalement Roy des hommes, qui sont appellez *Arbres cheminans*, en l'Escriture, & plantes viues, animees & raisonnables, destinees pour produire des *fleurs, & des fruicts d'honneur & d'honnesteté.*

Cōstitutus rex super Syon, Dominus domus Dei, & Princeps omnis possessionis suæ.
Psal. 104.
Flores mei fructus honoris, & honestatis.
Eccl. 24.

Ceste matiere, (& cecy aille pour quatriesme raison) denotte encor la Royauté que le Sauueur a sur tout le monde, où il est constitué *sur les peuples & les Royaumes, pour planter, pour demolir, pour edifier, pour desraciner, pour renuerser*, selon qu'il verra

Constitui te super gētes, & super regna vt ædifices vt plantes.
Ierem. 1.

estre expedient. Mais quel rapport du monde auec les espines? entendez. Vous souuient-il, Auditeurs, de la malediction que le grand Dieu fulmina en son ire contre la terre, apres la preuarication du premier homme, *La terre*, dict-il, *sera maudite en ton ouurage, & elle ne te produira que ronces & chardons*. Or comme le premier Adam *de terre & terrestre*, par sa rebellion auoit tapissé la terre de broussailles ; le Sauueur, *second Adam venu du Ciel, & tout celeste*, voulant par son obeyssance arracher cet anatheme d'icy bas, de quoy se pouuoit il mieux couronner que de ces mesmes espines qu'il estoit venu arracher d'icy bas, portant *tous nos pechez*, figurez par les ronces, *sur le bois de la Croix, afin que morts au peché nous peussions viure auec luy en iustice*. Car si autresfois on distribuoit diuerses couronnes murales, ciniques, naualles, olympiques, que de chesne, que de myrthe, que de laurier, que de palme, selon la varieté des victoires ; quelle plus digne couronne pouuoit-on donner à celuy *qui auoit vaincu le monde*, remply d'espines & de halliers de toutes parts, que ces mesmes enseignes ennemies, comme les despouilles opimes, & les trophees de

Maledicta terra in opere tuo, Gene. 3.
Primus Adam de terra terrenus, secundus de cœlo cœlestis. 1.Corin. 15.

Portans peccata nostra in corpore suo super lignū vt peccatis mortui iustitiæ viuamus. 1.Petr.2.

Confidite, ego vici mundum, Ioan. 16.
Vepres & spinæ sunt in vniuersā terra.

sur le Cantique des Cantiques. 285
sa victoire? Si Naaman demanda à Elisee la charge de deux cheuaux de la terre où il auoit esté guery, pourquoy le Sauueur ne se couronnera-t'il pas cóme triomphát des pechez, que comme des espines il a enleuez de la terre? *que s'il nous couronne de sa misericorde & de sa pitié*, de quoy le pouuons nous couronner sinon des pechez, dont il nous a lauez *en son sang par vne redemption plus qu'abondante & copieuse?* Que craindrez-vous desormais, ô ame scrupuleuse, à qui tout faict ombrage? certes vos pechez ne vous doiuent plus donner ces terreurs paniques qui tiennent en ceruelles ces meschans, qui n'en estans pas deschargez par le remede de la confession sont *en vn effroy continuel, soupçonnans des embusches, où il n'y a que toute seureté.* Car puis que par ce vomitoire salutaire, vous vous estes heureusement purgees de ce venin mortel, puis que les espines sont arrachees de la terre de voſtre cœur, qu'est-ce qui le peut poindre? quel fascheux & faux esguillő vous cause tant d'inquietudes? reposez en paix, ames timorees, puis que vous estes *la ioye & la couronne de celuy qui a vos noms, non seulement escrits en ses mains, mais en sa teste,* par les eternels caracteres qui grauent

Coronat te in misericordia, & miserationibus, *Psal.* 102.
Lauit nos de peccatis in sanguine suo, *Apoc.* 1.
Copiosa apud Deum redemptio, *Psal.* 129.

Vbi securitas, ibi insidias suspicantur.

Gaudium meum, & corona mea, *Philip.* 4.

les burins de ces espines acerees. *Benissez* *Pfal. 103.* *ce bon Dieu, qui est propice à vos iniquitez, & qui guerit toutes vos maladies ; qui retire vostre vie de la mort, qui vous rajeunit comme l'aigle.* Ce Dieu là est grandement debonnaire & misericordieux : Il ne se courrouce pas pour tousiours, ses menaces ne sont pas de durée : Il ne nous punit pas selon nos demerites, mais il fortifie sa misericorde sur nous, autant que le Ciel est relevé par dessus la terre. Comme vn pere a pitié de ses enfans, ainsi a-il de ceux qui le craignent. Il sçait que nous ne sommes que poudre, que foin, qu'vne fleur passagere : c'est pourquoy sa misericorde est à iamais preparée pour ceux qui le redoutent. Il est le bon Samaritain qui sçait guerir nos playes auec le vin & l'huille : mais auec tant de doses d'huille de misericorde sur vne du vin de Iustice, que ce n'est pas sans raison que *Superexaltat miseri-* Dauid a dict, *que sa commiseration deuance* *cordia iu-* *de bien loing & suruage son iugement.* *dicium.* *Iacob. 2.*

Il y a vne cinquiesme raison annexée aux precedentes, pourquoy le Sauueur a voulu estre couronné en sa Passion, & d'vne couronne d'espines : qui est pour enseigner le double Royaume qu'il possede, l'vn temporel & terrestre, l'autre eternel & celeste. Quant à celuy-là, bien

sur le Cantique des Cantiques. 287

qu'il aye protesté à Pilate *que son Royaume n'estoit pas de ce monde*: si est-ce qu'il respondit à l'interrogatoire de ce President qui luy demandoit s'il estoit Roy, *Tu l'as dict; car ie le suis*. Mais Roy, non de pompe & d'apparat, ouy bien Roy des miserables de la terre; Roy des pauures, & des douloureux: aussi, dit-il de soy, chez le Psalmiste, *Ie suis pauure & accablé de trauaux dés ma ieunesse*. Et il est appelé par vn Prophete, *homme de douleurs & expert aux infirmitez*: Et comme tel, n'a-il pas raison de se couronner d'espines, symbole de tribulation & d'angoisse? Car quant à l'autre Royaume où maintenant il est assis à la dextre de son Pere: c'est là qu'il est *couronné de gloire & d'honneur, & constitué sur toutes les creatures*: car comme icy bas il a esté rendu moindre que les Anges, là haut il a sur son chef vne couronne enrichie de pierres precieuses: *& a vn nom par dessus tout nom, auquel tout genouil flechit*: de sorte qu'auec ce double Diademe, il peut dire hautemēt, que *toute puissance luy a esté donnee au Ciel, & en la terre*. C'est vn Iacob

Pauper sum ego, & in laboribus à iuuentute mea, *Psal.* 87.
Virum dolorū scientē infirmitatem, *Esai.* 53.
Gloria & honore coronasti eū, & cōstituisti eum super opera manuum tuarum. *Psal.* 8.
Minuisti eum paulo minus ab Angelis. *Psal.* 8.
Posuisti in capite eius coronam de lapide precioso. *Psal.* 20. Dedit illi nomen quod est super omne nomen, vt in nomine Iesu omne genu flectatur, *Philip.* 2. Data mihi est omnis potestas in cœlo, & in terra, *Math.* 28.

qui a deux espouses, les Eglises Militante & Triomphante: icy bas il est couronné de douleur, là haut de ioye, & par tout d'honneur & de gloire. Regardez maintenant, cheres ames, si pour vous rendre conformes à *l'image de ce celeste Espoux*, vous ne voulez pas estre couronnees de trauaux & d'angoisses en ce monde pour l'estre de bon-heur & de felicité en l'autre, puis que le Sauueur vous en fraye le chemin, *patissant pour entrer en la gloire qui luy estoit deuë*: veu mesmes qu'il est escrit, *que les souffrances mortelles n'ont aucune proportion auec la gloire qui nous est preparee aux cieux*.

Cóformes fieri imagini filij sui. Rom. 8.

Oportuit Christum pati & ita intrare in gloriã suã. Luc. 24. Non sunt condignæ passiones huius sæculi ad futurã gloriã quæ reuelabitur in cœlis. Rom. 8.

II.

La Sixiesme raison qui a ceint la teste de nostre Seigneur de ceste guirlande herissee de cruelles poinctes, est à mon aduis pour nous enseigner que tel est le Chapeau des Pasteurs des peuples. O si ce Roy ancien qui pressé des soucis de la Royauté auoit accoustumé de dire, que qui sçauroit le pesant faix d'vn Diademe, ne daigneroit le leuer de terre, l'ayant trouuee à ses pieds; que doiuent auancer ceux qui ont le front bandé des thiares & mithres Pontificales? Puis que leur

sur le Cantique des Cantiques. 289

leur charge appellee par le Concile redoutable aux espaules des Anges, est d'autant plus lourde que le regime temporel, que l'ame est plus excellente & importante que le corps, & que l'eternité surpasse la mortalité. *Celuy qui est en prelature*, dict sainct Paul, *est en vne solicitude perpetuelle, il doit veiller sans cesse sur les ames qui sont commises à sa conduitte: comme ayant à en rendre compte au Prince des Pasteurs, Euesque de nos ames.* C'est pourquoy l'Apostre leur dict: *Prenez garde à vous & à vos troupeaux, sur lesquels Dieu vous a constituez Euesques pour gouuerner son Eglise.* Que si les espines sont le symbole des solicitudes, comme le Sauueur mesme declare en la parabole du Semeur Euangelique: de quoy est-ce que nostre Seigneur se pouuoit mieux couronner, puis qu'estant le bon Pasteur, *il estoit deuoré du zele de la maison de son Pere, tousiours veillant sur la maison d'Israël*, en soucy perpetuel, pour les ames desquelles il disoit *n'en auoir perdu aucune de celles qui luy auroient esté baillees en garde.* Que si vous le considerez en la Parabole de l'oüaille retrouuee broßant à trauers les

qui præstis solicitudine. *Rom.* 12: Ipsi enim peruigilant quasi rationem de animabus vestris reddituri, *Heb.* 13. Attendite vobis & vniuerso gregi in quem constituit Episcopos regere ecclesiam Dei. *Act.* 20.

Ex his quos dedisti mihi non perdidi quemquam, *Ioan.* 13.

T

halliers, pour rechercher ceste brebis esgaree, de quoy se peut-il mieux faire vne couronne que de ces ronces qui luy ont deschiré ses habits & esgratigné le visage ? Et d'où vient à vostre aduis que les Prelats, Pasteurs, & les Prestres portent des couronnes sur leurs testes, sinon à l'imitation de ceste guirlande espineuse du Sauueur, & pour monstrer qu'auec l'Apostre sainct Paul, *ils doiuent auoir vne continuelle solicitude de toutes les Eglises.* Si vous ne voulez dire que c'est pour monstrer la Royauté de la Prestrise, Royauté d'autant plus eminente que celle qui gouuerne les peuples au temporel, que les choses spirituelles deuancent les corporelles : Car en quoy consiste le plus haut poinct de la sublimité des Roys, sinon de donner grace de la vie à ceux qui ont merité la mort ? Chose qui est à toute heure pratiquee par les Prestres, qui par le benefice de l'absolution sacramentale retirent *les ames des portes de la mort eternelle, du gosier de l'Enfer*, & donnent des graces qui sont aussi-tost ratifiees & entherinees au Ciel, selon ceste pro-

Mihi solicitudo est omnium Ecclesiarū. 2. Cor. 11. Gés sancta, regale sacerdotium. 1. Petr. 2.

Exaltant de portis mortis & de manu inferi. Psalm. 9.

sur le Cantique des Cantiques. 291
meſſe, *Tout ce que vous deſlierez en terre* Ioan.20. *ſera deſlié au Ciel, les fautes que vous remettrez ſeront remiſes.*

En fin la ſeptieſme raiſon qui a couuert le chef de noſtre cher Eſpoux de ce hallier arrondy en guirlande en la ſanglante tragedie de ſa Paſſion, eſt pour nous teſmoigner l'excez de ſon Amour, Amour dont les douceurs ſont parmy les douleurs, comme la roſe dans les piquans, & le lys parmy les eſpines : auquel l'Amant ſacré ayant comparé ſon Amante au Cantique, elle reciproquement compare ſon Aymé à vn arbre franc enuironné de broſſailles : & c'eſt ce qui maintient l'Amour en vigueur, que les eſpineuſes difficultez qui l'enuironnent, *celuy-là laſſe qui ne tourmente, le plaiſir achepté auec peine en eſt plus ſauoureux* : l'attente de Iacob & ſes longs trauaux redoublerent ſes contentemens en la poſſeſſion de ſa deſirée Rachel. Et c'eſt pour ces peines dont l'Amour eſt touſiours accompagné que les Anciens ont decerné des couronnes de Myrthe à ceux qui ſouffrent en Aymant, Myrthe dont l'odeur eſt douce,

Sicut lilium inter ſpinas ſic amica mea inter filias, ſicut malus inter ligna ſyluarum ſic dilectus meus inter filios. *Cant.* 2.
Satiatur Amor niſi gaudia torquent.
Placet empta dolore voluptas.

T ij

& la fueille tousiours verte & piquante au bout, pour monstrer que les desplaisirs de l'amour, sont agreables, ses trauaux desirables, ses souffrances gratieuses, *puis que les eaux de toutes les afflictions ne peuuent amortir la flamme de la dilection*, au conttraire la rengregent, comme celle d'vne forge, qui est augmentee par l'aspersion. Ce que l'Amant desire le plus, est de tesmoigner son affection, en agissant, ou en endurant, c'est à dire en rendant quelque seruice, ou souffrant quelque mal pour la chose aymee. Icy les espines sont des roses: car quand *on ayme*, dict vn Pere Ancien, *on ne peine point, ou si l'on peine, l'on ayme à peiner pour l'obiect chery*. Et qui ne sçait que le nom d'Amour a quelque rapport à celuy d'amertume? *Celuy qui vient à la discipline de Dieu* (& quel est cet escholage, sinon l'apprentissage de la dilection) *se doit resoudre & preparer à la tentation, à la souffrance*. De là vient que les Amans ont tousjours les plaintes en la bouche, les sanglots en l'estomach, les larmes aux yeux,

L'Amour se repaist de pleurs
Comme vne abeille de fleurs.

Aquæ multæ non poterunt extinguere charitatē. Cant. 8.

August. Vbi amatur nō laboratur, aut si laboratur labor amatur. Amor amator. *Plant.* Accedens ad disciplinam Dei præpara cor tuū ad tentationē, *Eccl.* 2. Nec lachrymis crudelis Amor, nec flumina ripis, Nec cythiso saturantur apes, nec rorecicadę. *Virgil. Eclog.*

La cigale de rosee.

Et pourquoy pensez-vous que les anciens Gentils dediassent l'Artichaut tout herissé de pointes à leur imaginaire Deesse d'Amour, & remplissent de fleches aigues la trousse de ce petit enfant volage & aueugle, qu'ils faisoient presider sur les flammes vagabondes des affections sensuelles ; sinon pour monstrer que la passion d'Amour trauerse les cœurs dont elle s'empare de mille soucis cuisans, de mille poinctures, qui ne donnent repos ny la nuict, ny le iour ? Celuy qui en est atteint porte vn herisson, & vn porc espic dans le sein qui luy deschire les entrailles, & luy donne des conuulsions tranchantes, & des inquietudes continuelles, miserables angoisses si l'obiect est mauuais, desirables tourmens, si le sujet est loüable. Ceste douleur si elle prouient d'vn Amour sainct, est preferable à toute douceur, ceste chere langueur à la plus verte & vigoureuse force, ceste douce maladie à la plus ferme santé. *Mon aymé me sera comme vn bouquet de myrrhe collé sur mon sein*, dict nostre Espouse : la myrrhe est douce au flair, mais amere au gouft, & a les feuilles rudes, & aucunement poinctuës comme le myrthe : ceux qui n'ont pas l'affection de cefte belle ne veulent pas faire vn oreiller de leur cœur au doux Sauueur, de peur que fa couronne d'efpines n'efgratigne leur eftomac, perfonnes trop delicattes pour vn fi fort Amour, plus puiffant que la mort, plus preffant que l'Enfer : fi que il eft contrainct de fe plaindre *de n'auoir où repofer fa tefte*. Certes la Mere ou la Nourriffe qui ont beaucoup d'amour pour leur nourriffon ne laiffent pas de l'allaitter, bien que quelquefois il porte fes ongles dans la mammelle, & morde bien ferré le fuceron : car leur affection tempere, voire efface cefte legere douleur. Si nous auions tant foit peu d'Amour de Dieu en ce qui regarde fon feruice & fa gloire, nous ne trouuerions rien de mal aifé : *Nous percerions les murailles, & les armees* comme Dauid, & nous rendrions l'impoffible poffible : car l'Amour ne dict iamais, Ie ne peux, fon courage deuance fes forces, & fuft-il queftion de tranfporter

filius hominis non habet vbi caput fuum reclinet, Mat. 8. Luc. 9.

In Deo meo tranfgrediar murum, Pfal. 17. Non timebo millia populi, fi cóftût aduerfum me caftra, Pf. 26.

vne montagne. *Me voyla*, dict l'Amou- | Ecce ego, mitte me, Isa. 6.
reux Moyse, *enuoyez moy où il vous plaira*
Seigneur, i'iray sans crainte par tout où vous
me manderez. Allons, disoit Thomas le | Eamus & nos & moriamur cum illo, Ioan. 11.
zelé, *& mourons auec luy* : & Pierre le
tres-amant Apostre, *quand il me fau-*
droit mourir auec vous, ie ne vous renon- | Etiamsi oportuerit me mori
ceray point. I'espere augmenter, & en-
flammer en vous ce courage, mes chers | tecum non
Auditeurs, au discours suiuant que ie | te negabo.
n'ay faict qu'aiguiser & attiser en celuy- | Mat. 26.
cy. Dieu vous benisse.

T iiij

Suitte de la mesme matiere du Couronnement de nostre Seigneur.

HOMELIE XIX.

Egredimini filiæ Syon. Cant. 3.

Q VAND le Soleil couronné d'vn cercle de nuages paroist à nos yeux creux & enfoncé, c'est vn signe euident de pluye ; & quand la Lune est entouree d'vn broüillas circulaire que l'on appelle Halo, c'est vn indice de vent. Pleust à Dieu, chers Auditeurs, qu'en vous faisant voir auiourd'huy le Soleil de Iustice couuert d'vn hallier espineux & noirastre, ie peusse tirer quelques larmes de compassion de vos yeux, ou quelques sanglots & souspirs de vostre poitrine, en contemplant la saincte Vierge au pied de la Croix, comme vne Lune qui n'a plus de splendeur, son Soleil estant prest de faire eclypse, son cœur estant aussi transpercé de douleurs que le chef de son Fils estoit chargé d'espines : mais par-

Solē nube tegam, sol vertetur in tenebras, & Luna nōn dabit lumē suum.
Ezech. 32.

sur le Cantique des Cantiques. 297
ce que pour filer ce discours nous auons besoin, & de la pluye & du vent de la grace du S. Esprit, ce Soleil & ceste Lune disposez à la pluye & au vent me font esperer ceste misericorde. *Aue Maria.*

SVr toutes choses, mes tres-chers freres, gardez-vous de tomber dans l'Anatheme que foudroye la bouche Apostolique en ces termes: *La terre souuent abreuuee de la rosee des Cieux, & qui ne germe que des ronces, est voysine de la malediction.* Ceste rosee c'est la parole de Dieu, *qui distille sur vos cœurs comme la pluye sur l'herbe, cōme la bruine sur les plantes.* He! que ne doiuent-ils produire par ces distillations auec allegresse & dilection. O Paris grande mer, Occean incomparable, qui reçoit dans ton vaste sein le tribut des eaux de tous les plus sçauans Esprits, de tous les plus excellens Predicateurs, ie ne diray pas de la France, mais de l'Europe: *fleuue de Dieu, bouffy de tant de ruisseaux qui decoulent dans ton enceinte:* O fameuse Cité, tu n'es bonne si tu n'es fertile en bonnes œuures, si tu ne t'abstiens du mal, arrosee de tant de canaux qui font couler sur tes plantes vi-

Terra sæpe cadentem super se bibens imbrē spinas autē & tribulos germinans maledictio proxima est, *Heb. 6.* Fluit vt ros eloquium meū, quasi imber super herbam, & stillæ super gramina. *Deut. 33.* In stillicidiis eius lętabitur germinans, *Psal. 64.* Flumen Dei repletū est aquis. 64. Purpura regis iuncta canalibus, *Cant. 7.*

ues *la pourpre du Roy de gloire*, la Diuine parole. Qu'elle excuse auras-tu deuant le tribunal de Dieu, d'auoir sceu sa volonté par tant de truchemēs de ses intentions, & ne l'auoir pas executee? Si vne Niniue pareille à toy en splendeur & grandeur s'en alloit renuersee si elle ne se fust conuertie à la voix menaçante d'vn seul Ionas, quel deluge de maux t'attend ou en ce siecle ou en l'autre, si tu ne t'amendes à la voix de tant de Prophetes? Sois, sois, chere patrie, comme la terre de promesse, laquelle ordinairement humectée des pluyes celestes, produisoit des fruicts admirables en qualité & en quantité. Ainsi *que ta lumiere luise deuant les hōmes, afin que chacun soit edifié de tes actiōs, Dieu glorifié, & que tu sois la ville de parfaitte beauté, la ioye de toute la terre, la gloire de Hierusalē,* la saincte Eglise, *la resiouyssance d'Israël*, des Catholiques, *& l'honneur du peuple fidele*. Mais, ô vous cœurs endurcis, qui plus insensibles que les poussins morts du Pelicā, ne voulez point resusciter à la vie de la grace, par le découlement de ces grumeaux de sang, qui tombent du chef du Redempteur percé de mille espines : n'estes-vous pas miserables *de dormir en la mort, ou vous*

Sciens voluntatem Domini, & nō faciens plagis vapulabit multis.
Luc. 12.

De cœlo expectans pluuias.
Deut. 11.
Luceat lux vestra corā hominibus.
Luc. 11.
Vrbs perfecti decoris, gaudium vniuersæ terræ.
Thren. 2.
Tu gloria Hierusalē, tu lætitia Israël, tu honorificentia populi nostri.
Iud. 15.

Ne vnquā obdormiā in morte.
Psal. 12.

sur le Cantique des Cantiques. 299

asseoir à son ombre, qui est le peché, ayans en main le remede de vie ? *Rejettez-vous ainsi le grand* & inestimable *prix de vostre rachapt ?* mesprisez-vous en sorte *le sang du testament que vous estimiez à rien la terre desirable de la grace ?* Sçachez ames *courbees au mal & tombees en sens reprouué*, que ce sang espanché pour vous obtenir pardon, si vous en sçauez vser, se conuertira en vne voix de Iustice & de vengeance, comme celuy du iuste Abel contre l'arrogance de vostre mespris: dangereuse maladie quand le remede contribuë à son augmentation.

Mais aduisez où va ma pensee, oserois-je bien dire sans blaspheme, que le Sauueur dont l'humanité a esté tirée de ceste terre benitte, le ventre de Marie, semble tomber dans l'Anatheme dont l'Apostre menace ? Ce Messie, non seulement arrosé, mais la mesme rosee : *Celuy qui commande aux nuees d'enhaut, & distribuë la pluye en solage.* Celuy dont les yeux baignez de ses larmes, enfilent sur ses ioües vn continuel Orient de perles, dont la bouche coule vne saliue sacrée, qui guerit les aueuglemens, qui est tout

Qui in vmbra mortis sedent. Luc. 1.
Pretiũ meũ cogitauerunt repellere. Psa. 61.
Empti estis pretio magno. 1. Cor. 6.
sanguinem testamenti conculcare Heb. 10.
Pro nihilo habuerunt terram desiderabilé. Psa. 105.
Facti sunt in arcum prauum. Psa. 77.
Dati sunt in sensum reprobum. Rom. 1.
Rorate coeli desuper & nubes pluant iustum. Esai. 45.
Qui mãdat nubib. desuper, & parat terræ pluuiã. Psal. 77. & 146.

trempé dans sa sueur à la queste des ames perduës, qui coule le sang & l'eau dans le jardin des Oliuiers, qui est noyé dans la mer rouge de son propre sang en sa Passion, & dont la teste percée en mille endroicts, comme la gorge d'vn arrosoir, remplit son visage de grumeaux de sang espreint de son cerueau. En fin cet homme de douleurs, *qui a esté plongé dans le torrent en la voye d'où il a releué son chef*, comment se peut-il faire que ceste terre humectée de toutes parts ne produise que des espines? & les voyez-vous qui germēt sur sa teste? *O vigne esleuë ainsi cultiuee & labouree, (car les pecheurs ont labouré sur vostre dos,) comment ne produisez vous que des ronces. O espines qui nous dōnez le plus pur sang du raisin de la terre de promesse. O broussailles qui nous produisez de douces figues.* Que nous auons d'obligations à ce bon Dieu, pour tant de bienfaicts dont sa grace nous gorge. Il nous a créez sans nous, il nous conserué nonobstant nos indignitez, il nous appelle à trauers nos miseres : en fin il nous *rachepte lors que nous sommes ses ennemis*, & en ce rachapt que de souffrances corporelles, que d'agonies spirituelles. *Nombrez les estoiles si vous pouuez*, & dittes

fatigatꝰ ex itinere sedebat sic super fontem, Ioan. 4.
De torrēte in via bibet propterea exaltabit caput, Psal. 109.
Vinea mea electa expectaui vt faceret vuas fecit autem spinas, Esa. 5.
Supra dorsum meū fabricauerunt peccatores. A initio, arauerunt, Psal. 128.
Nunquid colligunt de spinis vuas, & de tribulis ficus, Mat. 7.
sanguinem vuæ bibunt meracissimum, Deut. 32.
Cū inimici essemus redemit nos,

sur le Cantique des Cantiques. 301

que ses douleurs les passent d'vne multitude indicible: Neantmoins dans toutes ces extremitez, ie ne trouue point de plus grand excez que cettuy-cy, d'auoir voulu *n'ayant point peché estre faict malediction pour nous.* O bouc emissaire chargé de coulpes qui nous rendent execrables, vous estes donc enuoyé au desert du Caluaire. Taisez-vous hommes, & venez loüer ceste excessiue bonté, *vous ô Anges & toutes les vertus d'enhaut.* O Sauueur du monde, ne vous suffit-il pas *de porter nos langueurs, & de supporter les douleurs des supplices qui sont deubs à nos fautes*, sans encores vous constituer comme en vn anatheme d'oubliance & d'abandonnement, sans faire dire de vous, *Maudit celuy qui est pendu au bois.* Certes cet excez d'Amour qui nous oblige necessairement, ou à vne extreme affection, ou à vne telle ingratitude, que le monde n'est pas capable de la contenir, m'a porté bien auant au de-là des bornes d'vn Prelude: Mais nous venons tousjours assez tost à nostre subject, si assez bien, & trop tost, si d'vn mauuais biais. Ie ne voy point d'autre façon pour effacer la tache d'ingratitude ineffaçable en vn bien-faict si signalé, que celuy de l'imita-

*Numera stellas si potes, Gene. 15.
Qui peccatum non fecit factus est pro nobis maledictum, Galat. 3.
Laudate eũ omnes Angeli eius, laudate eũ omnes virtutes eius, Psa. 148.
Verè languores nostros ipse tulit. Esaï 53.
Anathema obliuionis: Deus meus quare me dereliquisti. Ps. 21.
Maledictus omnis qui pendet in ligno, Deut. 21.*

tion. Mais helas ! comment pourrons-nous imiter nostre Espoux en ce couronnement espineux, *veu que nos testes sont languissantes, nos cœurs abbatus, n'y ayant aucune santé ny vigueur en nous, depuis les pieds iusques à la sommité du chef.* En voicy quelques moyens ou conjonctures.

I.

Le premier moyen sera de bien mesnager nos afflictions, pour en tirer le grand fruict de la conuersion de nos mœurs. *Voila*, dict Dauid, *que ie me suis conuerty en mon angoisse, tandis que l'espine me trauerse.* Certes il n'y a point de doubte que *Dieu ne soit auec nous en la tribulation*, pluftost qu'en la prosperité : *car il ne se trouue point en la compagnie de ceux qui viuent à leur aise, auec ces grosses vaches qui paissent sur les grasses collines de Samarie.* Et de faict, voyez combien peu de gens se souuiennent du seruice de Dieu en la santé : & combien peu ne reclament son ayde en la maladie: *leurs infirmitez se sont multipliees*, dict le Psalmiste, *& voyla qu'ils accourent au Seigneur. Lors qu'il les massacroit ils reuenoient à luy, & y venoient de grand matin.* Voyez comme ces bœufs animaux lourds & pesans, hastent le pas pressez de la pointe

Omne caput languidum, & omne cor mœrens à pláta pedis vsque ad verticem capitis non est sanitas.
Esai 1.
Conuersus sum in ærumna mea dū configitur spina.
Psal. 31.
Cum ipso sum in tribulatione.
Psa. 90.
Non inuenitur in terra suauiter viuentium.
Iob. 28.
Audite hoc vaccæ pingues.
Amos. 2.
multiplicatæ sunt infirmitates eorū postea acceleraue-runt.
Psal. 15.
Cum occideret eos reuertebā-

de l'esguillon : & comme les cheuaux qui bronchent sont releuez par la pointure des esperons. On ne peut nier que l'affliction n'aye le mesme pouuoir de nous faire retourner à Dieu : pour cela disoit Dauid, *embridez de frein & de camorre ceux qui ne se veulent pas approcher de vous, car ceux qui s'en retirent periront.* L'enfant picqué de l'abeille, voyez comme il court en plorant à sa mere, se relançant dans son sein, pour guerir par la douceur du laict l'amertume de la pointure. *Les iustes crient à Dieu en leurs tribulations, & il les deliure de de leurs necessitez plus vrgentes.*

Vne autre conjoncture, en laquelle nous nous pouuons industrieusement & vtilement seruir de ceste couróne du Sauueur, est de prédre les pointes qui y sont, pour percer l'apostume de nostre cœur, qui recele souuentefois l'ordure des rancunes & des haines, & les infections des deshonnestes affections. Car faute de creuer ce ramas de pus & de sanie, il ariue *que nos os s'enuieillissent*, c'est à dire que les peruerses habitudes se changent en nature, *que nos playes engendrent de la corruption & putrefaction, & deuiennent gangrenées deuant la face de nostre inaduertance*,

tur, & diluculo veniebant ad cū. *Psal.* 77.
In chamo & freno. *Psal.* 31.
Qui elongant se abs te peribût. *Psal.* 72.
Clamauerunt ad Dominum cū tribularentur, & de necessitatibus eorum eripuit eos. *Psal.* 106.

Inueterauerūt ossa, putruerunt & corruptę sunt cicatrices meæ à facie impiētię meę. Curuatus sum vsque in finem. *Psal.* 37.

si que nous sommes rendus si fort courbez au mal, que nous ne pouuons nous redresser. Hé! Dieu se pourroit-il bien faire qu'vne ame s'offençast irreconciliablement des pontilles & picotteries d'autruy, qui voit en Croix vn homme-Dieu courôné d'espines, qui demande pardon pour ceux-là mesmes qui le crucifient, les excusant en les pouuant iustement accuser, & encores plus iustement poudroyer & foudroyer? Se pourra-il bien faire qu'vne parole, vne brauade, vne morgue, vne mine triste, vne mouë, offence vne chetiue creature, qui voit son Createur constamment immobile comme vn rocher dedans les vagues parmy des douleurs tressensibles, des risées insupportables, des blasphemes execrables, *& tant d'opprobres qui greslent sur luy.*

pater ignosce illis quia nesciunt quid faciunt, Luc. 23.

Opprobria exprobrantium tibi ceciderunt super me, Psal. 68.

La troisiesme verité que nous tirerons de ce cruel couronnement de nostre Seigneur, sera de nous refugier dans ces espines sacrees, consacrees par son sang, lors que nous serons persecutez par la violence des tentations, suscitees par les ennemis de nostre salut & de nostre repos. Certes les espines ne sôt que de viles plâtes, signe miserable de la malediction de la terre;

sur le Cantique des Cantiques. 305

la terre, si que S. Ambroise a pensé, que si Adam n'eust point peché, il n'y en eust point eu : Neantmoins comme l'on voit vn prudent laboureur s'en seruir pour enuironner de ieunes arbres, afin que le bestial en s'y venant frotter ne les renuerse : ainsi deuons nous entourer nostre cœur de ces pointes austeres, afin que les appetits sensuels ne s'y attachent point. N'ayez pas peur que les chiens mordent les herissons, ny que les marrons soyent mangez par les singes tant qu'ils sont dās leur escorce poignante. Voyez comme les perdrix se sauuent dans les plus espois buissons des griffes mortelles des oyseaux de proye. Si le diable trouue nostre cœur refugié dans la couronne espineuse du Sauueur, il le laissera en paix dedans ce fort qui luy est impenetrable. C'est sur ceste espine que ie vous appelle, ô ames deuotieuses, pour y chanter iour & nuict comme des Philomeles spirituelles, le Cantique tousiours nouueau de la saincte dilection : c'est là que vos œufs, ie veux dire vos œuures escloront à la vie de la grace. C'est là que vous serez garanties des embusches de ce serpent, *qui dresse des embusches à vostre talon*. C'est soubs

Insidiatur calcaneo. Gene. 3. Calcaneum obseruat. Psal. 55.

V

l'ombre de ce bouclier que vous serez à l'abry des terreurs nocturnes, des traicts volans le iour, de la negociation des tenebres, & de l'incursion du demon du midy.

scuto circundabit te veritas ei°. Psa. 90.

II.

Mais en fin le quatriesme moyen en imitant nostre Seigneur, de tirer de l'vtilité spirituelle de ce couronnement d'espines, est d'apprendre à aymer la Mortification, porte estroitte par laquelle on entre en la vie parfaicte, & de là au Ciel : car pourquoy pensez-vous que le Sauueur aye tant souffert en sa Passion, sinon afin de nous presenter à son Pere, mortifiez en la chair, mais viuifiez en l'esprit? Mortification si necessaire, que Dauid a dict, que le Seigneur viuifie en mortifiant, & que par ce seul moyen il nous retire des enfers. Et l'Apostre a tranché tout net, que si nous ne nous mortifions nous mourrons eternellement : mais si nous mattons nos membres qui sont sur la terre, nous viurons à iamais. Vous estes morts, dict le mesme, il entend par la Mortification, mais vostre vie est cachée en IESVS-CHRIST, en Dieu, en ce Redempteur, qui s'appelle grain de fro-

Intrate per angustam portam. Mat. 7. Vt nos offerret Deo mortificatus quidem carne, viuificatus autem spiritu. 1. Petr. 3. Dominus mortificat & viuificat, deducit ad inferos & reducit. 1. Reg. 2. Nisi spiritu facta carnis mortificaueritis moriemini. Rom. 8. Mortui estis & vita vestra abscondita est cũ Christo in Deo. Colo. 3. Nisi granum frumenti cadens in terram mortuum fuerit. Ioan. 1.

sur le Cantique des Cantiques. 307

ment, mort & pourry en terre pour germer au centuple. Celuy qui ſeme en la chair, ne moiſſonnera que de la corruptiõ. Tu penſes bien eſtre viuant, dict l'Ange à ce mauuais Prelat en l'Apocalypſe, coulant tes iours à ton aiſe, & voyla que tu es mort. La veufue, dict ſainct Paul, qui vit en delices eſt morte en viuant. Celuy qui ayme ſon ame en ce monde la perdra en l'autre : & celuy qui mignarde ſon corps le ruyne & le perd ; & celuy *qui hait ſon ame*, ſemblant par la Mortification conjurer contre ſa vie, *la conſeruera en l'eternité*.

Ces maximes ſemblent vn peu reueſches aux ennemis de la croix, qui ſont vn Dieu de leur ventre, & qui ne ſacrifient qu'à leur ſenſualité, aux enfans du ſiecle ; qui ne ſont pas naiz de Dieu, mais embourbez dans la chair & le ſang, qui n'ont qu'vne ſageſſe terreſtre, & dont la gloire eſt en leur confuſion, & leur fin dans vne eternelle ruyne. Leur preſcher Ieſus Crucifié, ce leur eſt vn ſcandale & vne folie : mais à ceux qui ſont eſleus, c'eſt vne grande vertu, & vne notable ſapience. C'eſt pourquoy l'Apoſtre qui ſe diſoit *attaché à la Croix auec ſon Sauueur*, mettoit ſa gloire en ceſte croix, & en ſes

ſũ cruci. a *Gal. 2.* mihi abſit gloriri niſi in cruce. ad *Gal. 6.*

Qui ſeminat in carne metet corruptionem. *Galat. 6.*
Putas quod viuis &c mortuus es. *Apoc. 3.*
Vidua viuens in deliciis viuens mortua eſt. *1. ad Tim. 5.*
Qui amat animã ſuã perdet eã. *Ioan. 12.*
Inimici crucis Chriſti quorum Deus venter eſt. *ad Phil. 3.*
Ioan. 1.
Qui terrena ſapiunt quorũ gloria in confuſione, & finis interitus. *ad Phil. 3.*
prædicamus Ieſum crucifixum. *1. ad Cor. 1.*
Chriſto confixus

V ij

infirmitez. Et les autres Apoſtres *ne s'en alloient-ils pas reſiouys du milieu des aſſemblees, où ils auoient ſouffert mille opprobres & contumelies pour le nom de Ieſus?*

Ceux qui ayment ſincerement & ſolidement noſtre Seigneur, ſe plaiſent à cõpatir à ſes douleurs, comme les genereux ſoldats ſe delectent dans les hazards & les batailles, comme les Dauphins ſe reſiouyſſent parmy les orages, comme les Salemandres & les Pyrauſtes parmy les flammes. Ce qui paroiſt aux exemples des Martyrs, qui ont eu les feux, les roües, & les glaiues pour delices, & les charbons ardans pour des roſes. Comme les moiſſonneurs, ils n'ont iamais eſté ſi contens, que quand ils ont eſté ſurchargez & oppreſſez. Combien Dauid ce grand Roy aymoit-il la guerre auantageuſe des tribulations & des ſouffrances, puis qu'il declare *que ſa plus amere amertume eſtoit, lors que iouyſſant d'vne profonde paix*, il ne ſentoit aucune trauerſe qui alteraſt le calme de ſa vie. Ceux qui deſirent ardément leur ſanté, prennent allaigrement les plus ameres medecines; & ceux qui cherhent la ſainéteté, en laquelle conſiſte la ſanté de l'ame, ne trouuent rien de

sur le Cantique des Cantiques. 309

difficile aux plus austeres mortifications, soit de corps, soit d'esprit, *ils paroissent comme morts*, mais ils sont viuans, recelans de viues estincelles d'Amour, soubs la cendre d'vne chair mattée, *chastiée & reduitte soubs l'esclauage de l'esprit.* C'est le faict des grands courages en guerre, de mourir plutost que de se rēdre à la mercy de l'ennemy, & luy demāder honteusement la vie. Or nous sommes en ceste vie *en vne milice perpetuelle, où nous combattons sans cesse contre la chair & le sang, & contre les puissances tenebreuses du siecle. Rejettons donc les armes des tenebres*, qui sont les sensualitez, *& nous reuestons de celles de lumiere*, qui consistent en la mortification, *pour cheminer honorablement au tour de la grace.*

<small>Quasi mortui, sed viuentes. 2. ad Cor. 6. Castigo corpus meum, & in seruitutem redigo. 1. ad Cor. 9.
Militia est vita hominis super terram. Iob. 7. Nobis est colluctatio aduersus carnem & sanguinem. Eph. 6. Abiiciamus opera tenebrarum, & induamur arma lucis. Rom. 13.</small>

A cela nous sommes excitez par l'Image mourante du Sauueur, bien mieux que le peuple Romain par la sanglante chemise de Cesar: car s'il vous plaist de sortir pour vn peu hors de vous mesmes, par vn sainct extase, ô filles de Syō, pour contempler ce Roy de gloire, *qui n'a plus ny beauté ny visage, en la forme d'vn Lepreux,* noyé dedans les torrens de son propre sang qui coulent de toutes ses veines:

V iij

Certes vous ne verrez vn seul poinct d'entier en tout son corps, depuis la plante de ses pieds iusques au sommet de sa teste: voulez-vous vn portraict plus exprés & deplorable de la Mortification: diray-je que s'en est vne image viuante ou mourante, puisque le Sauueur en cet estat lamentable paroist plus mort que vif à nos yeux ? mais il est plus viuant que mort aux douloureux ressentimens qui le percent de toutes parts: il est vif pour sentir ses supplices, mais il est mort à toute consolation: & n'est-ce pas le vray effect de la Mortification, de nous rendre morts en viuant, & vifs en mourant, puisque la vie mortifiée n'est autre chose qu'vne mort viuante ? car la Mortification n'oste pas tout à faict la vie, autrement elle seroit homicide & meurtriere; mais si faict elle sentir la mort de si prés, qu'elle faict quelquefois desirer l'insensibilité de la mort, pour estre à l'abry des aigres pointes de la vie. *Nous estions tellement accablez d'ennuy*, disoit cet Apostre mortifié, *qu'il nous desplaisoit de viure. Hé! pauure moy qui me déliurera du corps de ceste mort. Mon Sauueur est ma vie, & la mort me*

Supra modū grauati taedebat viuere. 2. ad Cor. 1. Infoelix ego quis me liberabit de corpore mortis huius. Rom. 7.

sur le Cantique des Cantiques. 311

seroit un grand profit, parce que dissoluant mon ame de mon corps, celuy-cy demeurant en terre, celle-là s'en iroit entre les bras du Redempteur. Qui ne voit donc que le Sauueur escorché par la flagellation, couronné d'espines, & produit au peuple sur le perron du Pretoire est le parfaict modele de la mortification? Venez donc le voir en cet equipage, où l'Amour qu'il vous porte l'a reduit, ames deuotieuses, & criez non pas contre luy, mais contre vostre chair, *crucifiez, crucifiez* : car ce sont ses rebellions qui ont mis ce doux Agneau en cet estat plein d'horreur & de misere. *Contemplez celuy, qui pour nous en soy a souffert tant de contradiction, afin que parmy les rudes exercices de la Mortification vous ne deffailliez point, en considerant que pour luy rendre le reciproque, vous n'auez pas encores respandu vostre sang.* Et s'il vous reste encores quelque courage, ie vous conjure à renoncer à ces fausses couronnes de roses flestrissables & passageres, dont le monde mortel enguirlande les testes de ses sectateurs, pour embrasser ce Diademe espineux du Sauueur, qui

Mihi viuere Christus est, & mori lucrum. *ad Phil.* 1.
Cupio dissolui, & esse cũ Christo. *ad Pihl.* 1.

Recogitate eum qui talem pro peccatoribus sustinuit aduersus semetipsum contradictionem. *ad Heb.* 12.
Venite coronemus nos rosis. *Sap.* 2.

V. iiij

vous produira des fleurs éternelles, que nul hyuer pourra tuer. C'est à ce choix que ie desire vous porter au discours suiuant : car pour celuy-cy la carriere est parfournie.

Du choix de la Couronne d'espines, en suitte du sujet precedent.

HOMELIE XX.

Egredimini filiæ Syon. Cantic. 3.

VI diroit que parmy la douceur sucrine de tant de fleurs qui redorent vn parterre, l'ingenieuse abeille allast choisir l'amertume du thim, pour composer la douceur de son miel? Certes si chaque chose engēdre son semblable, comment le contraire pourra-t'il produire son contraire? n'est-ce pas tirer la lumiere des tenebres, le feu de la glace, que d'extraire la douceur du milieu de l'amertume? Et ce petit miracle de nature se passe neantmoins tous les iours

sur le Cantique des Cantiques. 313

dans l'alambic du corps d'vne auette, L'Ame deuote est vne abeille mystique qui par vne industrie toute spirituelle & occulte, sçait changer l'espine en rose, & preferer par vn iugement secret qui deuance de bien loing celuy de l'ignorant vulgaire, les fatigues de la Penitence aux voluptez de ceste vie, pour estre vn iour *abbreuuee des torrens de volupté en l'autre.* Heureuse preference de l'immortalité à la mortalité du Ciel à la Terre. O Saincte Vierge qui estes là haut d'autant plus participante à la gloire de vostre Fils, que vous auez esté icy bas compatissante à ces douleurs, aydez nous à faire ce choix genereux qui nous doit tourner à si grand auantage. *Aue Maria.*

Torrente voluptatis tuę potabis eos. *Psal.* 35.

DE quel front ceste ame se peut-elle dire Espouse du Sauueur, & se nómer la *Royne de sa dextre* qui feint de se parer de sa double liuree, la blancheur de l'innocence, & la rougeur de la souffrance, & de ceindre son chef de ceste espineuse couronne, qui cache sous son obscurité le visage de son Amant. Certes s'il est vray *qu'il nous a donné l'exemple afin*

Astitit regina à dextris *Pf.* 44. Exemplum dedit nobis vt sicut ipse fecit ita & nos faciamus. *Ioan.* 13.

que nous fissions comme luy ; ne deuons nous pas cheminer comme il a cheminé, choisir ce qu'il a choisy, aymer ce qu'il a aymé, souffrir comme il a souffert, & viure comme il a vescu, selon ce qu'il dict, *que pour le suiure il faut renoncer à soy-mesme, & porter sa Croix*, renoncer à soy-mesme, tant à son propre iugement qu'à son propre sentiment. Car certes selon le sens qui n'aura horreur de la Croix, puis que *naturellemēt on ne peut hair sa chair*: qui laissera la suauité des roses pour l'aspreté des espines : mais selon la foy & la certitude des choses futures, nous réuersons nos sentimēs naturels, *& inclinōs nos cœurs aux iustificatiōs Diuines pour la retribution, gardās des loix dures & difficiles pour l'acquisitiō des promesses Diuines. Sçachans que ce leger moment de tribulation temporelle, qui nous exerce en ceste vie, opere en nous vn salaire eternel.* Or par-ce que i'ay faict dessein en ce discours de vous conuier au choix de la Couronne d'espines du Redempteur, en reiettant ces guirlādes mal-heureuses de la Vanité, de la Volupté, & de l'Auarice que le mōde propose à ses supposts : i'essaieray de vous y induire, & par exemples, & en vous faisant voir le bié de la Mortificatiō.

Debemus vt ipse ambulauit, ita & nos ambulare.
1. Ioan. 2.
Qui vult venire post me abneget semetipsū & tollat crucem suā & sequatur me. Mat 16. *& Luc.* 9.
Nemo carnem suam odio habuit.
Ephes 5.
Psal. 18.
Propter verba labiorū tuorum custodiui vias duras.
Psalm. 16.
Leue hoc & momentaneum tribulationis nostræ æternū gloriæ pondus operatur in nobis.
2. ad Cor. 4.

I.

La mesme differēce qui est entre le peintre & l'image, se trouue entre l'exemple & le precepte. Celuy-là peu à peu adioustant couleur sur couleur, vient à bout de son tableau: mais cestuy couchant vn papier sur vne table d'airain, burinee à l'ayde d'vne presse, tire en vn tournemain tous les traicts necessaires pour rēdre vne image accomplie, & assortie de tous ses lineamens : Ainsi en est-il du precepte, il faut quantité de raisons diuersemēt meslees, & vniformement deduittes, pour en former vne persuasion, & vn enseignement : mais l'exēple tout d'vn air, & comme d'vne couche de planche imprime, persuade, enseigne, & graue tout ce qu'il veut dans le cœur de celuy auquel il est proposé. que si les edicts de ceux qui gouuernent n'ont point vn si fort ascendant sur leurs sujects comme leur vie, combien seront plus foibles les dicts de ceux qui n'ont autre pouuoir que de remonstrer, si leurs remonstrances ne sont appuyees d'exemples autant imitables qu'aymables ? C'est pourquoy, si ie vous monstre

Non sic inflectere sesus humanos edicta valent quā vita regentis.

que ç'a esté le procedé ordinaire des seruiteurs & seruantes de Dieu, de preferer la couronne d'espines du Sauueur au chapeau de roses du monde, *Si vous voulez estre en effect ce que vous desirez estre en estime, les enfans des saincts*, ne faudra-t'il pas que vous vous rangiez à leur opinió, comme à la suitte de leurs traces?

filij sáctorum sumus, Tob. 2.

Or l'exemple de la B. Catherine de Sienne est illustre entre tous les autres, comme vn grand astre parmy les moindres feux que la nuict allume dedans le Ciel. Ceste saincte fille estoit ordinairement visitee de nostre Seigneur, à cause de sa grande pureté: car vous sçauez qu'il est la Couronne des Vierges sacrees, estát leur Amant & leur Espoux, & qu'il se plaist parmy les lys blanchissans de l'integrité virginale, comme l'abeille dans vn parterre de fleurs. Ce qui nous doit apprendre combien nous deuons estre ialoux de la pureté de nostre interieure, puis que c'est vn miroüer où le Soleil de Iustice se plaist à darder ses rayons, vne eau claire, où il represente sa belle face bien mieux que dãs vne trouble & bourbeuse. Certes comme la fumee attire le

Iesu corona Virginũ.

qui pascitur inter lilia, Cant. 2.

sur le Cantique des Cantiques. 317

feu du haut en bas, ainsi la pureté faict que le Dieu du Ciel *prend ses delices en terre auec les enfans des hommes.*

Or le Sauueur apparut donc à ceste ame pure, auec vne extreme beauté: car comme pourroit autrement paroistre *celuy qui a toute la beauté des champs* dans les fleurs de sa belle face, *qui est le plus beau entre les enfans des hommes*: mais d'vne beauté naturelle tellement auantagee de la surnaturelle de la gloire, que l'or d'vn de ses cheueux est capable d'obscurcir le Soleil, & de l'esblouïr au milieu de sa carriere. Ce n'est plus ce Dieu plein de grandeur & de Majesté qui paroist redoutable à vn Moyse dans les esclairs, & les tonnerres d'vn Sina, & dont Israël craignoit comme la mort d'entendre la parole; Ce n'est plus ce Dieu qui se monstre à sainct Iean dedãs la relegation de son Patmos, le glaiue à la bouche, les yeux estincellãs, & les pieds embrasez; qui se faict voir à Iacob en forme d'armee; qui paroist à Manue & à Gedeon dedans les flammes. Mais c'est ce Dieu qui se manifeste à Elie, non au tourbillon, non au bruict des torrens, non au tremblement: mais au doux air d'vn agreable zephire. Ame

Deliciæ meæ esse cū filijs hominum, *Prou.* 8.

Pulchritudo agri mecū est, *Psal.* 49. Speciosus forma præ filijs hominum, *Psal.* 44.

Non loquatur nobis Dominus ne forte moriamur, *Exod.* 20. Castra Dei sunt hæc. *Gene.* 32.

Ecce sibil⁹ auræ tenuis, ibi Dominus, 3. *Reg. c.* 19.

heureuse d'estre si suauement visitée par vn Espoux si aymable, *dont le chef est de* *par or de charité, & qui est tout desirable.* Doncques vous aurez ce priuilege dénié à Moyse, *de voir Dieu en viuant*: & plus aduantagee, que le bon brigand, *vous se-* *rez en Paradis sans mourir.* O Dieu d'Israël *que vous estes bon à ceux qui sont droicts de* *cœur.* Mais ie vous tiens trop long-temps en haleine, tres-cheres ames, pour vous declarer quelle fut ceste amoureuse apparition. Ce diuin Amant se presente deuant ceste Aymee (rauie sans doute en la consideration de tant de merueilles qui occupoient ses yeux) en vn estrange equipage. Le visage tout brillant de ceste lumiere de gloire, dont il ne fit paroistre qu'vn eschantillon à ses Disciples au Thabor, comme vn rayon solaire à trauers vn nuage: non plus entre Moyse & Elie, mais tenant en ses deux mains deux differentes couronnes, celle d'espines dont il fut affligé en l'excez de sa Passion douloureuse, & vne autre d'or, esclattant d'email, & enrichie de pierreries d'inestimable valeur, dont sa teste fut couronnee au iour de sa triomphante Ascension. Voylà, luy dit-

Caput eius aurum optimum, totus desiderabilis. *Cant. 5.* *Nemo videbit me, & viuet,* *Exod. 33.* *Hodie mecum eris in paradiso,* *Luc. 23.* *quam bonus Israël Deus his qui recti sunt corde,* *Psalm. 72.*

sur le Cantique des Cantiques. 319
il, chere ame, que pour l'essay de voſtre fidelité, ie remets à voſtre choix ces deux diademes de ſi differente compoſition, afin que voſtre election me teſmoigne voſtre dilection : car l'Amour que l'on me porte, *comme l'honneur que l'on me rend eſt accompagné de iugement :* ce n'eſt point d'vn Amour aueugle & volage que ie veux eſtre aymé, mais d'vne affection ſage, clair-voyante, raſſiſe & courageuſe. Voicy deux couronnes qui regardent les deux vies, la preſente & la future, ſelon que vous choiſirez en celle-cy, il vous ſera faict en celle-là. Si vous prenez les eſpines en ceſte valee de pleurs, l'eſclat de ceſte autre couronne ne vous manquera point en l'autre : mais ſi vous eſliſez la ſplendeur de celle-cy en ceſte vie paſſagere, les eſpines vous attendront au ſiecle futur. Ie ſuis paruenu à la glorieuſe par la douloureuſe : & bien que ie ne vueille aucunement preſſer, moins oppreſſer voſtre franchiſe, ny violenter, moins violer la liberté de voſtre vouloir, ſi eſt-ce que ſi vous prenez aduis de mes inſpirations, fideles meſſageres de ma bien-veillance, & loyales interpretes de mes de-

Honor regis iudiciũ diligit.
Pſal. 98.

firs, elles vous diront que ie repris autrefois le premier de mes Apoſtres pour auoir voulu planter trois pauillons ſur le Thabor, enyuré tellement de la ſplendeur de ma face qu'il auoit mis en oubly les ſouffrãces qu'il deuoit endurer pour le ſeruice de ma gloire, & pour la gloire de mon nom. Lors ceſte Vierge toute rauie en ſon Eſpoux, dont *la face paroiſſoit ſi belle à ſes yeux, & la voix ſi douce à ſes oreilles*; determinee de longue main aux ſouffrãces pour imiter ſon doux Amour crucifié, & reſoluë non ſeulemẽt d'effectuer ſes volontez, mais encores ſes deſirs, ſe iette à corps perdu ſur ces eſpines bien-aymees, & comme ce mouton d'Abrahã s'accrocha la teſte dans ces broſſailles, s'offrãt en ſacrifice à toutes les douleurs qu'il plairoit à ſon Sauueur luy faire reſſentir: hé! Seigneur, pouuoit-elle dire, vos inſinuations me ſont des commandemens, & ces commandemens des loix neceſſaires, il ſuffit *de me monſtrer le bien, & i'y courray en la dilatation de mon cœur*, c'eſt aſſez *de me ſignifier où eſt le lieu où vous repoſez, où vous repaiſſez au midy de voſtre dilection. Tirez moy, & ie n'iray pas ſimplement, mais ie courray, ie voleray* apres le train

Vox tua dulcis & facies tua decora, Cant. 1.

Quis oſtẽdet nobis bona, Pſ. 4.
Viam mandatorum tuorum cucurri cum dilataſti cor meũ, Pſ. 118.
Indica mihi vbi paſcas, vbi cubes in meridie, Cant. 1.

sur le Cantique des Cantiques. 321

parfumé de vos suaues aromates. O le Dieu de mon cœur, puis que c'est vous seul que i'ayme, puis que *vous estes ma part eternelle, puis que ie ne veux rien, ny au Ciel, ny en la Terre, sinon vous*, pourquoy partagez vous ainsi mon cœur entre deux differens desirs : car puis que c'est vous seul que ie veux & que ie cherche, que m'importe-t'il comment vous soyez, pourueu que ie vous aye : vous m'estes aussi precieux couronné d'espines que paré d'estoilles, comblé d'ignominie que couuert de gloire, dans les tenebres & les douleurs du Caluaire, que dans les splendeurs, & les ioyes du Thabor ; dans les voyries de ce lieu remply de corps suppliciez, que dedās les parfums de l'ardente Magdeleine. Par tout où vous estes c'est mon Paradis, où vous n'estes point c'est mon Enfer : mais par-ce qu'il plaist à vostre bonté de me faire sçauoir que ie ne dois point estre indifferente en ce choix, *Voyla que mon cœur incline la balance de son election vers vos iustifications, à cause de la retribution* que vous promettez en l'autre vie à ceux qui vous auront seruy & suiuy en ce monde mortel à trauers les espines.

Trahe me, post te curremus in odoré vnguētorum tuorum, Cant. 1.

Deus cordis mei, & pars mea Deus in æternū, quid mihi est in cœlo & à te quid volui super terrā, Psalm. 72.

Inclinaui cor meum ad faciēdas iustificationes tuas propter retributionē. Psal. 118.

X

Apres vn si rare & genereux exemple, qui sera celuy d'entre nous, mes freres, qui ne donne sa voix au choix de ceste fille bien-aduisee, & qui desormais ne benisse les occasions de souffrir que Dieu luy enuoyera comme autāt de pierres de touche, pour esprouuer si l'or de sa dilection est de faux, ou de franc alloy? *Le voyez-vous ce Bien-aymé qui regarde par les fentes de la muraille, & par les grilles des fenestres*, pour voir quelle sera nostre election en ce monde, pour nous rendre en l'autre selon nostre choix?

O! qu'il est industrieux au maniement de nostre cœur, il se contente de nous faire sentir ses volontez sans nous contraindre à y consentir, pour ne blecer ceste franchise qu'il nous a donnee: n'estoit-ce pas assez qu'il eust menacé Adam de mort s'il touchoit au fruict defendu, & attaché sa conseruation au fruict de vie, pour luy faire aymer celuy-cy, & euiter celuy-là: & cependant la malice de ce premier homme preuaut la diuine bonté. O le mauuais choix d'vn morceau qui nous couste si cher, & dont nous payons tous les iours les tristes arrerages. Ainsi ne fit pas le fidele Abraham, qui se

En ipsa stat post parietem nostrū prospiciēs per cancellos, respiciens per fenestras.
Cant. 2.
Reddet vnicuique iuxta opera sua.
Mat. 16.

sur le Cantique des Cantiques. 323

voyant entre l'amour de son Dieu, & la mort de son fils, & depuis entre l'amour de Sara & d'Isaac, & celuy qu'il portoit à Agar & Ismaël, sceut bien faire ployer la moindre affection sous la plus grande, & mettre vn bon ordre en sa charité.

Mais afin que vous n'estimiez pas vnique l'exēple de la B. Catherine de Sienne au faict de ce choix, s'il vous plaist de ietter les yeux sur vn Moyse, quittant la Royauté pour embrasser l'affliction auec le peuple de Dieu : ou si vous voulez que nous vous produisions les exemples des personnes moins anciēnes, sur vne S. Catherine vierge & martyre, qui prefere vne sanglante mort à la Couronne Royale du sang dont elle estoit issuë, sur vn Iosaphat, vn Guillaume Duc d'Aquitaine, qui preferent les Courōnes monastiques aux Royales, Ducales & souueraines ; sur vne saincte Agnes, qui appelle celuy qui la recherchoit, quoy que d'vn iuste mariage, tison d'Enfer, parce qu'il attētoit à la virginité qu'elle auoit consacree à son celeste Espoux, sur vne S. Elizabeth d'Hongrie, qui postpose les Diademes au seruice des pauures, & de nostre siecle, sur vn Charles V. qui change ses Couronnes

Recede à me pabulū mortis.

X ij

Royales à vne Diadesme imperial à la demeure d'vn cloistre, vous aurez de tous ces exemples de quoy estançonner la verité de ce mot, *que si l'homme donne toute la substance de ses biens pour l'Amour, il estimera n'auoir rien baillé.*

Et si par dessus tout cela vous considerez vn Dauid choisissant vn des trois fleaux que le iuste courroux du Ciel luy proposoit, & voyant que trop de gens tomboient dans la mort pour sa faute, preferant le salut de son peuple à sa propre vie, pria Dieu de destourner cét orage de dessus les innocens, & de tourner la poincte de son ire contre luy qui estoit le coupable: ce choix si desaduantageux à son sens, & si conforme à sa raison, ne nous apprendra-t'il pas à auoir autant de Charité pour nous mesmes qu'il en auoit pour autruy, choisissans les espines en ce monde pour auoir les roses en l'autre.

Si dederit homo omnem substantiam domus suæ pro dilectione qua si nihil despiciet eam, Cant. 8.

II.

Or les espines que ie vous conuie d'embrasser & d'elire icy bas, ne sont autres que les Mortifications & les Tribulations. A quoy nous sommes excitez par l'exemple des Saincts, & du Sainct des Saincts. *Venez*, dict l'Espoux sacré, ô

Te pater Æneasq; auiculusq; excitat Hector. Veni ad montem myrrhæ & collẽ thuris Cant. 4.

sur le Cantique des Cantiques.

la bien-aymee de mon cœur, à la montagne de la myrrhe, à la colline de l'encens. Qu'est-ce à dire à la montagne de la myrrhe, sinon à l'amertume de la Mortification, qui preserue les cœurs de la corruption du peché, comme ceste liqueur les corps de la pourriture ? Qu'est-ce à dire à la colline de l'encens, sinon à la tribulation ? car comme l'encens ne sent rien que bruslé; ainsi la patience ne monte au Ciel en odeur de suauité que par les souffrances. Mais encores que signifie ceste montagne, ceste colline, sinon la difficulté de monter à ceste renonciation des sens & du iugement, que la Mortification & l'embrassement de la Croix desire de nous.

Et ie vous prie que ceste difficulté ne vous estonne point ; car le Sauueur qui nous a precedé en ces rudes exercices en a tellement esplané le chemin, que ces routtes anparauant rabboteuses sont deuenues douces & aysees, suiuant ce qui est dict, *que Dieu conduit le iuste par de belles plaines au Royaume du Ciel* : Car si la rosee de l'Iris peut rendre agreable & suaue l'aspre senteur de la ronce Aspalathus, n'ayez pas peur que la couronne

Iustum doduxit Dominus per vias rectas, & ostendit illi regnū Dei. *sap. 10.*

X iij

d'espines du Redempteur soit dure, puis qu'elle est adoucie par les sanglantes roses de son chef couronné de l'Iris. Si la lancette de l'adroict Chirurgien trempee dans l'huille, ouure la veine d'vne picqueure imperceptible, ne redoutez point ie vous prie, les pointures de ceste guirlande, puis qu'elles sont destrempees dãs le sang de celuy *dont le nom est vn huille respãdu.* Quand le Sauueur poinct, il oinct: *Car il sçait mortifier, & aussi tost viuifier, il sçait frapper & guerir*, comme Achille auec sa lance, & la licorne auec son bois.

Iris in capite eius, Apocal. 10
Dominus mortificat & viuificat, 1. Reg. 2.
Percutiam & ego sanabo, Deut. 32.

Quoy, serions-nous bien si lasches & degenerez soldats que de n'oser donner où nostre Capitaine porte sa teste?

Le membre delicat doit estre vergoigneux
De se voir attaché à vn chef espineux.

Quelle raison de voir vn disciple plus priuilegié que son Precepteur, vn seruiteur plus que son maistre; ainsi ne l'entendoit ce Champion genereux, dont Tertulian a immortalisé la memoire au liure de sa Couronne, qui ne voulut iamais orner sa teste d'vne couronne verdoyante, pensant à l'espineuse dont son Sauueur auoit esté affligé. Ame genereu-

Non decet sub spinato capite mẽbrum delicatum. Bernard.
Ait erit discipulus supra magistrum & seruus super dominum, Luc. 6.

se, qui ayma mieux choisir la mort pour tesmoigner sa fidelité & son Amour, que de voir son chef couronné des fleurs fleſtriſſables & paſſageres de ce monde mortel. Puiſſe ta teſte victorieuſe ombragée de palmes & de lauriers, chanter à iamais dans les Cieux en la compagnie des Anges, le triomphe de l'Agneau dompteur & dominateur de la terre. Puiſſiez-vous auec les vingt-quatre Vieillards mettre voſtre Couronne à ſes pieds: car cet hommage vaut mieux que tous les Diademes de l'vniuers.

Cependant, mes freres, apprenez de moy, & le prenez pour vne raiſon qui preſſe d'vne neceſſité inuincible, que l'on ne peut eſtre à ſon ayſe en ce ſiecle & en l'autre: c'eſt à vous de balancer l'eternité auec les momens, coſte vie miſerable auec la future, *Gloire qui nous ſera reuelee*, & de voir comment il vous plaiſt de choiſir en cet inſtant, dont depend l'eternité. Ceux qui commencent par les fueilles à cueillir les roſes, finiſſent par les eſpines; mais ceux qui les prennent par la tige eſpineuſe, les conſeruent long temps en leur belle fraiſcheur. Aduiſez bien à ce que vous auez à

Futura gloria quæ reuelabitur in nobis. Rom. 8.

faire, & gardez de vous laisser seduire par les apparences specieuses des biens caduques: mais preßans, par-ce qu'ils sont presens, si vous moissonnez les roses icy bas, comme ces mal-heureux dont parle le Sage, vous recueillerez dãs les Enfers les espines d'vn eternel repentir, mais *si cheminans en la route de ceste vie, vous allez semant en pleurs, vous reuiendrez à la fin chargez auec ioye de l'ample moisson de l'interminable felicité qui nous attend au Ciel.*

Quid nobis profuit superbia. Sap. 5.

Ibites ibãt & flebant. Psal. 125.

C'est donc à ceste part espineuse de Marie, *qui ne nous sera point ostee*, que ie vous appelle, c'est à ce choix non sensuel, mais iudicieusemẽt religieux, que ie vous conuie, mes tres-chers, choix auquel il semble que vous oblige non seulement le tiltre de Chrestiens, mais encores celuy de François, puis que vous respirez l'air de ceste Monarchie, la perle du monde, la gloire de l'vniuers, l'œil de la Chrestienté: de ceste France heureuse de posseder ce thresor inestimable de ceste Couronne dont ie vous entretiens. Et certes comme la France est la premiere Couronne du mõde, & qui rend son Monarque Fils aisné de l'Eglise, il estoit bien raisonnable qu'elle fust depositrice de la plus excel-

sur le Cantique des Cantiques. 329

lente Couronne qui fut jamais, celle du Redempteur; & que le premier des Roys Chrestiens fust enrichy de la Couronne du Dieu des Chrestiens. O France la Courône de l'Vniuers, ô Paris la Couronne de l'Vniuers de la France, qui esleues ta teste aussi hautement sur toutes les autres citez qu'vn pin baise-nuë est releué par dessus la camomille; chere patrie, garde precieusement *ceste Couronne de ton chef, & empesche que tes pechez ne la facent tomber,* que ce soit le sacré Palladium qui te rende inuincible & inexpuguable: repose dou-cemét *sous ceste ombre fauorable, gouftans les fruicts d'vne perpetuelle abondance, & d'vne solide tranquillité. O chere Syon douce patrie, que tous ceux qui te haissent soyét confondus, & qui te peut maudire sinon ceux qui maudissent le iour.* Souuien-toy que ton S. Louys, ton Roy, ton Protecteur apporta iadis de la Palestine, dans ton enceinte ce sacré gage de l'Amour que Dieu te porte, & que ce Prince te portoit, & voy que tandis que du haut des Cieux il veille sur tes murailles, *priant pour ton peuple & pour toy sa chere cité,* comme vn autre Onias; Louys XIII. son petit fils, sa viue image, le sang de son sang, tient ton Sceptre en terre, &

Cecidit co-rona capi-tis nostri, væ nobis quia pecca-uimus.
Thren. 5.
Sub vmbra illius quem desiderave-ram sedi, & fructus eius dulcis gut-turi meo.
Cant. 2.
Confundá-tur omnes qui oderút Syon.
Psal. 128.
Maledicunt illi, qui ma-ledicunt diei.
Iob. 3.
Hic est qui multû orat pro populo & sancta ciuitate.
2. Mach. 15.

te gouuerne auec autant de paix que iamais Salomon regenta sa Hierusalem. Sus donc frappe les Cieux continuellement pour ce Prince, & crie sans cesse parmy les hazards de ceste mortelle vie, *Seigneur sauuez le Roy, Seigneur sauuez le Roy, & nous exaucez en ceste inuocation.* Accourcissez ce qu'il vous plaira de nos vies, pour en allonger celle de nostre Monarque, nostre souuerain Maistre: & puis que le salut des Potētats est en vostre dextre, faictes qu'il se resiouysse grandement en la vertu de vostre salutaire: que puissent les belles destinees tistre de filets d'or les lōgs iours de sa vie. Preuenez-le tousiours, ô grand Dieu, *de vos benedictions de douceur, & mettez sur sa teste vne Couronne de pierres precieuses. Et pour l'amour de S. Louys vostre fidele seruiteur, ne destournez iamais vostre face de dessus vostre oinct. Que vostre main soit auec luy contre tous ses ennemis, & qu'elle terrasse tous les cōtrarians. Que vostre iuste cholere les deuore cōme la paille est engloutie par les flammes. Exterminez les de la terre, & leur semence de la race des mortels. Releuez-vous Seigneur en vostre vertu, & nous entonnerons hautement vos eternelles misericordes.*

Psal. 19.

Psal. 20.

Propter Dauid seruum suum, ne auertas faciē Christi tui. *Psal.* 131.

Psa. 20.

Des Inspirations, leur suauité, & leur progrez.

HOMELIE XXI.

Surge Aquilo, veni Auster, perfla hortū meum, & fluant aromata illius. Cant. 4.

LE mariage de Zephire & de Flore, que les Anciens s'imaginoient, ne vouloit enseigner autre chose que la vertu secrette qu'a ce doux vent sur la production des fleurs, lors que les vents rigoureux de l'hyuer ayans faict place au Printemps par ses douces halenees, il va tapissant la terre d'vne riche diapreure, & respandant par tout le parfum delicieux de ses aisles musquees. C'est ce souffle gracieux qui ouure le sein de la terre, & qui descouure les thresors qu'elle y receloit durant l'inclemence de la froide saison. Si nous disons que le souffle diuin de l'inspiratiō sacree faict vn mesme effect en nos cœurs, *faisant paroistre des fleurs en leur terre*, nous ne dirós que ce *Flores apparuerūt in terra nostra.* Cant. 2.

que l'experience ordinaire nous faict cō-me voir à l'œil. *O Seigneur*, dict le Cha͟ntre Roy, *enuoyez vostre esprit & nous serons re-creez, & la face de nostre terrein interieur sera renouuellee*. O cheres halenées, que vous nous deuez estre precieuses : & combien soigneusement vous deuons-nous mesnager, puisque de vous dépendent toutes les fleurs de nos bons desirs, tous les fruicts de nos meilleures actions. Hé! venez S. Esprit, & respandez sur le iardin de mon ame vostre souffle sacré, afin que les parfums de vostre parole se cōmuniquent à ceux qui m'entendent. Diuin Zephir, nous vous reclamons par l'entremise de ceste racine de Iesse, d'où est sortie *la fleur des champs & le lys des valees. Aue Maria*.

Emitte spi- ritum tuū, & creabuntur, & renouabis fa- ciem terræ. Psa. 103.

Egredietur virga de radice Iesse & flos de radice eius ascendet. Esai. 11. Ego flos campi, & lilium con- uallium. Cant. 2.

Mais pourquoy pensez-vous, Auditeurs, que nostre Espouse qui souspire aprés les inspirations de son Aymé, comme aprés ses plus cheres faueurs, fait marcher le vent froid d'Aquilon, dont les bouffees herissent le dos de la terre de glaces & de frimats, auant les douces chaleurs de celuy du midy, sinon pour nous

Veni Aqui- lo, veni Auster. Cant. 4.

sur le Cantique des Cantiques. 333

infinuer qu'apres les rudes bourrasques des tentations, les consolations nous arriuent; l'inspiration *serenant nos ames selon la multitude de nos desolations* ; tout ainsi que sur la mer la bonace & le calme succede aux orages & aux tempestes ; tout ainsi que la suauité du printemps succede à la rigueur de l'hyuer. Le peché comme vn hyuer impitoyable, tuë, seiche, & flestrit en nos ames tout ce qu'elles ont de verdoyant & de vif : mais la belle primeuere à l'ayde des chaudes transpirations de l'aymable Fauonius, redonne la vie aux plantes par vn renouuellement, qui semble vne espece de resurrection.

Secundum multitudinem dolorum meorū in corde meo consolationes tuæ lætificauerunt animā meā. Psa. 93.

Mais ne seroit-ce point aussi pour nous enseigner par ceste gradation du vent Septentrional à l'Austral, que l'inspiration Diuine qui estonne au commencement, & qui nous donne vne crainte salutaire, finit par l'Amour, lequel rend tout facile & aysé; ainsi Dieu parut au Prophete au ventelet, apres le tourbillon, le feu esclattant, & le tintamarre des eaux. Et c'est en cela que se doit remarquer l'essentielle difference qui est entre la tentation ou suggestion du mauuais esprit, & l'inspiration vertueuse de ce que celle-là commêce par des apparences fpecieufes & délicieufes à s'infinuer dans le cœur, n'ayant comme le ferpent que la tefte doree, & portant mille maux & autant de repentirs à fa fuitte : mais celle-cy eftonne le fens, parce qu'elle n'eft pas *reuelee par la chair & le fang*, mais ce premier abord eftât paffé, elle conforte voire fortifie la raifon & l'efprit, *parce qu'elle ne prouient de la volôté de l'homme, mais de celle de Dieu*. Or parce que cefte matiere des infpirations eft infinie, ie n'ay pas faict deffein de m'y ietter bien auant, mais en coftoyant le riuage de cefte mer, ie me contenteray apres auoir ouuert vos cœurs par la coghoiffance de leur fuauité, de vous faire voir l'agreable progrez qu'elles font en vne ame difpofee à reciproquer de fi faincts attraicts par fa condefcendance.

Mat. 16.

Ioan. 1.

I.

Ce mefme diuin efprit *qui fe portoit fur les eaux*, ou comme dict vne autre lecture, qui couuroit & couuoit les eaux de fes aifles eftenduës en la creation du monde : c'eft celuy-là mefme qui en fa recreation ou reformation refpandit fes halenees fur ce parterre admirable femé de fleurs Apoftoliques, fur ce College facré qui eftoit

Spiritˢ Domini ferebatur fuper aquas.
Gene. 1.
Incubabat aquis.

sur le Cantique des Cantiques. 335

au cœnacle de Hierusalem en la feste de la Pentecoste : voyla qu'vn vent impetueux faict du bruict en la maison, mais en fin ceste emotion se termine par vne douce pluye de langues enflammees, par vn feu qui leche & esclaire, sans brusler, sans offencer : voyez-vous comme l'esprit de Dieu est doux & suaue, à l'entree l'estonnement, à la fin la consolation. En la premiere apparition du Saueur à ses Disciples, ils furent tous surpris, & ils pensoient voir vn fantosme, mais il les asseura leur donnant sa paix, & se domestiquât auec eux auec tant de priuauté, qu'il se laissa toucher & mangea de leurs viandes. Ainsi le celeste Esprit qui apparut à Mannüe sur la poincte de la flamme de son sacrifice, l'effraya à l'abord, mais en fin il le laissa plein de consolation. L'Ange qui se monstra à S. Iean en Pathmos l'esblouyt tellement qu'il *cheut comme mort à ses pieds*, mais il le releua auec tant de douceur & d'affabilité, qu'il en fut tout content & remply d'allegresse. Le rayon qui terrassa S. Paul, & la voix qui luy frappa l'aureille dóna beaucoup de terreur à son ame, mais se releuant couerty de son renuersement, voyez auec combien de confiance il s'es-

Factus est repente de cœlo son. *Act.* 2

Cecidi ad pedes eius tanquam mortuus. Apo. 1.

trie, *Seigneur que voulez-vous que ie face.*
Ainsi Dieu mortifie pour viuifier, abat
pour releuer : & comme le Chirurgien
tranche & adoucit, poingt & apres oinct.

Si vous voulez apperceuoir clairement
ceste verité par vne experience ordinaire, i'appelle vos consciences à tesmoin, si
iamais vous auez receu quelque inspiration signalee, ou de quitter le mõde pour
embrasser la saincte Religion, ou de faire
quelque mortification d'importance, ou
quelque aumosne notable, ou quelque
autre pareille action, si à l'abord vous n'auez pas trouué de la resistance & de *la cõ-tradiction en la cité de vostre interieur*, vostre chair pratiquant des intelligences contre vostre esprit, vostre sentiment se reuoltant contre vostre raison ; & cet orage
passé, si vous auez mis la main à l'œuure,
n'est-il pas vray que vous auez trouué
plus de facilité à l'execution, que ne vous
en promettoit sa proposition : dittes la
verité, les fausses lunettes de la sensualité
ne vous faisoient-elles pas d'vne mouche
vn Elephant, d'vn atome vne montaigne?

La Sulamite en nostre Epithalame est
comparee *à vn escadron de choristes, à vn chœur de combattans*. Les escadrons sont
pour

Vidi cõtra-dictionem in ciuitate. Psal 54.

pour la guerre, les musiciens pour la paix, ce qui nous apprēd que ses combats sont paisibles, c'est à dire que ces premieres repugnances qui se formēt *par les illusions du dragō*, ennemy de nostre bien, à l'abord des inspirations, aboutissent en vne execution paisible & douce. Pour Dieu que les difficultez que l'inspiration vertueuse porte au front, ne vous destournent pas de luy prester l'aureille: car vous sçauez *que la sueur est le prix de la vertu*, laquelle acquise se pratique auec vne extreme facilité. Au commencement l'Espoux nous tire, voire nous *entraine comme les chariots de Pharao*: mais à la fin nous *courrons, & courrons*, non par violence, mais volontairement, *alleschez par l'odeur des parfums*, dont toute la force consiste en la suauité.

L'esprit malin a vn procedé tout contraire en ses suggestions: car il se glisse soubs des apparences fardées, faisant aualer son poison en frottant le bord du hanap auec du miel, son *abord est doux, mais sa fin amere comme l'absynthe*. Ses propositions sont semblables à ces legumes venteux, friands au manger, mais qui par leurs flatuositez excitent des colliques &

Draco quē dedisti ad illudendū ei. *Psal.* 103.

Traho curremus. *Cant.* 1. Equitatui meo in curribus Pharaonis assimilaui te amica mea. *Cant.* 1.

Nouissima eius amara velut absynthium. *Prou.*

des entorses cruelles. La tentation penetre comme vn vent coulis, mais s'estant vne fois emparee d'vn cerueau, elle le rend turbulent, remuät & inquiete, selon que nous enseigne l'Escriture, *que le cœur du meschant est vne mer esmeuë, il n'a point de repos, & il ignore le chemin de la paix.*

Cor impij quasi mare feruens.
Esai. 57.
Nõ est pax impiis, & viam pacis nescierunt.
Psal. 13.

II.

Mais parce que mon dessein principal est de vous descouurir le progrez insensiblement sensible, que l'inspiration faict en vne ame qui la veut suiure, iusques à ce qu'elle l'aye conduitte à la cime de la perfection : ie vous supplie de renouueller vostre attention, & de remarquer soigneusement ce que i'ay à vous dire.

Ce mot d'Inspiration veut autant à dire comme spirer au dedans, comme qui diroit interieure spiration. Hé ! Dieu, pourray-je bien dire ce que vostre grace me faict penser? tentons. L'Eternel Pere regardant la beauté de son infinie bonté, & la bonté de son infinie beauté, essentiellement & substantiellement exprimee en son Fils bien-aymé, auquel il se complaist, & ce Fils voyant la beauté & bonté de ceste mesme essence infinie originairemét en son Pere, ce reciproque regard de ces deux personnes diuines, autant distinctes en leurs relations, qu'indiuisibles en leur essence & substāce, produict d'vn mesme principe de volonté, qui est vnique en ce Pere & en ce Fils, ce grand eternel & infiny souspir Amoureux, qui cōstituë la troisiesme personne de la tressaincte Trinité, laquelle estant produite par voye de spiration interne est appellee du nom de S. Esprit, comme la seconde a le nom de Verbe, parce qu'elle procede par la voye de l'entendement. O Inspiration eternelle, qui estes vn tres-vnique souspir eslancé par deux personnes souspirantes, mais souspirantes par vne mesme volonté, pour vne mesme tres-vnique bonté & beauté. O souspir eternel & infiny, vous estes vn seul Dieu auec le Pere & le sainct Esprit. C'est de vous eternel Amour, spiration diuine, que procedent icy bas & au dehors toutes les inspirations qui vnissent nos ames à la diuine Bonté, comme vous estes au dedans le lien admirable, qui vnissez par vne communication essentielle, qui est pluftost vnité qu'vnion, lē Pere auec le Fils. Qui n'admirera desormais les

Y ij

rayons de ce Soleil eternel, les ruisseaux de ceste source infinie. O inspirations filles de la diuine Bonté, la cresme & l'elixir du diuin Amour, regnez icy bas heureusement en nos ames, afin que nos ames par vous regnent eternellement dans les Cieux.

Dieu donc qui spire eternellement au dedans de soy par la production de son Amour infiny, spire encores au dehors, c'est à dire, respand son haleine sur ses ouurages. Et c'est ceste spiration que desire nostre Amante, quand elle appelle *le vent chaud* du midy du sainct Amour. Vent chaleureux qui ameine la pluye de la grace, duquel dict Dauid; *Le vent a soufflé & les eaux se respandent sur la face de la terre.* En la creation *Dieu spira en Adam le souffle de vie:* & en la restauration du monde, *le Sauueur soufflant sur ses Apostres, leur communiqua son S. Esprit.* Doncques la spiration ou le souffle doit preceder l'inspiration, qui est vn souffle interieur, le spirer precede l'inspirer. Auant que nous receuions l'air au dedans il doit estre ambient au dehors, Et ceste spiration de la grace est au dehors, quand l'Espoux dict, *Ie suis à la porte & ie frappe, si quelqu'vn m'ouure i en-*

Flabit spiritus eius, & fluet aquæ. Psal. 147.
Inspirauit in faciem eius spiraculū vitæ. Gene. 2.
Insufflauit dicens, accipite spiritum sanctū. Ioan. 20.
Ego sto ad ostium & pulso. Apo. 3.

sur le Cantique des Cantiques. 341

ireray: & encores, *Ouure moy, ma sœur, ma Colombe, mon chef distille la rosee.* Et elle se change en inspiration quand elle entre, lors que l'ame *se leue pour ouurir à son Aymé*, & lors qu'elle dict, *Que mon Amant vienne dans son iardin.*

Apres le spirer suit l'inspirer: & c'est lors, côme disoit Ionathas à Dauid, *que les fleches sont au dedans, fleches aiguës qui penetrent les cœurs.* La grace preuenante est en la spiration, mais la subsequente est en l'inspiration: par celle-là le cœur est preuenu des *benedictions de douceur*, comme furent les Mages par l'esclat de l'Estoille, comme fut S. Pierre par le chant du coq & le regard du Sauueur, comme le rayon solaire qui bat sur les paupieres de celuy qui dort: & par celle-cy l'ame reçoit le mesme secours que receut le ieune Tobie de l'assistance de Raphaël, & S. Pierre de l'Ange, qui le fit sortir des prisons d'Herode. Par la spiration Dieu crea toutes choses, & par l'inspiration il les viuifia, & lors *l'homme fut faict en vne ame viuante*, dict le texte sacré. Quand la pluye eut penetré la terre les arbres germerent; ainsi quand la rosee de l'inspiration s'est escoulee dans nostre cœur, il commence

Aperi mihi soror mea sponsa, caput meum plenum est rore. *Cant.* 5.
surrexi vt aperirem dilecto. *Cant.* 5.
Veniat dilectus in hortû suû. *Cant.* 5.
sagittæ tuæ intra te sût. *I. Reg.* 20.
sagittæ tuæ acutæ in corda. *Psal.* 44.

factus est homo in animam viuentem. *Gene.* 2.

Y iij

à produire de bonnes operations: & comme l'ame viuifie le corps, on peut dire que l'inspiration communique à l'ame la vie spirituelle, estant ainsi l'ame de l'ame.

Or Dieu manie auec tant de dexterité & de liberté les choses volontaires, que le spirer & l'inspirer de sa part n'a point d'effect sans l'aspirer de la nostre : car nostre aspiration est la porte qui reçoit l'inspiration, l'aspirer n'estant autre chose qu'attirer l'air du dehors au dedans : c'est ce qui faisoit dire au Psalmiste, *I'ay ouuert ma bouche & attiré l'esprit* du Seigneur. En vain coule la fontaine, si nous n'ouurons la bouche pour nous abbreuuer de la clairté de son onde: en vain esclaire le Soleil, si nous n'ouurons ou la fenestre de nostre chambre, ou les yeux, fenestres de nos corps, pour receuoir la splendeur de ses rayons. *O Seigneur*, dict Dauid, *i'ay leué mes yeux vers vous qui habitez és Cieux. Et comme les yeux des seruiteurs & des seruantes sont attachez aux mains de leurs maistres & maistresses*, d'où leur vient tout leur bien; ainsi les miens sont tournez vers vos inspirations, sources de la grace, grace l'vnique thresor de mon ame. Ie suis

Os meum aperui, & attraxi spiritum.
Psal. 118.

Ad te leuaui oculos meos, qui habitas in coelis.
Psal. 121.

sans elle comme *vne terre beante sans eau*. Ie suis comme vne Apode atterré, qui bats des aisles de mes desirs, attendant le vent fauorable de vostre inspiration, pour me relancer dans l'air de vostre bonté. Ie ressemble à ces debiles vapeurs, qui ne peuuent se releuer de terre sans la puissante attraction de vos beaux rayons, ô mon vnique Soleil.

Anima mea sicut terra sine aqua. *Psal.* 142.

Belle Oeconomie, apres l'aspirer suit le respirer, qui n'est autre chose qu'vn mouuement perpetuel par lequel l'air est attiré, puis repoussé, & apres retiré, & derechef rejetté, par vne entresuitte agreable, qui maintient l'interieur en vne chaleur mediocre, par vn doux & temperé raffraichissemẽt; si que le respirer embrasse en soy l'inspirer & l'aspirer, comme qui diroit vne reciproque spiration : belle image de la reciprocation de nostre volonté aspirante auec la grace inspirante; celle-là faict l'infusion, celle-cy la reception, celle-là comme le Prophete fournit l'huille miraculeux, celle-cy comme la vefue preste les vases vuides, celle-là communique son abondance, celle-cy presente sa disette. Par la collision & le rencõtre de ce concours, se font les estin-

Y iiij

celles de la grace qui excitēt la flamme de la Charité. Par l'inspiration Dieu descend en nous, par l'aspiration nous nous estendons vers Dieu, & par la respiration, cōme par l'escalier de Bethel, se font ces montees & descentes alternatiues, c'est le flux & reflux de l'Occean de la grace: c'est la porte par laquelle *quiconque passe & repasse, entre & sort, trouue les pasturages abondans de la diuine Bonté.* N'auez-vous iamais veu sur le riuage de la mer ceste agreable vissicitude des flots, qui tantost iettent & vomissent des coquilles sur la greue, puis les rengorgent & raualent par les ondes fuyuantes, puis les repoussent derechef, & apres les rengloutissent; ainsi vont les inspirations, car Dieu les lance comme des amorces sacrees pour attirer les cœurs, & puis il les retire pour les faire desirer: ensuitte il les rejette, & si on les mesprise il les reprend; les aspirations reçoiuent les inspirations, & puis les respirations font ce mouuement alternatif, auquel consiste le repos bien-aymé de l'actiuité de nostre cœur.

Apres le respirer vient le transpirer, qui ne different qu'en ce que la respiration se faict, ou par l'organe de la bouche, ou par

Ingredietur & egredietur, & pascua inueniet. Ioan. 10.

sur le Cantique des Cantiques. 345

les fouspiraux de l'odorat : mais la tranſpiration ſe faict par tous les pores du corps. Or la tranſpiration ſpirituelle dont nous parlons qui vient en ſuitte de la reſpiration myſtique, n'eſt commune qu'à ces ames qui *regorgent de l'abondance de la memoire du ſainct Amour*, ce ſont celles qui admettent de toutes parts les inſpirations diuines, ſoit qu'elles leur arriuent en dormant comme à Iacob, à Samuel, à Salomon, à Ioſeph, ſoit en veillant comme à Abraham, ſoit en trauaillant, ſoit en repos, ſoit en liſant, ſoit en voyant vn bon exemple, ſoit en eſcoutant exterieurement la parole de Dieu, ſoit en l'entendant interieurement; en fin celles qui bandent toutes leurs facultez internes & externes pour receuoir la volonté de Dieu & l'executer. Ce ſont ceux qui peuuent dire auec Dauid, *Seigneur me veicy, il eſt eſcript de moy à la teſte du liure que ie face voſtre volonté*, & encores, *Enſeignez moy à faire voſtre volonté : car vous eſtes mon Dieu, enſeignez moy voſtre bonté, voſtre diſcipline & voſtre ſcience, car ie deſire executer vos commandemens.* Les fleurs jaunes ont vne inclination naturelle de regarder le Soleil : mais entre les autres le gyroſel

Memoriã ſuauitatis tuæ eructabo, Pſ. 144.

Audiã quid loquatur in me dominᵘ Deus, Pſal. 84.

In capite libri ſcriptũ eſt de me, Pſal. 39. Doce me facere voluntaté tuã, quia Deus meus es tu, Pſal. 142. Pſal. 118.

ne contourne pas seulement sa fleur vers cet astre, mais encores ses fueilles, ses branches, & sa tige ; ainsi les ames tant soit peu disposees à la grace, ont vne inclination particuliere à aymer les inspirations : mais celles *qui comme des fleuues de Dieu sont remplies de ces celestes eaux*, non seulement admettent les inspirations par la volonté, mais elles les reçoiuent par toutes leurs facultez sensibles & raisonnables. *Qu'il me baise*, dict l'Amante esperduë, *d'vn baiser de sa bouche*, ou des baisers de sa bouche, selon vne autre version : par ce baiser elle entend celuy de la volonté, qui se ioinct à l'inspiration d'vn plein & entier consentement ; & par ces baisers, elle signifie que *toutes ses facultez interieures* & exterieures embrassent de toutes parts les inspirations qu'il plaist à son Espoux de luy departir comme autant de doux baisers. Et tout de mesme que par les baisers des Amants, il semble que les ames se meslent comme les haleines, par la transpiration, ainsi est-ce par l'inspiration receuë par le consentement que se pratique la verité de ceste parole, *Celuy qui a la charité demeure en Dieu, & Dieu en luy*. Et c'est ceste

flumen Dei repletum est aquis, Psal. 64.

Osculetur me osculo oris sui, Cant. 1.

Omnia quę intra me sunt, Psalm. 102.

sur le Cantique des Cantiques. 347

transpiration spirituelle qui faict que l'ame est plus *où elle ayme qu'où elle anime*: car elle est au subiect aymé par son entendement, contemplant sa beauté par sa volonté, cherissant sa bonté par sa memoire, se souuenant de ses perfections; & elle n'est au corps qu'elle anime qu'en ses fonctions sensitiues, les raisonnables estans transportees par l'amour.

Or apres ce transpirer amoureux vient l'esperer. Ceste transpiration estant *mere de la saincte esperance*, esperance qui nous donne dés ceste vie de delicieux assentimens des Isles fortunees du Paradis. O espoir enfant bien-aymé de la transpiration, c'est toy qui communiques à l'ame qui mesnage vtilement les inspirations, ces *aisles de Colombe & d'Aigle*, qui la guident à son repos, c'est toy qui *fais esperer en Dieu, & dont l'attente n'est point confondue*. Eliezer ayant en l'inspiration que celle qui viendroit la premiere à la fontaine de l'abreuuoir, seroit celle que Dieu auoit preparee pour espouse à son petit maistre Isaac, il s'y tint en cet espoir, *& il ne fut point confondu en son attente*; l'ame fidele qui faict que l'aspiration deuient inspiratiõ par son aspiratiõ sa respi-

Vbi amat quàm vbi animat, *August.*

Quis dabit pennas vt columbæ, Psal. 54. Assument pennas vt aquilæ, Esal 40. In te domine speraui non cõfundar in æternum, Psa. 30 spes autem non confundit, Rom. 5. Gene. 24. Non confundas me ab expectatione mea, Psalm. 118.

ration, & sa transpiration ne peut auoir qu'vne bonne esperance.

Mais *esperance laquelle*, côme dict l'Escriture, *pour la retardation du bien desiré afflige l'ame*, & c'est ce qui faict qu'à l'esperer succede le souspirer, & le souspir n'est autre chose qu'vn air ardant auec vehemence poussé de la poictrine. C'est ce vent chaud qui ameine soudain à sa suitte la pluye des pleurs, c'est ce vent Cæcias qui attire à soy vne nuee de desirs sacrez qui se resoluēt en vne douce rosee de larmes. Dauid pressé de ceste saincte emotion disoit, *Mes larmes sont deuenues mon pain & ma pasture ordinaire depuis que mon cœur me dict tous les iours, où est ton Dieu*. L'esperance du salut le faict desirer, & ce desir retardé attire les souspirs & les regrets d'estre si long temps priué de ce bien, *Mes yeux*, poursuit ce Royal chantre, *sont deuers le seigneur luy disans, he! quand me consolerez vous? helas quād viendray-ie & apparoistrai-ie deuant la face de mon Dieu! ah que mon pelerinage est prolongé! habiteray-ie tousiours parmy ces tenebres? seray-ie encores banny pour long-temps?* S. Paul est tout remply de semblables souspirs, dont ie ne veux point allonger ce discours. *La langueur*

Spes quæ differtur affligit animā Prou. 13.

Fuerunt mihi lachrymę meæ panes die ac nocte, dum dicitur mihi quotidie vbi est Deus tuus, Psf. 41. Oculi mei ad Dominū dicentes, quando cōsolaberis me, Psf. 118. quando veniam & apparebo ante faciem Dei, Psal. 41. Hei mihi quia incolatus meus prolongatus est, Psal. 119. Amore langueo. Cant. 2.

sur le Cantique des Cantiques. 349

amoureuse de l'Espouse de nostre Cantique prouenoit de cet espoir souspirant. Ce sont les soufflets qui allument en nos cœurs la flamme du diuin Amour. *Iob ayant le sein regorgeant de l'esperance de la resurrection, & de voir en sa chair son Redempteur, proteste qu'il ne peut manger sans souspirer:* C'est ce *rugissement du cœur* de Dauid, lequel declare *que son ame a soif de son Dieu, & que sa chair en est alteree.*

En fin quand l'esperáce est si forte qu'elle fait venir les souspirs à son ayde, & quand les souspirs sont si vehemens qu'ils attirent les sanglots, c'est lors que l'on arriue au bien-heureux expirer, à ce desirable trespas d'amour que les Anges souhaiteroient s'ils estoient capables de mourir. Mais laissant à part ceste mort d'amour comme le dernier periode de l'Amour affectif où peu de gens arriuent, il vaut mieux que nous disions quelque chose de celuy de la voloté, auquel nous conduit par ce progrez que ie vous ay representé l'inspiration diuine: cet Expirer arriue donc ainsi quand le Spirer diuin est deuenu Inspirer par nostre Aspirer, Respirer, & Transpirer, & que ce Transpirer nous fait Esperer, & Souspirer, lors il

credo quod redemptor meus viuit. &c. Iob. 19. Priusquam comœdam suspiro, Iob. 3. Rugiebam à gemitu cordis mei, Psal. 37. sitiuit in te anima mea, quam multipliciter tibi caro mea Psal. 62.

Vt exhibeatis vos hostiam viuam Deo placentem rationabile obsequium vestrum, Rom. 12.
Respõsum mortis accepi.
Mortui estis, & vita vestra cõsepulta est cum Christo in Deo. Col. 3.
Viuo antẽ iam nõ ego viuit vero in me Christus. Galat. 2.
In fide viuo filij Dei, qui dilexit me, & dedit semetipsum propter me Galat. 2.
Deliciis affluens innixa super dilectum suũ. Cant. 8
Cõformes imagini filij Dei. Rom. 8.
Pater non mea sed tua voluntas fiat. Mat. 26. Luc. 16.

ne reste plus que d'Expirer, c'est à dire d'exhaler nostre ame comme vne parfaicte *Hostie agreable & viue par vn seruice raisonnable*, entre les bras de Dieu, ce qui se faict par vne forte abnegation interieure, & vne puissante résignation de nostre volonté au bon plaisir de Dieu. Et lors nous pouuons dire que nous sommes trespassez spirituellement, *puis que nous auons receu responce de mort, puis que nous sommes morts en nous mesmes, & nostre vie est ensevelie en Iesus Christ, en Dieu. Puis que nous ne viuons plus en nous, mais c'est le Sauueur qui vit en nous. Puis que nous viuons en la foy & en l'amour du fils de Dieu qui nous a aymez, & qui s'est donné luy mesmes pour nostre rachapt.* O que nostre volonté est heureuse d'estre ainsi transportee, transplantee, & comme entee en celle de Dieu. *Que de delices spirituelles* en ce sainct estat où nostre ame est *appuyee sur son bien-aymé.* Alors en nous *conformant entierement à l'image du Crucifié*, nous pouuons dire quant & luy, *ô Pere que vostre volonté non la nostre soit faicte.* O heureuse mort qui nous redonnes vne plus heureuse vie desirable, perte qui nous produits vn tel gain, delaissement qui nous tourne à vn grand aduantage. Noſtre volonté non plus que noſtre ame ne peut mourir, mais elle peut trapaſſer en celle de Dieu, & ainſi treſpaſſer en elle meſme pour reuiure en la diuine d'vne vie d'autāt plus excellēte que la volōté diuine eſt la vraye vie, & la noſtre propre eſt vne mort. Vne goutte d'eau qui ſe ſeicheroit ſeule ſe conſerue en l'Occean, noſtre volonté propre appelle ſa ruine, mais engloutie dans la diuine, elle ſe conſerue pour l'eternité. Les eſtoilles ſemblent perdre leur lumiere quand le Soleil remonte ſur noſtre Orizon: mais au contraire elle eſt rendue plus ample & dilatee. Noſtre volonté s'ennoblit iointe à celle de Dieu, comme vne fille roturiere mariee à vn Seigneur illuſtre.

On retranche la vigne afin qu'elle profite, le poil razé reuient plus fort & plus eſpais: plus nous retranchons de noſtre volonté propre, plus la diuine grace eſtend en nous ſes pampres verdoyās, & plus nous fructifions en bonnes œuures: Car la propre volonté eſt vn ver qui ronge nos meilleures operations, & qui les rend ſinon tout à faict inutiles, au moins imparfaictes: c'eſt le ſeul bois qui nourrit le feu d'enfer, elle ressemble au froment Euangelique, elle doit mourir & pourrir pour fructifier.

Retenez de ce long discours, 1. combien Dieu est suaue en ses inspirations, 2. Remarquez leur progrez qui est tel. Elles tirent leur origine du Spirer & Inspirer diuin qui est receu par nostre Aspirer, Respirer, & Transpirer, en suitte vient l'Esperer & Souspirer, & à la fin l'Expirer. Dieu vous rende bons mesnagers d'vne si saincte œconomie.

De l'attraction du sainct Amour.

HOMELIE XXII.

Trahe nos, post te curremus in odorem vnguentorum tuorum. Cant. 1.

COMME il n'est rien de si doux que les attraits de l'Amour, il n'est rien de si fort que ses traits, *ils sont plus puissants que ceux de la mort, plus vehemens que les flammes de l'Enfer.* Puissance tellement contemperée de suauité, que comme il n'est rien de plus aymable que sa suauité, il n'est rien de plus agreable que sa vehemence; les chaisnons inuisibles de l'ancien Homere Gaulois ne touchoient qu'aux oreilles; mais ceux de l'Amour attachẽt les cœurs. *Ses flesches sont si aigues que tout tombe sous leur pointte*: mais flesches trempées dans le baume de celuy dont le nom *est vne huile espanché*, & dont la playe est delicieuse. La Baleine, ceste montagne mouuante dans le cœur de la mer, attire les poissons au-

fortis est vt mors dilectio, dura sicut infernus æmulatio,
Cant. 8.

sagittæ tuæ acutæ populi sub te cadent,
Psal. 44.
Oleũ effusum nomen tuum,
Cant. 1.

Mons in corde maris.

tour de soy, non par la puissance de sa grandeur, mais par la force de la douceur de l'ambre qu'elle vomit. Laissons à part *la grandeur infinie* du celeste Espoux, car elle nous estonneroit; mais quel sera ce cœur qui ne se sentira doucement, & neantmoins fortement attiré par l'ambre de son sang qu'il verse à gros boüillons en la Croix, pour *la copieuse redemption* de tout le monde? O Seigneur, *c'est en l'odeur de ce parfum*, qui conforte le Ciel & la terre, *que nous sommes attirez apres vous, & que nous courrons à vostre suitte. Aue Maria.*

<small>Magnitudinis eius nō est finis. Psal. 144.

Copiosa apud dominum redéptio. Psal. 129.</small>

LA collision de deux cailloux engendre des estincelles, & i'espere que de la conference d'vn passage de l'Escriture auec celuy qui nous sert de theme, naistront des lumieres pour vos entendemens: ce rapport de textes les esclaircit l'vn par l'autre, comme deux fers qui se polissent estans frottez ensemble. Ce seront comme deux cheuaux bien dressez qui traineront vnaniment le chariot d'vne mesme pensee, sur les roües de diuerses interpretations. Le grand Apostre escriuant aux Corinthiens, *La charité de*

sur le Cantique des Cantiques. 355

Chrift, leur dict-il, *nous preſſe*, qu'eſt-ce à dire la charité de Chriſt, ſinon l'Amour que le celeſte Eſpoux a pour nos ames, amour denotté par *l'odeur des parfums*; qu'eſt-ce à dire *nous preſſe*, ſinon nous *attire* à ſon imitation, nous incite à l'enſuiure: *Car il nous a donné l'exemple, afin que nous ſuiuiſſions ſes veſtiges, & que nous fiſſions comme il a faict.* Voyez vous comme nos deux textes ſe rapportent à la lettre, & comme ils nous diſent deux choſes; l'vne que l'Amour que le Sauueur nous porte eſt notablement teſmoigné par l'eſpanchement du parfum de ſon ſang en ſa paſſion; l'autre que ceſte dilection nous preſſe, nous porte, nous tire à l'imitation, à la reciprocation. c'eſt ce qu'il nous faut deduire.

Charitas Chriſti vrget nos, 2. *Cor.* 5.

Exemplum dedit nobis vt ſequamur veſtigia eius, & vt ſicut fecit ita & nos faciamus. Ioan. 13.

1.

La charité de Chriſt, dict l'Apoſtre, & certes il me ſemble que l'on peut auſſi bien dire, que Chriſt eſt la meſme Charité que de dire qu'il a de la Charité, puis que comme *Dieu, il eſt noſtre Charité*, tout ce qui eſt en Dieu eſtant Dieu, ſelon la maxime Theologique, à cauſe que Dieu eſt toute ſubſtance ſans accident. au lieu qu'en nous elle eſt accident, qui par noſtre

Deus charitas eſt. 1. *Ioan.* 4.

Z ij

mauuaistié n'est que trop separable de nostre substance: car, *bien qu'elle se respande en nos cœurs par le sainct Esprit*, si est ce que nous pouuons par vne peruerse volonté, *resister au sainct Esprit, & dire à Dieu qu'il se retire de nous*, parce que nous ne voulons pas suiure ses voyes.

Dieu est non seulement bon, mais seul bon, ains la mesme bonté, & bonté infinie. Or la bonté estant l'obiect de l'Amour, Dieu est aussi vn Amour infiny, & l'Amour estant vn feu sacré, c'est pour cela que ce Dieu tout bon, & tout Amour est appellé *vn Dieu de feu*, *vne viue source de feu, & qui a vne loy de feu*. C'est pour cela qu'il paroist dans les buissons ardans, dans les sacrifices flambans, dans les fournaises embrasees, c'est pour cela qu'il est dict, *habillé de lumiere comme d'vn vestement, habitant vne splendeur inaccessible, & vne splendeur qui ne peut estre enueloppee d'aucunes tenebres*. Pour cela mesmes il paroist à sainct Iean en ses Reuelations auec des yeux estincellans, & des pieds de metal allumé.

Ce sont de gentilles questions naturel-

Charitas diffusa in cordibus nostris per spiritum sanctum. Rom. 9.
Vsque quo spiritu sancto resistitis. Act. 7.
Recede à nobis, vias tuas nolumus. Iob. 21.
Nemo bonus nisi solus Deus. Luc. 18.
Deus noster ignis consumens est. Deut. 4.
Ex ore eius ignea lex. Deut. 33.
Amictus lumine sicut vestimento. Psa. 103.
Lucem habitat inaccessibilem. 1. ad Tim. 6.
Lux in tenebris lucet, & tenebræ eam non comprehenderunt. Ioan. 1. Pedes similes auricalcho in camino ignis. Apoc. 1.

sur le Cantique des Cantiques. 357

les, si le Soleil qui anime toutes les choses terrestres de sa chaleur vitale a de l'ardeur en soy : & si ce bel astre lance ses rayons dorez par des traicts successifs, ou par vne file continuë. On respond à la premiere que l'eschaufaison qui se tire de ce corps lumineux, prouient plustost de le reflexion que de sa nature, l'effect se trouuant chaut d'vne cause qui ne l'est. Quant à la seconde elle est remplie de tant de difficultez qu'elle reste encores indecise, les partis se trouuant esgalement forts. Mais en ce bel *Orient d'enhaut* *Oriens ex*
qui ne recognoist plus de couchant en l'eter- *alto.*
nelle lumiere de ce Dieu, qui est toute *Luc. 1.*
clairté, *& la splendeur & candeur mesme* : Il *Christus*
ny a point de difficulté que la surnaturel- *resurgens*
le chaleur qu'il cōmunique à nos cœurs *ex mortuis*
prouient de l'embrasemēt de son Amour *iam nō mo-*
infiny. Amour dont les traicts sont con- *ritur, mors*
tinus, comme il se voit au benefice vni- *illi vltra nō*
uersel de la conseruation, mais qui pa- *dominabi-*
roissent successifs, si nous prenons garde *tur, Rom. 6.*
à la diuerse distribution de ses graces, selon la suitte des temps, en la chaisne des
siecles, & en l'enfileure des ages qui ont
esté sous les loix de la Nature, de l'Escriture, & de la Grace. *Iadis il parloit à*

Z iij

Homélies Spirituelles

Multifariã multifque modis olim loquês patribus in prophetis, nunc autê locutus est nobis in filio, quem constituit hæredem vniuersorũ per quem fecit & sæcula. Heb. 1. quando venit plenitudo temporis misit filium suum, natum ex muliere, factum sub lege. Galat. 4. Non rapiná arbitratus est esse se æqualem Deo. ad Phil. 2. Angelos non apprehendit, sed semē Abrahæ, Heb. 2.

nos Peres, dict l'Apostre, *par les Patriarches, & les Prophetes : mais en fin il nous a parlé par son Fils*, lequel *est venu en la plenitude des temps, operer le grand coup de nostre redemption.*

Mais laissant à part tant & tant de bienfaits qui passent en nombre les feux que la nuict allume dans le ciel, & le sable que la mer descouure en son riuage, jettons les yeux en passant sur quelques mysteres plus signalez où nous voyons clairement *la charité de Christ.* Ne fut-ce pas vn amour autant incomparable qu'il est incomprehēsible, & autant incomprehensible qu'il est infiny, qui pressa le fils du Monarque des cieux de quitter le Throsne de sa gloire, *où il estoit egal à son Pere*, pour venir icy bas espouser nostre nature, laissant comme Samson les filles de Sion, *ne prenãt pas la forme des Anges* pour caresser vne traistresse Dalile, se ioignant comme Moyse à vne Negre toute haslee, toute decoloree, toute deffiguree, s'vnissant, mais d'vne vnion personnelle, & d'vn lien indissoluble, auec vne perduë, comme Osee, abandonnant comme Abraham, Iacob, & Ioseph le seiour paternel, & les delices des Cieux, pour suiure en ce mortel

sur le Cantique des Cantiques. 359
exil, vne vie pauure & langoureuse, qui deuoit estre tranchee par vne cruelle & infame mort. O Incarnation que tu recelles en ton sein de merueilles amoureuses. Vous auez donc voulu, mon Sauueur, descendre à nous comme *l'Ange du grand Conseil*, par le mystique eschallier de Bethel pour nous releuer au sein de vostre Pere : *Vous auez incliné les Cieux de vostre grandeur* iusques à la bouë de nostre vilité : vous auez ioinct le vif argent de vostre diuinité, qui ne peut estre resserree non plus que ce souple metal, auec le verre de nostre fragilité, afin de nous faire seruir vostre humanité comme d'vn miroir où nous peussions voir vostre diuinité, dont l'essence vous est commune auec vostre Pere & le sainct Esprit, selon que vous disiez à vostre Apostre sainct Philippe, *Que qui vous voyoit, voyoit vostre Pere*. O qui pourra iamais recognoistre vne si grande dilection, *&* faire entendre dignement par toute la terre les loüages qui luy sont deuës. He ! Seigneur, qu'est-ce que l'homme, ou bien selon l'Hebrieu, qu'est-ce que ceste oublieuse creature, de laquelle vous

cōsiliarius Deus, fortis, magni consilij Angelus, *Esai.* 9.
Inclina cælos tuos, & descende, *Psal.* 143.

Philippe, qui videt me, videt & patrē meū, *Ioan.* 14.
Quis auditas faciet omnes laudes eius, *Psal.* 105.
Quid est homo ǎ quid est Enōs, quod memor es eius, aut filius hominis, ni obliuionis, quia reputas eum, *Psal.* 8. & *Psal.* 143.

Z iiij

tesmoignez par vostre souuenance faire tant de conte. Qu'est-ce que l'homme pour vous manifester à luy: & pourquoy attachez-vous vostre cœur à vn obiect si chetif? pourquoy le daignez vous honorer de vostre visite? Et quelle plus glorieuse visite que celle de l'Incarnation, donnant sa diuinité à nostre nature, & nostre humanité à sa diuinité?

Mais ceste donation estoit vniuerselle & generale, voyez comme *ce fleuue de Dieu*, ce torrent d'Amour, *& remply de l'eau de la grace*, regardez comme ceste *riuiere qui resiouyt la cité de Dieu*, enfle son *impetuosité*, & redoublant son cours, quitte son lict ordinaire pour inonder la campagne, & en se respandant ainsi, se communiquer à toutes les plates qui sont sur la terre. Celuy qui par l'excez de son incarnation auoit embelly nostre nature de l'vnion de la sienne, se communique particulierement à vn chacun de nous, par le mystere ineffable de la participation de son Corps & de son Sang, & c'est icy où sa grandeur semblant aneantie, il tesmoigne neantmoins par ceste cōmunication non defaillante l'excez de son pouuoir aussi illimité que son Amour est par delà toute mesure. C'est icy où le bō Elie

Quare apponis erga cum cor tuum? visitas eum diluculo. Iob. 7.

flumen Dei repletum est aquis. Psa. 64.

sur le Cantique des Cantiques. 561

se raccourcit sur vn chacun de nous, pour nous faire participans de l'esprit de vie par ce pain sur-substantiel, ce pain vif, ce pain viuifiant, ce *pain faict chair pour la vie du monde*. Si la Charité de ces amis de Iob est estimee, qui pour vn tesmoignage d'amitié se *desiroient repaistre de sa chair* : combien plus grande est celle de nostre bon Pasteur, *qui nous dône sa chair propre à manger*, quoy qu'en murmurent les Capharnaites.

Mais ie demande pardon à ces adorables mysteres, si osant mesurer leur infinité, i'ose dire que *l'excez de l'Amour celeste s'est monstré tout à faict en son Apogee en la Passion du Redempteur* ; aussi est-ce ceste *Charité*, que l'Apostre dict *qui nous presse*, comme il est aysé à iuger par la suitte de son discours qui continuë ainsi: *Pensons attentiuement à cela, que si tout seul il est mort pour nous tous, donc nous sommes tous morts en luy, afin que ceux qui viuent ne viuët plus pour eux-mesmes, mais pour celuy qui est mort pour eux, & qui plus est resuscité.* Aussi ce trâsport de dilection est-il appellé *Charité trop grande*, parce que sans doubte Dieu pouuoit par vn beaucoup moindre moyen nous rachepter, vne parole estant capable de restablir le monde aussi bien

Quis dêt de carnibus eius, vt saturemur. *Iob.* 31.
Nunquid poterit nobis carnem suam dare ad manducandum. *Ioan.* 6.
Elias & Moyses loquebantur de excessu. *Mat.* 17.
Estimâtes hoc quia si vnus pro omnibus mortuus est, &c. 2. *Cor.* 5.
Propter nimiam charitatê, qua dilexit nos. *Eph.* 2.

que de l'establir & luy donner l'estre; mais il n'estoit pas possible à la toute puissance Diuine, de trouuer vne inuention plus excessiuement amoureuse que de mourir pour son rachapt. O ames deuotieuses, mystiques abeilles, venez, auolez, accourez, pour faire le miel de vostre pieté dans les playes de ce lyon de Iuda, deschiré sur le Caluaire, & chantez hautement ces mots de triomphe, *L'Amour est plus fort que la mort*, puisque la mort qui tuë toutes choses est celle qui donne la vie à l'Amour.

Il n'y a point de plus grande Charité, que de donner sa vie pour ses amis, la vostre, dict S. Bernard, ô bõ Iesus, est encores plus grãde & passe toute extremité, puisque vous auez prodigué vostre sang pour vos ennemis; car n'est-il pas vray qu'il nous *a reciliez à son Pere en son sang, lors que le monde luy estoit plus ennemy*, & capitalement conjuré à la ruyne de sa gloire? O Seigneur, chante l'Eglise, nous admirons vostre longanimité en la tolerance de nos iniquitez: mais combien plus grande est vostre clemence, qui vous faict endurer vne cruelle mort, pour nous retirer d'vne eternelle perte.

fortis est vt mors dilectio. Cant. 8. Maiorem charitatem nemo habet, quã vt animã suam ponat quis pro amicis suis. Ioan. 15. Cũ inimici essemus reconciliauit nos in sanguine suo. Rom. 5. Quæ te vicit clementia, vt ferres nostra crimina, crudelẽ mortem patiens vt nos à morte tolleres.

sur le Cantique des Cantiques. 363

Et afin que vous ne penſiez pas que ce bien-faict ſoit moindre pour eſtre general, ie vous ſupplie de remarquer qu'il appartient à vn chacun de nous, comme à tous, & n'eſt pas plus à tous qu'à vn ſeul, chaque particulier (auſſi bien que de l'Euchariſtie, qui eſt ceſte *viande merueilleuſe qui ſert de memorial* reel de ceſte mort) en a la iouyſſance entiere ſolidemẽt & ſolidairement, ne plus ne moins que du Soleil, lequel luit eſgalement ſur vn deſert habité d'vn ſeul homme, que ſur vne grãde Cité fourmillante de peuple. C'eſt ce qui faict parler ainſi l'Apoſtre, *Il m'a aymé & s'eſt donné luy-meſme pour moy* ; comme ſi ces ſouffrances auoient eſté endurees pour luy ſeul: auſſi la ſplendeur & la chaleur du diuin Amour eſt pareille à celle du flambeau, qui eſclaire eſgalemẽt pour vn que pour pluſieurs. Les fontaines coulent dãs le deſert auſſi bien que par les carrefours des villes. Vne poule eſt autant empreſſée d'vn pouſſin que de pluſieurs. Le Sauueur preſchoit à de grãdes troupes qui le ſuiuoiẽt, attirez de l'odeur de ſes paroles & de ſa vie iuſques dans les deſerts: mais ne voyez-vous pas que pour

Pſal. 110.

Dilexit me, & dedit ſemetipſum propter me.

la conqueste d'vne seule Samaritaine, il se trauaille en sorte, que tout *lassé & recreu du chemin, il est contrainct de se reposer sur le bord d'vn puits*, lassitude que nous ne lisons point luy estre arriuee pour la queste des multitudes. Voyez auec quelle attention il pense à la conuersion d'vne Magdeleine, d'vn Mathieu, d'vn Zachée, d'vn Iudas, d'vn S. Pierre, comme si dans les agonies de sa Passion, le salut vniuersel de tous les hommes n'eust pas esté plus grand que celuy de ses particuliers. Et n'est-ce pas ce que nostre Seigneur declara à l'inconsideré Carpus, qui luy demandoit vn zele, sans science & sans discretion, la malediction sur deux Apostats, qu'il estoit prest d'estre crucifié derechef pour ces pauures ames esgarees. Ne le trouuez pas estrange, car l'Amour du Sauueur surpasse incomparablement celuy qui faisoit à Dauid souhaitter la mort pour son fils Absalon, & encores pour le peuple terrassé du fleau de la pestilence, deuance de bien loing celuy de cet esclaue Romain, qui se donna à la mort soubs les habits de son maistre, puisque le Sauueur s'est *reuestu en forme de serf, prenāt la semblance de l'homme*, afin de mourir

patigatus ex itinere sedebat sic super fontem.
Ioan. 4.

Dyon. Areop. ad Demophilum.

formam serui accipiens in similitudiné hominum factus, habitu inuentus vt homo.
Phil. 2.

sur le Cantique des Cantiques. 565

pour les esclaues du peché, *qui auoient faict paction auec l'enfer.* Que si vous voulez voir la pratique de cet Amour extreme, contemplez nostre doux Redempteur, prest de se liurer volontairement entre les mains des bourreaux, que sa seule parole auoit porté à la renuerse, leur faire commandement de *laisser aller ses Disciples en liberté.* *Cum inferno fecimus pactum. Esai. 28.*

sinite hos abire. Ioan. 18.

Si donc vous desirez desormais mesurer l'immesurable & *sureminente Charité du Redempteur,* prenez sa Croix, & en ses quatre angles vous apprédrez *quelle est la largeur, la longueur, la hauteur, & la profondeur* de son Amour extreme. C'est le roseau pour trouuer les dimensions de la saincte cité de Hierusalem. *scire supereminentem scientiæ charitatem Christi. Ephes. 3.*

Quæ sit lógitudo, latitudo, sublimitas, & profundū charitatis Christi. Eph. 3.

II.

Mais se pourra-t'il bien faire que vous puissiez cognoistre ceste Charité nompareille, *sans estre pressez de courir apres elle en l'odeur de ses parfums.* Certes il faudroit estre plus insensible que le fer, qui suit l'attraction de l'aymant, auoir moins de sentiment que le limier, qui sçait suiure le gibier à ses passées, à ses fumees. Rien ne presse tant d'aller vn cheual que d'auoir les esperons dans les flancs, rien ne le releue pluſtoſt quand il bronche que la picqueure de ces pointes: ſi les pointures des ſouffrances de noſtre Maiſtre ne nous percent le cœur, & ne nous font bondir en la lice de ſes commandemens, faut-il pas que la ſtupidité nous face tout à faict renoncer à la ſenſibilité? *O Seigneur*, diſoit le Chantre Roy, *ie ſuis comme vn pauure cheual auprés de vous, auſſi ſuis-je touſiours auec vous, & vous me menez ſelon voſtre volonté.*

Vt iumentū factus ſum apud te, & ego ſemper tecum. Pſal. 72. In volūtate tua deduxiſti me. Pſal. 72.

La Charité nous preſſe, c'eſt à dire nous porte rapidement à l'imitation & à la ſuitte: c'eſt vn Capitaine dont l'exemple rend tous ſes ſoldats vaillans, & qui les tire apres ſoy aux perils pour le deſir d'imiter ſa valeur.

Vrget præſentia Turni.

Turnus eſt ant preſent les preſſe de donner, dit le grand Poëte, tant eſt efficace la force de l'exemple. Les ſoldats puſillanimes deuiennent genereux ſoubs vn Chef qui a vn cœur de lyon. La ſeule preſence d'Alexádre rendoit les ſiens inuincibles, & ceux qui ſuiuoient la fortune de Ceſar ne voyoient iamais la peur dans les plus ſanglantes meſlees. L'on dira ce que l'on voudra, mais Ceſar ne fit iamais tant

sur le Cantique des Cantiques. 367
auec ses belles harangues que par son courage : quel poltron ne l'eust suiuy quand il passa le Rubicon à nage, & quand se poussant dans les escadrons ennemis, il partoit comme vn esclair, & frappoit comme vn foudre? Les paroles ont quelque pouuoir, mais rien n'esmeut tant que l'action, l'œil a plus d'ascendant sur le cœur que l'ouye. L'exemple a vne attraction douce, mais si forte qu'elle faict courir apres, voire à trauers tous les hazards imaginables. Si le Capitaine tire pardeuant à sa suitte, son imitation sert encor au derriere de sergent de bande, qui haste d'aller les moins courageux. Le Sauueur dict à ses Apostres qu'il va en Hierusalem pour endurer la mort, voyla vn sainct Pierre qui proteste de mourir auec luy, & vn sainct Thomas qui anime tous les autres, en disant, *& nous, allons & mourons auec luy*. Rien ne presse tant les abeilles & les fourmis à diligenter en leur mesnagerie, que la douceur du miel & du froment qu'elles amassent, mais encores auec cela les paresseuses sont chastiees par certaines destinees à cet office pour haster le labeur.

Non sic inflectere sé tant per humanos edicta valent, vt vita regentis.

Eamus & nos, & moriamur cum illo. Ioan. 11. Pars agmina cogunt; Castigantqi morâs. Vir. Æneid. 4.

La Charité nous presse, c'est à dire attire nostre cœur à la reciprocation : c'est elle qui ramasse toutes les facultez de nostre ame, comme vn Centenier ses Soldats, pour les mener au seruice du sainct Amour, qui est le Roy de nostre ame. Ame qui est attirée, *non par des cordages*, dict vn ancien Pere, *mais par les affections*. C'est ce vent impetueux, qui nous faict auancer sur la mer des bons desirs. *Chacun est tiré & alleché par sa propre conuoitise*, dict l'Escriture, l'Amour est vn desir qui presse le cœur en le tirant, c'est vn tire-cœur, non tyrannique & forcé, mais doux & volontaire : cela se voit en ces Amans passionnez, Iacob, Sanson, Ammon, & Absalon aussi, dont le cœur estoit tiré par vne ambition immoderee qui luy cousta la vie. Ainsi les animaux sont attirez par leurs appetits, le lyon chasse apres le loup, le loup apres la brebis, la brebis apres le serpoulet ; ainsi *tout va apres le desir de son cœur*.

La Charité nous presse, c'est à dire nous appelle à la reciprocation, nous demande secrettement quelque retribution, ou du moins quelque recognoissance. *Que retribueray-je au Seigneur*, disoit le Psalmiste, *pour tant de biens dont sa grace me comble ? Il faut*

Vnusquisq; ducitur à concupiscentia sua abstractus & illectus. Iacob. 1.

Torua leana lupum sequitur, lupus ipse capellam: Florentem cithisum sequitur formosa capella. Bonus in desideria cordis sui.

Psal. 115.

sur le Cantique des Cantiques. 369

faut que ie luy rende mes vœux deuant tout son peuple, & au milieu des paruis de son temple. O gardien des hommes, disoit le sainct personnage Iob, *que feray-je pour vostre seruice?* Mon fils, mon fils, disoit le vieux Tobie au ieune : *mais que ferons-nous pour recognoistre dignement les bons offices de ton guide, sçache mon cher enfant, si la moitié de nostre substance le contentera.* O ame pleine de gratitude & de generosité : Helas ! mais que ferons nous nous autres pour reciproquer le sãg du Sauueur ? quelle proportion y a t'il du finy à l'infiny ? certes il nous faut succomber à ceste obligation, qui est sans reuenche, & dont la grandeur nous estonne. Seulement puisque l'Amour ne se paye que de sa mesme monnoye, aymons ; *la dilectiõ est la plenitude de la loy, celuy qui ayme l'accomplit toute entiere: Celuy qui m'ayme,* dit le Sauueur, *garde mes commandemens, & mon Pere l'aymera, & nous viendrons en luy & y ferons nostre demeure.* O mes cheres ames, laissons-nous attirer aux odeurs de ceste cassolette amoureuse, qui parfume les Cieux & embaume toute la terre.

Quid faciã tibi, ô custos hominum.
Iob. 7.
Tob. 12.

Solo amore pensatur amor.
Gregor.

Ioan. 14.

Aa

Le discours precedent poursuiuy, sur les attraicts du diuin Amour.

HOMELIE XXIII.

Trahe nos, post te curremus. Cant. 1.

Ovs imiterós les chasseurs, qui ayans laissé leur chasse interrompuë par la deffaillance du iour, retournent le lendemain dés que la belle fourriere du Soleil auec ses doigts semez de roses, tire le rideau estoilé de la nuict, sur les branches brisees, sur les erres de leur proye, où la meute bien dressee n'est pas plustost remise, que sans perdre le change, elle poursuit iusques dans son fort son gibier desiré, d'où estant relancé recommence la chasse iusques à la curée. Nostre passage de S. Paul nous preste de nouueau tát de lustres & de visages, pour l'esclaircissemét & l'intelligéce du nostre, que ie n'ay point faict de difficulté de reuenir sur mes mesmes erres, ayant descouuert que le pourchas ne vous en auoit pas esté desagreable. Ie vous remettray donc sur ce train, si celle qui nous a aydé à commencer ceste queste, nous meine encores à la fin iusques à la conqueste de quelque cœur, proye fort desiree du celeste Amour. *Ave Maria.*

IL n'est point question de faire vne nouuelle enceinte, ny vn nouueau pourchas, puisque nos brisees sont encores fresches, & les idees de mon discours precedent recentes en vostre memoire. C'est pourquoy ie me iette d'abord sur ce mot de

I.

Presser, correlatif de celuy de *Tirer. La Charité* dõcques *nous presse*, c'est à dire l'Amour que le Redempteur nous porte, nous imprime sur le cœur vne reciproque dilection. *Mets moy comme vn cachet sur ton sein, comme vn sceau sur ton bras*, dict l'Espoux à la Bien-aymee. Le vaisseau ne peut estre scellé qu'en pressant bien fort le sceau qui luy doit donner la marque: & ceste marque faict recognoistre à qui appartient ce vaisseau. Mais il faut que la matiere soit disposee pour receuoir ceste impression, c'est à dire, qu'elle soit

2. Cor. 5.

Pone me vt signaculum super cor tuum. Cant. 8.

Aa ij

mole & flexible. Hé! qui nous fera la grace, que nos cœurs deuiennēt *des vases d'eslite*, marquez au coing du Sauueur crucifié: *si nous auons porté l'image de l'Adam terrestre, pourquoy ne porterons-nous pas celle du celeste? Pourquoy ne nous conformerons-nous à la semblance du Fils de Dieu*, puisque l'Amour est fils de la sympathie ou resemblance? Que nos cœurs ne sont ils *ceste monnoye du tribut, ayans la figure empreinte du Cesar eternel*: Pour cela il leur faut oster toute dureté empierree, & les *rendre côme la cire mole au milieu de nostre estomach*. Tel estoit celuy de ceste Amante, *dont l'ame se fondoit d'ayse à la seule voix de son Espoux*. O qui nous fera ceste grace, que toute impression de l'Amour de la terre s'efface de nos cœurs par le sceau de la dilection celeste, & que le cloud de l'esprit chasse celuy de la chair. O *Dieu percez nostre chair de vostre crainte* & de vostre Amour, & nous attachez tellement à vous, que nous soyons *inseparables de vostre charité*. *Ie suis à vous Seigneur, donnez-may de l'entendemēt pour recognoistre que vous auez graué sur mon front la lumiere de vostre face*. Enfoncez-

Si portauimus imaginem terrestris portemus &imaginem cœlestis.
1. Cor. 15.
Cōformes imagini filij Dei.
Rom. 8.
Numisma census in quo imago Cæsaris.
Mat. 22.
Auferam à vobis cor lapideum.
Ezech. 11.
Factum est cor meum tamquā cera liquefacés in medio ventris mei.
Psal. 21.
Anima mea liquefacta est, vt dilectus locutꝰ est. Cant 5.
Confige timore tuo carnes meas.
Psal. 118.
Quis nos separabit, à charitate Christi. Rom. 8. Tuus sum ego, da mihi intellectum. Psal. 118. Signatū est super nos lumen vultus tui Domine. Psal. 4.

sur le Cantique des Cantiques. 373

vous ineffaçablement sur mon cœur, afin qu'eſtât l'vnique objet de mes affections, ie vous porte encores empreint ſur le bras par mes operations, afin que mes intentions & mes actions releuent entierement de voſtre Amour, ſans lequel elles ne peuuent auoir ny valeur ny vie. Donnez à mon ame cela meſme qu'Eliezer à Rebecca de la part d'Iſaac pour arres de mariage, des pendans d'aureille, c'eſt à dire l'inclination à eſcouter vos inſpiratiõs, & des bracelets, la vigueur de les executer auec fidelité. Ce que l'on entaille ſur la tendre eſcorce des ieunes arbres, croiſt auec eux & y demeure iuſques à leur fin: qu'euſſions-nous autant de *docilité interieure* pour receuoir les graueures du S. Amour, & autant de fermeté pour les retenir iuſques à la mort: car le poinct de noſtre eternelle beatitude cõſiſte à mourir en la Charité, en laquelle ceux qui meurẽt **meurẽt en Dieu & ſont declarez bienheureux**. Ce fut ceſte belle diſpoſition au S. Amour, qui ſtigmatiza ſi glorieuſemẽt le Seraphique S. François, & qui burina ſur le cœur de la B. Claire de Mõtefalco les enſeignes de la Paſſion du Redempteur. Ces belles ames pouuoient bien

Gene. 24.

Erunt omnes docibiles Dei. *Ioan.* 6.
Beati qui in Domino moriuntur. *Apo.* 14.

A a iij

dire *que la Charité de* Iesvs-Christ *les pressoit.*

Ce mot de Presser nous exprime encores par vne puissante metaphore, ceste estreinte violente des pressoirs où l'on fait couler la vendange : comme si l'Apostre vouloit dire que la consideration de la Passion du Redempteur met nos cœurs sous l'arbre de sa Croix, où se faict vne espreinte du plus pur sang de ces grappes raisonnables, qui n'est autre que l'Amour. Rachel ayant le cœur extremement pressé du desir d'auoir des enfans, disoit à son Iacob, *Donne moy des enfans, ou ie mourray.* Ainsi l'ame qui a la Charité, est continuellemēt sollicitee de son Amour, de souffrir ou d'agir pour l'object aymé : la vraye dilection n'est iamais oysiue, elle veut tousiours operer, son repos est au trauail, comme celuy du cœur en son agitation. Rachel ne pouuant encor auoir d'enfans, fit accoucher sa seruāte Bala sur ses genoux, pour en auoir au moins d'adoptifs, selon la coustume de ce temps-là : l'ame qui ayme n'ayant pas les occasions de bien faire comme elle desireroit, se plaist aux bonnes actions de son prochain, & en iouyt par sa resiouyssance.

Da mihi liberos alioquin moriar, Gen. 30.

sur le Cantique des Cantiques.

La Charité nous presse, c'est à dire nous porte à la compassion d'vne si cruelle mort: C'est à cela que le Sauueur par la bouche du Prophete lamentable appelle tous les passans par le chemin de ceste vie voyagere: *O vous tous qui frayez ce sentier, regardez auec attention s'il est quelque douleur conferable à la mienne.* Rien ne serre tāt le cœur que la pitié, ou il faut auoir perdu toute pieté, que dis-je, mais tout sentimēt d'humanité. L'Amour qu'Heli auoit pour ses enfans pressa tellemēt son cœur en la nouuelle de leur mort, qu'il mourut pasmé de cet oppressement: les amis de Iob se trouuerent si saisis, voyans son extreme misere, qu'ils demeurerent plusieurs iours sans parler. Iacob fut tellement pressé de la mort supposee de Ioseph, que la douleur le pensa oppresser. Agar outree de pitié, voyant mourir Ismaël deuāt ses yeux, se retira en vn coing du boys, de peur que son cœur ne creuast de ce creuecœur. Et ie vous prie, qui tire tant de larmes des ames deuotieuses en la contemplation de ce douloureux mystere de la mort du Redempteur, sinon la compassion, qui faict que leur cœur se creue dans leur poictrine, & se respand

O vos omnes qui trāsitis per viā attēdite, & videte si est dolor similis sicut dolor meº. Thren. 1.

A a iiij

par les yeux. Les maux de leur nature font contagieux, & rien ne blesse tant vn cœur que d'en voir vn autre nauré pour son Amour; il est encores plus susceptible de ce doux mal, que les yeux qui tirent à eux le mal de ceux qui sont malsains en les regardant auec attention. Les fleurs iaunes tirent ceste couleur des rayós dorez du Soleil, auquel elles se cótournent sans cesse. La consideration fixe des douleurs fixes de son Espoux brunit-elle pas le teint de nostre Amante. Le cœur de la veufue de Naim, affligé de la mort de son fils vnique, porta la misericorde dans celuy de nostre Seigneur qui luy rendit son enfant en vie. La pitié que la Cananée auoit de sa fille, fit que le Sauueur eut pitié d'elle & la remit en santé. Le fer frotté d'aymant a la vertu de l'aymant pour attirer vn autre fer: c'est pourquoy il est dict, *que les misericordieux obtiendront misericorde*; au contraire *que les impitoyables seront iugez sans commiseration*, comme la parabole de l'œconome endebté, rigoureux enuers son conseruiteur, tesmoigne clairement.

La Charité nous presse, c'est encores pour nous monstrer, que par le moyen du di-

Dum spectant oculi læsos læditur & ipsi.

Nolite me cósiderate quod fusca sim. Cant. 1.

Misericordia motus dixit, mulier noli flere. Luc. 7.

Misericordes misericordiam consequentur. Mat. 5.

Iudicium sine misericordia ei qui non fecerit misericordiam. Iacob. 2.

uin Amour, nous sommes reünis à nostre vray principe, qui est la divine Bonté: aussi le grand sainct Denys dit il, que l'amour a vne vertu vnitiue, vnissante & tendantes à l'vnion. Qui vnit la paille à l'ambre sinon l'Amour? & quand les nautonniers qui font trafique de fer, se sentent cingler extraordinairement sous vn vent assez foible, ils se iugent proches de quelques rochers d'aymant, qui causent ceste impetuosité par leur amoureuse attraction: qui faict que l'enfant se complaist si fort sur le sein de sa mere, sinon l'Amour? qui allie la vigne aux ormeaux, le lierre aux murailles, sinon l'Amour? qui faict que le greffe enté sur le sauuageon s'y incorpore, sinon l'Amour? qui faict que la flamme tend en haut, & que le gros cartier de Roc s'enfonce peu à peu dans la terre, sinon ceste amoureuse inclination qui faict que les choses insensibles recherchent leur centre? Celuy de nostre cœur c'est Dieu: car comme il vient de Dieu il n'a point de repos qu'en luy, ses desirs estans infinis ne peuuent estre bornez ny de la surface de la terre, ny de la circonference des cieux, mais seulement par celuy dont l'infinité le peut englou-

S. Dionys. de diuin. nominib.

Fecisti nos Domine à te, ideo inquietum est cor nostrū, donec requiescat in te, August. Quid mihi est in cælo, & à te quid volui super terrá Deus cordis mei, Psal. 72. Deus maior est corde nostro.

tit dans l'abysme de sa grandeur. Or ceste vnion à ce centre desirable, & desiré, ne se peut faire que par l'amour surnaturel *que Dieu respand en nos cœurs par son sainct Esprit.* Et lors comme des arbres nouuellement transplantez, qui estendent leurs racines dans le sein de la terre, nous eslargissons nos affections dans la douceur de la bonté celeste ; nous la sauourons delicieusement comme vne exquise liqueur qui se diffond par toutes les facultez de nostre ame, ce qui est signifié par ceste yuresse spirituelle dont il est faict si souuent mention dans nostre Cantique. Que si la parole de Dieu qui nous faict entendre les secrets de sa dilection est appellee par Dauid plus doux que le miel, combien sera plus doux que le sucre dans la bouche de nostre cœur la saincte Charité, puis que ceste parole n'est que la canne & l'escorce qui recelle ceste douceur qui passe tout sentiment ? Quand l'eau s'incorpore dans vne esponge, elle la remplit & penetre tellement que l'on ne sçauroit dire si l'esponge est aqueuse, ou si l'eau est spongieuse : ainsi quand l'Amour celeste s'empare d'vn cœur, il le rend tout diuin, & le transforme tota-

Charitas diffusa in cordibus nostris, per spiritum sanctum qui datus est nobis, Rom. 5.

Venite inebriamini carissimi, miscui vinum cum lacte, Cant. 5.

sur le Cantique des Cantiques. 379
lement en Dieu, si que, *il ne vit plus en soy, mais Dieu vit en luy*, vnion admirable, chef-d'œuure de la supreme Bonté.

La charité nous presse. Ce n'est pas tout, ceste vertu apres nous auoir vnis à Dieu, nous ioinct encores, & nous colle auec nos prochains, ciment admirable, meslé du Sang du Redempteur, qui lie ensemble les pierres viues de la militante Hierusalem, comme celles de la Triomphante. C'est là ce feu dont l'actiue chaleur fonde les metaux, & les associe : De là vient que la charité est appellee lien, & *lien de perfection*, ouy, car les autres associations que la police, le profit, ou le plaisir engendre, ne semblent que des chaisnes de verre ou de fil, au prix de l'attachement de la Charité, qui est tout d'or, & de soye. Et c'est ce lien qui faict que nous sommes tous vnis en la Religion Chrestienne & Catholique, & que les fideles n'ont *qu'vn cœur & vn esprit, s'aymans d'vne charité fraternelle* : C'est pourquoy ils sont appellez, oüailles & brebis, dont vous sçauez que le naturel ayme tellement l'vnion qu'elles sont inseparables. Et l'Eglise qui n'est autre qu'vne congregation de personnes

Religio à religando. *Lactant.*
Credentiũ erat cor vnum, & anima vna, *Act. 4.*
Charitate fraternitatis inuicem diligentes, *Rom. 12.*

vnies en vne mesme foy, est elle pas figurée par l'Arche du Patriarche qui surnagea les eaux du deluge, où tous les animaux, bien que de naturels fort contraires estoient neantmoins d'accord. Ce fut ce lien de Charité qui fit dire par Iehu à Ionadab que si son cœur estoit droict vers le sien il le monteroit en son chariot, & le rendroit participant de sa victoire. De cet Amour prit racine la communauté des premiers Chrestiens, qui enflammez de zele mettoient toutes leurs facultez aux pieds des Apostres. *O qu'il faisoit bon voir ces freres bien vnis, ceste liaison les rendoit plus odorans que les plus precieux parfums.* Voila iusques où nous ont conduit les diuers visages de ceste parole, *La charité nous presse*.

4. Reg. 10
v. 15.

II.

Mais afin que nous ne semblions pas auoir tout à faict pris le change de ceste parole de l'Apostre qui nous a plustost accompagné en nostre voye que destourné de nostre route, ie reprens celle de nostre Cantique où l'Amante se dict pressée & attirée si fort qu'elle en court à perte d'haleine: mais c'est, dit elle, apres

sur le Cantique des Cantiques. 381

les charmantes odeurs des parfums de mon Bien-aymé. He! quelles sont ces odeurs sinon ses Amours? & quelles sont ses Amours sinon sa Charité mesme? Car où la lecture vulgaire dict, *vos mammelles sont meilleures que le vin*, vne autre porte, *vos amours, & amours plus odorantes que toutes les plus exquises senteurs*. Ouy : car la Charité est vne vertu vniuerselle qui cóprend toutes les autres en son estendue, & les surpassant en eminence, de sorte que les autres ne sont rien sans elle, mais elle peut subsister sans les autres, ou plustost elle engendre toutes les autres: c'est vne Manne qui a tous les gousts des autres viandes, vn Thimiame composé de tous les aromates, *c'est ceste verge de fumee formee de toutes les drogues du parfumeur.* C'est vn miel qui comprend l'esprit des fleurs des autres perfections, vne eau alambiquee de toutes leurs essences, vn Soleil sans lequel aucun bien ne se produict en nous: car l'Apostre dict il pas que le martyre mesme sans la Charité n'est rien? la plus sublime science, l'eloquence mesme des Anges sans la dilection n'est que le vain son d'vne cloche. La Charité est vn jaspe qui a les couleurs de toutes

Meliora vbera tua vino fragrátiavnguentis optimis, *Cant.* 1.

Virgula fumi ex aromatibus myrrhæ, & thuris, & omnis puluerispigmentarij, *Cant.* 1.
Si dedero corp' meū itayt ardeā, 1. *Cor.* 13.
Si linguis hominum loquar, & Angeloru, 1. *Cor.* 13.

les autres pierreries, & dont est estoffé le premier fondement de la saincte Cité; l'ame est ruineuse qui n'est *enracinee & fondee en la Charité.* Qui bastit sans ceste base, demolit au lieu d'edifier. C'est vn miroir ardant, qui ramassant en soy les rayons espars des autres perfections, excite en nos cœurs ceste flamme saincte, que le Sauueur est venu apporter au monde pour embraser l'vniuers, pour laquelle attiser, il n'a cessé de souspirer en ceste vie, iusques à ce qu'il ait expiré par la mort, & la mort de la Croix.

Ceste vertu est vn mystique & spirituel Pantheon, où se rangent toutes les autres: c'est l'estendard où elles se rallient; c'est le throsne où sied en Majesté le Roy pacifique des cœurs, ce vray Salomon, auquel *sont tous les thresors du Pere, & auquel reside la plenitude de la Diuinité*: C'est ceste herbe Dodecatheos qui chasse toutes les maladies, & redonne vne parfaicte santé à l'ame. C'est ce bouquet de diuerses fleurs dont l'Espouse pare son sein en nostre Epithalame. Hé! Seigneur, donnez nous cet Amour, & rien plus, puis qu'en luy nous aurons toutes choses; *Cherchez le Royaume de Dieu, & sa Iu-*

Fundamentum primū iaspis. Apocal. 21. In charitate radicati, & fundati, Ephes. 3. Ignem veni mittere in terram, Luc. 12.

In quo omnes thesauri scientiæ, & sapientiæ, Colo. 2. Residet in eo omnis plenitudo diuinitatis. Col. 1. Cant. 1. Quærite primò re-

stice, & tout bien vous viendra en suitte. Et qu'est ce que ce Royaume de Dieu, ceste Iustice, sinon ce celeste Amour? *O feu qui ne vous esteignez iamais, embrasez-moy, ô mon Dieu, qui estes toute Charité embrasez-moy*, & faictes que mon cœur, comme vne pierre Abestos, qui ne quitte iamais l'ardeur qu'elle a vne fois conceuë, ne laisse iamais amortir en soy ce feu sacré quand il en sera vne fois eschauffé. Feu que vous voulez voir tousiours flamber sur l'Autel de nostre volonté dedans le temple de nostre ame. Ce sera lors qu'animé de ceste chaleur ardante, & pressé de sa pointe, *ie courray apres vous en l'odeur des parfums de vostre bonté*.

gnum Dei, & iustitiam eius, & omnia adiicientur vobis, *Math. 6.*
O ignis qui semper ardes, & nūquam extingueris, ô! charitas Deus meus accende me, *Aug.*
Ignis in altari meo semper ardeat, *Leu. 6.*

Que nous pouuons tirer l'Amour de Dieu de la consideration des creatures.

HOMELIE XXIV.

Per vicos & plateas quæram quem diligit anima mea. Cant. 3.

COMME la biche blessee par la fleche de l'Archer qui estoit aux aguets, court de toutes parts portāt le traict dans le flanc, iusques à ce qu'ayant trouué le dictame, elle tire auec ceste herbe le fer de sa playe: Ainsi nostre Amante surprise tout à coup de l'absence de son Amant, rode de tous costez, iusques à ce qu'en fin le cher Autheur de sa poincture ayant pitié de ses peines, luy faict trouuer en sa douce presence la guerison de son desplaisir: l'ame touchee au vif du traict d'or du sainct Amour, cherche par tout le remede de sa blesseure; en vain le va-t'elle recherchant parmy les creatures, si de ses creatures elle ne monte à la consideration du facteur, elle ne recouurera

sur le Cantique des Cantiques. 385
recouurera iamais sa santé. C'est donc à vous apprendre ceste industrie salutaire que battra ce discours. *Venez enfans de Dieu, entendez moy, & ie vous enseigneray son Amour:* si la mere de la belle dilectiō nous impetre l'esprit de Charité. *Aue Maria.*

Venite filij audite me, timoré domini pariter & amorem docebo vos. *Psa. 33.*

LEs anciens Mariniers auoient l'industrie auec de certains vases, de tirer de l'eau douce de la mer amere, inuention que nostre aage a perduë, & que l'Histoire nous apprend auoir autrefois esté en vsage. C'est à peu prés ce que ie desirerois vous faire pratiquer, Messieurs, en vous faisant tirer la douceur du diuin Amour, de l'amertume tres-amere des creatures, la verité de la verité, vous menant *par le visible à l'inuisible*, selon l'enseignement de S. Paul: & pour aller reglément en ceste matiere ondoyante pour son affluence, ie vous feray voir, 1. que nous pouuons tirer l'Amour de Dieu des creatures, 2. pourueu que nous les considerions attentiuement.

Vanitati omnis creatura subiecta est. *Rom. 8.*
Inuisibilia Dei per ea quæ facta sut cognoscuntur. *Rom. 1.*

I.

L'Histoire de la creation de l'vniuers nous apprend qu'au commencement, l'es- *Genes. 1.*

Bb

prit du Seigneur estoit porté sur les eaux. Or cet Esprit divin n'estant autre chose que l'Amour diffus, comme le levain dans toute la paste de ceste grande masse, il ne se faut pas esmerueiller si toutes choses se sentent de cet Amour, & si cet Amour se trouue en toutes choses : c'est ce qui faict dire à Dauid, *que l'esprit de Dieu remplit toute la terre, & que cet vniuers qui comprend tout, faict resonner de toutes parts la voix de ce diuin Amour.* En la recreation ou renouuellement du monde, voyez-vous ce mesme Esprit se respandant en langues de feu sur les eaux mystiques, qui sont les hommes, comme l'Escriture nous apprend ; & puis apres comme ces eaux raisonnables se font entendre aux extremitez de la terre.

Vous diriez que toutes les creatures ne soient qu'vn carquois, d'où se tire vne trousse de fleches, qui ne sçauent tirer à autre but qu'à l'Amour, & à la gloire de leur facteur ; ny entonner autre chose que ce motet, *Sçachez que le Seigneur est Dieu, & qu'il nous a faictes, & que nous ne sommes pas de nous-mesmes.* Pyrodas est renommé en l'Histoire pour auoir le premier mis le feu en vsage, le

spiritus domini repleuit orbem terrarū, & hoc quod cōtinet omnia scientiā habet vocis.
Sap. 1.
Aquæ multæ populi multi.
Apoc. 17.
In omnem terram exiuit sonus eorum, in fines orbis terrę verba eorum.
Psal. 18.

scitote quoniam dominus ipse est Deus, ipse fecit nos, & non ipsi nos. Ps. 99.

tirant des estincelles qui naissent de l'entrechoc des cailloux. Tout le monde n'est qu'vn fusil qui flambe de toutes parts des viues estincelles du sainct Amour. Heureux nous, qui nous attisons ce beau feu en nos cœurs, par la mesche de nostre condescendance. Ce sera bien imiter les Israëlites qui au retour de leur captiuité tirerent le feu sacré de la bouë ou il estoit enseuely; ou plustost par vn traict tout diuin, extraire *la lumiere des tenebres*, & chasser par ceste aymable & amoureuse splendeur les obscuritez qui voylent la face de l'abysme de nostre interieur.

Qui facit de tenebris lumen splēdescere. *2. Cor. 4.* Tenebræ erant super faciē abyssi. *Genes. 1.*

Et certes tout ainsi que le feu se conserue sous vn tas de cendres, cendres qu'il faut renuerser pour retrouuer ce feu caché: Ainsi ceste flamme celeste est elle couuerte de la multiplicité des creatures, mais qui les voudra bien penetrer, rencontrera à la fin ces flammesches; flammesches dont l'esclat resiouyssoit le cœur de ce Psalmiste, qui disoit: *O Seigneur, vous m'auez delecté en vostre facture, & ie me plais grandement à considerer les ouurages de vos mains.* O

Delectasti me Domine in factura tua, & in operibus manuum tuarum exultabo. *Ps. 91.*

que vos œuures sont magnifiques, & composees auec vne grande sagesse, la terre est pleine de vostre bonté.

Les Empiriques qui sçauent par l'alambic tirer les essences de toutes choses, sçauent aussi exprimer du sel de tout, sel qui sert de condiment à toutes les viandes, & ennemy de la corruption. Les personnes spirituelles ont vne pareille industrie à tirer l'Amour du Createur, de la consideration des creatures ; & cet Amour est le sel qui garantit de la corruption de l'iniquité : c'est ce sel de sagesse *qui ne peut habiter en vn corps subiect au peché*. Et les Apostres ces Amans embrasez, qui auec leurs langues de feu deuoient remplir le monde du feu du celeste Amour, sont-ils pas appellez sel de la terre, & lumiere du monde, sel pour la poincte chaloureuse, lumiere pour la splendeur esclatáte de la Charité ? Telle estoit ceste Espouse de nostre Cantique, laquelle ayant auec des metaphores admirables, comparé son Amant à toutes choses, conclut en fin qu'il est esleu entre les milliers.

Et certes il faut estre assourdy tout à faict des Catadoupes du monde, pour n'entendre la voix des Cieux qui annon-

Sapientia nõ habitat in corpore subdito peccatis. Sap. 1.

sur le Cantique des Cantiques. 389
cent la gloire de Dieu, & le son bruyant *Psalm.* 18.
de ce firmament qui entonne l'œuure de
son artiste main. Le iour & la nuict comme deux chœurs qui ne cessent iamais
de chanter, enseignent ceste science.
Rien ne peut empescher l'esclat de ceste
voix qu'vne surdité insensible, vne absurdité impie. Ces voutes azurees qui
seruent de lambris à la terre, sont beaucoup plus resonnantes que l'Echo de
ce portique d'Athenes, qui pour son
rebattement septuple fut appellé Heptaphone.

Adam au commencement du monde,
se cacha dans l'espesseur des bois, & se
couurit de fueilles: Dieu s'est ainsi mis à
couuert sous l'escorce des creatures, &
se desrobe à nos yeux comme nos premiers patens se voulurent destourner des
siens: mais nostre Espouse qui a des yeux
d'Amour, qui sont des yeux de Linx, qui
percent les murailles, & les plus profondes cachettes, ne laisse d'apperceuoir son
Aymé à trauers tous ces ombrages, *Le* *En ipse stat*
voyla qui est debout, ce dit-elle, *derriere la* *post parietem nostrū*
paroy, regardant par les treillis & les jalousies *Cant.* 2.
des fenestres.

Bb iij

II.

Vox dilecti mei pulsantis. Cant. 2.

Et ce qui est à remarquer pour nostre transition, elle le recognoist à la voix sans le voir, *Voyla*, dit-elle, *la voix de mon bien-aymé qui frappe à ma porte*. N'auez-vous iamais pris garde à ces personnes qui resueillees doucement par vn concert de musique, qu'en forme de serenade l'on faict dans la ruë, se leuent du lict, & parmy les tenebres distinguent les voix, si elles sont de persones cogneues.

Fides ex auditu. Rom. 10.

Ie sçay bien que Dieu ne se voit aux creatures, *que comme dans vn miroir, & par enigmes*, & que nous ne le voyons que par la foy, *Foy qui se forme par l'ouye*: mais aussi parmy toutes les voix des creatures, celle du facteur se faict entendre bien hautement, que dis-je, comme les creatures ne sonnent que par elle, aussi resonne-t'elle en toutes les creatures: Tout ainsi que celle d'vn Orateur se respand en mesme temps en toutes les oreilles de son Auditoire.

Si vous cassez vn miroir, vous y verrez par apres vn mesme visage en autant de morceaux: ce grand vniuers est vn miroir, qui en son gros, & en detail

sur le Cantique des Cantiques. 391
nous representé les beautez & les bontez diuines. *Dieu parle, & tout est faict, & puis il voit tout ce qu'il a faict, & tout se trouue fort bon.* Voyez-vous comme Dieu, pour voir sa bonté en ses œuures, faict reflexion sur elles, ce qui nous apprend à ramasser les facultez de nos ames, pour trouuer son Amour, qui n'est autre chose que l'effect dont sa bonté est la belle cause, en l'attentiue consideration des creatures. *Gen. 2:*

Nous lisons que l'ingenieux Archimede brusla les nauires des Romains qui assiegeoient Syracuse en ramassant les rayons du Soleil dans de grands miroirs qui excitoient ces embrasemens : nous pouuons de mesmes purifier nos ames à l'ayde de ce celeste feu que nous y exciterons par le ramas de la multiplicité des creatures que nous ferons viser à cet *vn necessaire.* Ainsi comme des auettes mystiques de toutes les creatures, comme d'autant de fleurs nous composerons le doux miel de la Charité : & de toutes les beautez esparses par tout l'vniuers, côme ce peintre de celles de Grece, nous côniecturerons quelle doit estre l'infinie beauté du Createur : car si la belle disposi- *Porro vnū est necessarium. pulchrum pulcherrimus ipse, Mundum mente gerens simili- que ab imagine formās. Boëth.*

Bb iiij

tion du môde faict qu'il est appellé par les Grecs du mesme nom de Beauté ; combien doit estre excellent l'original dont nous ne voyons que ce foible crayon? Antipherons spirituels, quand sera-ce que nous verrons tousiours deuant nos yeux, & en toutes choses non l'idee de nostre Amour propre, mais la belle image du sainct Amour ? Ce sera lors que nostre sein paré de ce bouquet de l'Espouse embaumera tous nos habits, c'est à dire nos habitudes & nos facultez interieures, *de la myrrhe, de l'encens, & de tous les parfums plus exquis* : & que cet onguent d'Aaron *de nostre teste s'estendra sur nos vestemens. O baume espanché*, qui surnagez toutes les œuures de Dieu, celuy-là est bien sans sentiment, qui ne vous odore, & en mesme temps ne vous adore.

Aussi a ce esté la commune pratique des Saincts plus eminés en deuotion, que de suiure le Createur aux traces & aux pistes qu'il a grauees aux creatures. A cela vise le Cantique des trois enfans de la fournaise, à cela ces Pseaumes où Dauid appelle toutes les creatures pour concerter les loüanges du facteur.

Myrrha, & gutta, & casia, à vestimentis tuis. Psal. 44. sicut vnguetum in capite Aaron, quod descédit in oram vestimenti eius. Psal. 132. Oleum effusum nomen tuum. Cant. 1. Dan. 3. Psa. 148. & 150. Psal. 101. & 102.

sur le Cantique des Cantiques. 593

A cela mesme tant d'Oraisons iaculatoires esparses çà & là dãs les liures de deuotion, où l'on voit que les ames vrayemẽt esprises de Charité, employent tous les objects qui se presentent à leur yeux à l'entretien de leur chere dilection.

Quelqu'vne regardant la courtine des Cieux parsemee d'Astres estincellans, Ce qui sert de lambris à ce monde, n'est, disoit-elle, que le paué & le marche-pied du Paradis. Quelqu'autre voyant ces estoilles briller dans le cristal d'vne fontaine, Que mon cœur, disoit-elle, n'est il ainsi remply de celestes imaginations. A la venuë du Printẽps, Quand sera, disoit quelqu'vn, que le Zephir de la grace fera esclorre autant de fleurs en mon ame. En l'Automne, Mõ cœur plus insensible que la terre ne fera t'il iamais de fruict. En voyant des roses que des espines enuironoiẽt, Tels sont les plaisirs & les hõneurs du monde. En considerãt vn soucy, Que n'ayme-je autant mon Soleil. En escoutant le murmure d'vn ruisseau, La grace de mon Dieu coule ainsi doucement. En regardant des pensees, Telles sont les miennes assez bien peintes, mais feintes & de nulle senteur. En sentant des vio-

Flores apparent in terra nostra. Cant. 2.
An flores fructus parturiant. Cant. 2.

lettes, ô que l'odeur de l'humilité est biē plus agreable. En se promenant dans vn iardin, Helas! ce fut dans vn lieu de delices, où furent deceus nos premiers parens, las! que les delices trompent bien encores leur miserable posterité. En considerāt les palissades verdoyantes, que de verdure & peu de fruict: mais quand les passions de mon ame seront-elles ainsi bien ordonnees, afin que ie conuie mon Espoux de s'y venir esgayer? Passant deuant vn superbe edifice, *O Cité glorieuse de Dieu*, Hierusalem celeste, *que tes tabernacles sont bien plus aymables.* Voyant des personnes parees, Que n'ay-je autāt d'atours spirituels pour plaire à la Verité, que ces gens en ont de corporels pour aggréer à la Vanité.

Ie n'ay iamais faict, si ie veux suiure ceste route qui meine dans l'infiny, ce peu suffise par forme d'eschantillons. L'Amour est le pere de ces inuétions sacrees. Ces soufpirs ne tariffent iamais dans les cœurs, tant que la saincte dilection y faict sa residence.

Veniat dilectus me° in hortum suum.
Cant. 5.

Psal. 83.

Que les creatures nous tirent à l'Amour du Createur.

HOMELIE XXV.

Per vicos & plateas, quæram quem diligit anima mea. Cant. 3.

LA robe du grand Pontife de l'ancienne loy, qui sur vn fonds d'azur representoit toutes les creatures par vn ouurage admirable, enseignoit que comme il sacrifioit pour toutes les creatures, toutes les creatures rendoient par ses mains cet hommage au Createur. Or comme il estoit caché soubs ceste robe, aussi Dieu qui s'appelle *caché*, est-il à couuert soubs les creatures, à trauers desquelles ceux qui ont la veuë interieure, nettoyee de la taye des terrestres affections le peuuent ayfément apperceuoir. Que si ce bel habit du grandPrestre attiroit à soy auec admiration les yeux des spectateurs: cōbien auons-nous plus de subject d'admirer le

Sap. 18. v. 24.

Verè tu es Deus absconditus. Esai. 45.

Pontife eternel, qui habite le Sainct des Saincts en la contemplation de ce bel Vniuers. La grace que la douce matiere du discours precedent a trouué en vos aureilles, m'a donné le courage de continuer vn si beau sujet, qui ne se peut promettre moins que la continuation de vostre fauorable Audience. *Aue Maria.*

SI par la raison nous auons l'industrie de tirer l'Amour de Dieu de l'attentiue contemplation des creatures ; les creatures n'ont pas moins de force naturelle pour nous tirer d'elles-mesmes à l'Amour du facteur, pourueu que nostre inclination & nostre consentement preste de la docilité à ceste insensiblement sensible conduitte. Mais le serpent ennemy de nostre salut, *& homicide dés le commencement, a vomy* tant de poison sur toutes les creatures par la seduction de nos protoplastes; que comme elles se sont rebellees contre eux à mesme qu'ils se sont reuoltez contre l'Autheur de leur estre, aussi au lieu de leur seruir deschellons pour les esleuer au Ciel, elles seruent pour la plus grande part de lacqs & de pieges pour

Ipse est homicida à principio. Ioan. 8.

sur le Cantique des Cantiques. 397
les faire tresbucher dans les enfers. Nous allons voir l'vne & l'autre face, celle de l'vsage & celle de l'abus: plaise à Dieu nous donner le beurre & le miel mystique, c'est à dire le discernement du bien & du mal, pour embrasser l'vn, & euiter l'autre.

Butyrum & mel comœdet, vt sciat reprobare malum & eligere bonum.
Esa. 7.

I.

Que toutes les creatures ne seruent à l'ame de cet eschalier mysterieux de Bethel, qui la guide de la terre au Ciel, & comme d'autant de degrez pour monter au throsne de Salomon, il me semble que le Psalmiste le declare assez, quand il appelle heureux celuy *qui a dressé des montees en son cœur en ceste vallee de larmes.* Ceste belle contemplation a fourny de subjet à vne des doctes & deuotes plumes de nostre aage, pour tracer vn ouurage esgalement sçauant que pieux, qui roule maintenant par les mains des personnes spirituelles. Ce sont ces degrez qui façonnent les chordes du Psalterion de ce mesme Prophete Roy: car qu'est-ce que l'Vniuers, sinon vn instrument musical, dont l'harmonie melodieuse ne faict que resonner iour & nuict le los de celuy qui l'a cōposee. C'est à ceste harpe d'Amphion que nous pouuons edifier, non les fein-

Psal. 83.

Bellarmin. de ascensmentis in Deum.

In Psalterio decachordo psallam tibi. Psal. 143.

tes murailles de Thebes, mais celles de nostre interieur. Ie n'ay pas fait dessein de faire inuētaire des diuers tons qui sont tenus par la varieté des creatures: car la multitude estant innombrable, elle est par consequent indicible. Il n'appartenoit qu'à Adam par vne science infuse, de cognoistre les qualitez de toutes choses, & leur donner des noms conuenables; il eust peu en suitte recognoistre la voix de chacune en ce concert vniuersel: tous ne sont pas des Salomons, pour sçauoir les proprietez de toutes choses. Nous nous contenterons seulemēt de voir que tout cet amoncelage de creatures, est semblable à vn tas d'esguilles, au milieu desquelles est vn morceau d'aymant, où elles retournent toutes leurs poinctes; & que ce sont comme des chaisnōs de fer touchez de ceste pierre: c'est à dire qu'il y a autant d'estincelles d'amour de Dieu, que de differentes sortes de creatures en l'Vniuers. C'est le bouclier de Phidias, mais qui a sur chaque petite piece l'image de son ouurier en quelque façon que ce soit. L'Vniuers est vne grande Panthere, qui de toutes parts n'exhale que l'odeur de l'Amour: car comme il a esté faict pour

sur le Cantique des Cantiques. 399

l'Amour, par l'Amour, & en l'Amour, que peut-il respirer sinon l'Amour? C'est ce buisson que vit Moyse tout enuironné de flammes, qui ne le consument point, mais il faut deschausser ses souliers, c'est à dire, se dessaisir des affections grossieres, pour y voir Dieu, encores ne le voit-on que par le dos, c'est à dire en ses operations.

Operations si parfaittes (*car les œuures de Dieu sont la mesme perfection*) qu'il n'a que faire de mettre sur ces ouurages, comme cesanciés Peintres & Sculpteurs, Appelles, ou Phidias faisoit cecy, comme voulans dire que l'on pouuoit encores adjouster quelque grace à leur besogne: mais seulement, A fact cecy, parce qu'il ne faut point passer la main apres cet ouurier, qui ne sçait faire que des chefs-d'œuure. Aussi est-il escrit de luy, *qu'il a bien faict toutes choses*, & en la creation *il a dict, & il a esté faict*. *Dei perfecta sunt opera. Deut. 32.*

Benè omnia fecit. Marc. 7.
Dixit & facta sunt. Genes. 1.

Que peut-on desirer à la beauté de la terre, quand elle est paree de cet esmail, qui la rend si riche & si fertile? quoy à la douceur de l'eau? quoy à l'amenité de l'air? quoy à la splendeur & à la chaleur du feu? quoy à la clairté de tant d'Astres qui brillent dās les cieux, & principalement de ces deux grands luminaires, qui president l'vn au iour, l'autre à la nuict. O Cieux que vous estes admirables, puisque vn Anaxagore ne s'estimoit nay que pour vous considerer, & puisque vostre aspect esblouyssoit tellement la voue de ce grand seruiteur de Dieu le B. Ignace, qu'il ne pouuoit apres vous rien voir en terre qui peust arrester ses yeux. O lambris de nostre prison terrestre, que vous estes agreable: quel doit estre le seiour de la cité permanente: si la cuisine de ce bas monde est si bien ordonnee, que sera-ce de la salle de là haut. O Sainct Anthoine que vostre Bibliotheque estoit grande, bien qu'elle n'eust que deux volumes, la terre & le Ciel, où vous lisiez en gros caracteres les merueilles de l'Architecte, à qui la terre sert d'escabeau, & qui n'a employé que ses doigts à former les Cieux.

Terra scabellum pedum eius. Esai. 66. Opera digitorū tuorum sunt cœli. Heb. 1.

In tenui labor, at tenuis non gloria. Virgil.

Que si du grand nous venons au petit monde, que d'excellences en vn si petit espace. Grande gloire en vn trauail raccourcy, tout y est: l'estre auec les elemens & les cieux, le viure auec les plantes, le sentir auec les animaux, & l'entendre auec

sur le Cantique des Cantiques. 401

auec les Anges : c'est pourquoy il est appellé *toute creature.* Petite horloge, mais qui marque toutes les heures. *O Seigneur, dict nostre Chantre Roy, que vostre science paroist admirable en moy, à peine la peut-on comprendre.* L'homme est la ligne qui fait recognoistre l'inimitable & l'incomparable Apelles. S'il y a creature où Dieu soit visible c'est en l'homme: pourquoy ira-t'il chercher au dehors ce qu'il a en soy ? *Ie vous cherchois bien loing,* dict S. Augustin, *& vous estiez auprés de moy, vous estiez dedans moy.* Qui ne sçait que l'homme est *la viuante image de Dieu ?* Que Dieu se voit & se mire en l'homme? C'est pour cela qu'il y prend ses delices, comme vne belle Dame a les siennes au cõmerce de son miroir, qui luy represente toutes les graces dont nature l'a auantagee. Oyez Dauid, *La lumiere de vostre visage, ô grand Lieu, est imprimeè sur nostre face. O quelle ioye en doit conceuoir nostre cœur.* Quelque part donc que nous regardions, hors de nous, ou dans nous, nous ne voyons que motifs de loüer & aymer Dieu, duquel tout ce qui est tire son estre, comme tous les feux du Ciel empruntent leur lumiere du Soleil. Mais côme ce Soleil qui eschauffe

Prædicate Euangeliũ omni creaturæ. *Mar.* 16.
Mirabilis facta est scientia tui ex me. *Psal.* 138.

fecit hominé ad imaginé suam. *Gen.* 2.

signatum est super nos lumen vultus tui Domine. *Psal.* 4.

Cc

tout n'a point de chaleur en soy, sinon par reflexion: ainsi ceste cognoissance de Dieu en toutes choses peut bien illustrer nos entendemens, mais non eschauffer nos volontez, si nous n'y prestons nostre consentement: & de faict, peut-on desirer plus de cognoissance des creatures qu'en auoient les Philosophes anciens, entre lesquels vn Aristote emporte le nom de Genie de la nature? & toutefois parmy tant de clairté, combien peu de chaleur? *Ils se sont esuanouys en la vanité de leurs sens, & se sont tellement aresté aux ouurages, qu'ils n'ont pas bien recognu l'ouurier.*

<small>Euanuerūt in vanitate sensus sui. Rom. 1. Ex operib. nō cognouerunt quis esset artifex. Sap. 13.</small>

Il y a des aueugles de deux façons, les vns que les tayes offusquent, les autres qui au dedans de la prunelle ont le nerf optique offencé, dōt les yeux neātmoins en apparence semblent beaux & clairvoyans. A ces derniers sont semblables les Athées, qui ont tellement perdu la foy, qui est vne lumiere surnaturelle & interieure, *que voyans ils ne voyent rien: ayans des yeux ils n'apperçoiuent pas, ils tastēt la paroy comme des aueugles*, & bien qu'ils apperçoiuent beaucoup de creatures, ils ne peuuēt y remarquer le Createur: gens

<small>Vidētes nō vident. Oculos habent, & nō vident. Psal. 113 & 114. Palpauimꝰ sicut cœci parietem. Esai. 59.</small>

sur le Cantique des Cantiques. 403

abominables, & qui auroient plus de besoin de bourreau que de Docteur, leur *Plus torto-*
impieté meritant mieux d'estre punie *re, quâ do-*
qu'enseignee. Aux autres sont sembla- *Augusti.*
bles les vicieux, que les cataractes des
affections de la terre offusquent tellemēt,
qu'encores qu'ils croyēt bien ils ne font
rien qui vaille, ils croyent cōme des Anges, & operent comme des diables, qui *Credūt di-*
plustost croyent de parole ce qu'ils nient *ctis, factis*
d'effect, bien qu'ils ne soyent pas si de- *gant.*
plorables que les premiers, parce que les *Tit.* 1.
tayes sont plus aysees à leuer, qu'il n'est
facile de remettre en son droict vsage le
nerf optique : si sont-ils grandement à
plaindre, & en voye de damnation, parce
que aduertis par la foy *de la volonté du mai-*
stre, & ne l'executant pas, ils se rendent dou- *Seruus*
blement coulpables. Ils considerent les crea- *luntatem*
tures, où le Createur n'est point tant ca- *Domini, &*
ché qu'ils ne le voyent, leur reprochant *plagis va-*
leurs desbauches, & leur train destraqué *pulabit*
du sentier de iustice : & cependant ils *multis.*
perseuerent en leur mauuaise voye, *&*
se tiennent au chemin des pescheurs, & s'as- *Psal.* 1.
seoient au banc de pestilence. Hiboux malen-
cōtreux, qui hayssent la lumiere du Soleil,
laquelle resiouyt les yeux bien sains des

Cc ij

autres oyseaux, & qui ne chantent que dans les ombres de la nuict du peché.

II.

Et d'où leur vient à vostre aduis, mes bien-aymez, ceste misere, sinon de ce venin pestilent, que l'ancien serpent a glissé sur les fleurs des plus belles creatures? Car sans doubte les creatures en leur droit & legitime vsage meinent au Createur, mais en leur abus elles en destournent pour conduire au peché, qui n'est autre chose qu'vne auersion du Createur, & vne conuersion à la creature. Homme ennemy, qui par vne malice acerée est venu sursemer l'yuraye pour suffocquer le bon grain, qui comme les enuieux Palestins remplit de terre les puits d'Isaac. Dieu a faict toutes choses bonnes, & ce malin dont l'attouchement est cótagieux & infect les rend mauuaises. Vn Spartain ayant senty vne bonne odeur, Malheur, fit-il, à ceux qui sophistiquét les parfums, & qui abusent des senteurs, qui sont en elles-mesmes si douces & agreables. Nous en pouuons dire de mesme des creatures, dont l'vsage en est aussi bon, que l'abus en est peruers. Lycurgus eut tort d'arracher toutes les vignes, parce que aucuns s'enyuroient: il deuoit chaſtier les yurongnes, non s'en prendre à ces plantes innocentes, & prejudicier aux ſobres pour corriger les intemperans. C'eſt grand cas, que ceſte meſme fleur, qui ſert à l'auette pour compoſer la douceur de ſon miel, ſe change en poïſon dans le ſerpent ou l'araigne. Le miel qui ailleurs eſt ſi ſalutaire, eſt mortel en Heraclée, à cauſe de l'aconit qui croiſt frequemment en ceſte contrée parmy les autres fleurs. C'eſt ce qui faict que nous deuons prendre vn grand iugement, & vne prudente circonſpection en l'vſage des choſes creées, & ne faire pas cõme la pluſpart des mondains, qui vſent de ce dont il faut iouyr, & iouyſſent de ce dont il ne faut qu'vſer. La creature eſt ſouuent ceſte fueille du riuage Aſphaltite, qui couure vn mortel ſerpent ſoubs ſa gratieuſe verdeur : que de viperes ſe tapiſſent ſous cet eſmail diapré. Vous ſouuient-il plus que le diable emprunta la figure du ſerpẽt, pour ſeduire noſtre premiere mere, & ſe ſeruit de la beauté du fruict defendu, comme d'vn apaſt pour la deceuoir, faiſant humer le venin de la mort dans la coupe de la coulpe doree d'vne apparence ſpecieuſe ?

Vtuntur fruendis, fruuntur vtendis. Auguſt. Fugite hinc pueri, latet anguis in herba.

Cc iij

C'est sa coustume de nous assoupir par le sentiment des mandragores, qui sont les affections terrestres, & de nous faire quitter pour elles nostre Iacob, ainsi que fit la peu consideree Rachel. Il y a peu de gens, qui comme la Colombe se contentent du simple vsage des creatures, comme d'vn rameau d'oliue verdoyant, & encores se rapportant à l'arche de l'Amour du Createur : mais il n'y en a que trop, qui comme des corbeaux laissent la Charité pour suiure les charoignes, qui flottent sur le deluge vicieux, qui inonde le siecle. Celuy-là est estimé *heureux* par le Sage, *qui ne s'est point attaché aux biens de la terre*: mais apres il dict, *& qui est celuy-là & nous le loüerons, car il a faict vn grand miracle en sa vie.* Car ie vous prie, qni se peut empescher d'estre bazané dãs l'Æthiopie, & qui peut viure dans la contagion du monde sans s'infecter, qui peut estre asseuré, puisque l'aspic est caché sous la figue?

Gene. 30.
Gene. 8.

Eccl. 31.

Le grand Apostre faict vn discours admirable en l'Epistre aux Romains, côtre ceux qui peruertissant l'ordre estably par le facteur de l'Vniuers, qui est de

Rom. 1.

recognoistre les choses inuisibles de Dieu par les visibles, voire de manifester sa Diuinité par ce qui apparoist à nos yeux, detiennent neantmoins par vne extreme impieté la Verité prisonniere de l'injustice, se rendans inexcusables de rendre si peu d'amour à tant de cognoissance. Si que se perdans en leurs pensees leur cœur deuient obscurcy, & pensans estre bien sages, ils deuiennent insensez, changeans la gloire de Dieu incorruptible en des idoles corruptibles d'animaux & de serpens, prenans le mensonge pour la verité, & la creature pour le Createur. Et c'est de ce change miserable qu'ont tiré leur origine tant d'idolatries anciennes, dont autrefois le monde s'est veu remply, lors que les Payens adoroient le Soleil, la Lune, les Elemens, iusques aux plantes & aux bestes, changeans tout au rebours d'Israël, le feu en bouë, c'est à dire la lumiere de la Diuinité au limon des choses caducques. C'est de quoy se plaint Dieu, quād il dit que son peuple *a quitté sa gloire pour vne idole*, & son seruice à celuy de la *semblance d'vn veau mangeant du foin*. Et

Mutauerūt gloriam meam in idolum. *Iero. 2.*

neantmoins tant de passions a[mbi]tieuses, voluptueuses, ambitieuses, que sont-ce qu'autant de spirituelles idoles, que les mondains adorent, au lieu de recognoistre le Createur. Sainct Paul n'appelle-t'il pas l'auarice *vn culte d'idoles*. Et qui ne voit que l'or & l'argent sont *des simulachres des gentils, ausquels se rendent semblables ceux qui en font estat, & qui y mettent leur confiance?*

O quand sera-ce, que sages & bien ameutis, nous nous garderons de prendre le change si dangereux, du Createur pour la creature, suyuans l'ombre pour le Soleil. Sus, mes freres, *la nuict est passee, le iour de la verité paroist, quittons donc les œuures de tenebres, & reuestons-nous des armes de lumiere, pour cheminer honnestement pendant le iour*. Rejettons la multiplicité des creatures, qui n'ont substance que dans l'inanité d'vn estre corruptible & passager, pour nous attacher à l'vnité du Createur, *qui est celuy qui est, qui est tousiours luy-mesme, & dont les ans ne defaillent iamais*: laissons-là les eaux *troubles de l'Egypte, & les citernes rompuës du monde, qui ne pouuoient retenir leurs eaux*, pour nous desal-

In similitudinē vituli comœdentis fœnum. Psal. 105.
simulachra argentū, & aurū opera manuū hominum. similes illis fiant qui faciunt ea, & omnes qui confidunt in eis. Psal. 113.
Nox præcessit, dies autem appropinquauit: abiiciamus ergo opera tenebrarum, & induamur arma lucis sicut in die honestè ambulemus. Rom. 13.
Quid facis in via Ægypti, vt bibas aquam turbidam. Ierem. 2.
soderūt sibi cisternas dissipatas, quæ continere non valent aquas. Iere. 2.

sur le Cantique des Cantiques. 409
terer au beau cristal *de la fontaine de vie,* *rons aquæ*
dont les bouillons rejalissent à l'immortalité. *viuę salien-*
Ce sera lors que nous blesserons le cœur *æternam,*
de nostre Espoux auec vn seul de nos *Ioan. 4.*
yeux, ne regardans qu'vn seul Createur *culorum*
en toutes les creatures, & lors que ramas- *tuorum, &*
in vno cri-
sans nos pensees, qui sont nos cheueux *ne colli tui,*
spirituels, en vne seule poincte, nous en *Cant. 4.*
percerons le cœur de nostre Amant, ne
pensant qu'à luy, & ne voyant que luy
en toutes choses, & toutes choses qu'en
luy. Lors auec nostre Amante, apres
auoir bien tracassé parmy les carrefours
de ceste grande Cité du monde, cher-
chant nostre Bien aymé, nous le trouuerons à la fin, & ferons retentir aux quatre coings de l'vniuers, ceste ioyeuse acclamation, VIVE IESVS, VIVE IESVS;
Auquel auec le Pere & le S. Esprit, soit
honneur & gloire par tous les siecles.
Ainsi soit-il.

*De la Mortification interieure
& exterieure.*

HOMELIE XXVI.

*Sicut lilium inter spinas, sic amica mea
inter filias.* Cant. 2.

COMME le pin reuerdit parmy les frimats & les neiges, & comme le Dauphin se resiouyt parmy les tempestes, ainsi profitent les personnes spirituelles parmy les estreintes des Mortifications. *Quand le vase de la chair est pressé*, dit vn Pere ancien, *la charité s'estend au large*. De là vient que les Apostres se resiouyssoient parmy les persecutions, tenans à beaucoup d'honneur d'endurer des opprobres pour le nom de leur maistre. Et Dauid parlant des seruiteurs de Dieu dit, *Que pour luy ils sont mortifiez tous les iours, & mis à la boucherie comme des moutons*. Et le Sauueur mesme disoit à ses Disciples, *Qu'il les enuoyoit comme des brebis au milieu des loups*. Et S. Paul parlant de soy, & de ses compagnons à

*Cum angustiantur vasa carnis dilatantur spatia charitatis.
Gregor.
Propter te mortificamur tota die, estimati sumus, sicut oues occisionis.
Psal. 43.
Tamquam mortui, &*

sur le Cantique des Cantiques. 411

l'Apostolat dit, *qu'ils ont esté comme morts*, c'est à dire, selon le môde, & neantmoins *viuās*, mais en Dieu: c'est cela mesme qu'il dit ailleurs, *Vous estes morts, & vostre vie est cachee auec* IESVS CHRIST *en Dieu*. Et qu'est-ce ie vous prie, vn lys au milieu des brossailles, sinon vne ame blâche & pure parmy les poinctes des plus aspres Mortifications? Saluöns celle qui a veu le lys des vallons dans les plus poignantes espines qui puissent tomber en l'humaine pensee. *Aue Maria.*

tamen viuentes.
2. Cor. 6.
Mortui estis & vita vestra abscōdita est cũ Christo in Deo.
Coloc. 3.

CE n'est pas sans raison que le diuin Chantre trouue admirable la science de Dieu en la composition de l'hôme. Certes, dit-il, plus i'y pêse, moins peux ie arriuer à la côprendre. Car qui entendit iamais vne chose si monstrueuse, qui par vn accouplemēt merueilleux allie les choses passageres aux permanentes, les mortelles aux eternelles, les terrestres aux celestes, les spirituelles aux corporelles? c'est la chaisne des anciēs qui lie le temps auec l'eternité, c'est l'eschelle de Iacob, qui accouple les choses hautes auec les basses, le Createur auec les creatures: car de son corps il regarde les elemens,

Mirabilis facta est scientia tui ex me, confortata est, & non potero ad eam.
Psal. 138.

les plantes, & les animaux; de son ame il auoisine les Anges, que dis-je, mais comme esprit il ressemble à Dieu mesme: aussi est-ce de ce costé qu'il est faict à l'image & semblance de Dieu : c'est sur le front de ceste ame qu'est imprimé le sceau de la lumiere de la face de Dieu : car comme Dieu est vn en essence, & distingué en trois personnes ; ainsi ces trois facultez de l'entendement, de la memoire, & de la volonté, ne font qu'vne seule ame. Ce corps & cet esprit sont les deux poles sur lesquels roule le Microcosme, & qui le rendent l'abregé de l'vniuers. Mais tout ainsi que le Ciel & la terre sont en vn perpetuel contraste, ceste-cy poussant ses vapeurs comme pour obscurcir celuy-là, & l'autre roulant sur celle-cy ses foudres & ses malignes influences : ainsi le corps & l'ame sont en vne contestation perpetuelle, que Iob appelle guerre, & aussi sainct Paul, & ce dernier appelle ce combat vne loy des *membres repugnante à celle de la raison*. Il ne faut point parler d'accord à ces deux ennemis irreconciliables, sinon par le moyen de la Mortification de l'vn & de l'autre.

Quelles conuulsions sentoit la pauure

Vita hominis est militia super terram. Iob.7. Caro militat aduersùs spiritū. Galat. 5. Sentio legē in membris meis repugnantem legi mentis meæ. Rom. 7.

sur le Cantique des Cantiques. 413

Rebecca, quand Esaü & Iacob ces deux iumeaux incompatibles se debattoient dans ses entrailles; telle est l'agonie de nostre humanité, battuë diuersemēt du sens & de la raison; celle-cy voit clairement le bien & l'appreuue, & l'autre suit le mal auec aueuglement & precipitation. *Pauure moy*, disoit l'Apostre en ceste detresse, *qui me deliurera du corps de ceste mort.* Luitte estrange, & bien differente de celle de Iacob auec l'Ange: car en celle-cy, si l'Esprit cede au lieu de la benediction, il n'y a que malheur: car, comme dit l'Escriture, *Si nous ne mortifions auec la force de l'Esprit les impetuositez de la chair, nous mourrōs.* Il importe donc grandement *de mortifier nos membres, que nous trainons en ceste terre miserable : car qui hayt son ame icy bas la gaignera pour l'eternité: mais celuy qui se flatte, & se dorlotte en ceste vie, perira eternellement.*

Nisi spiritu facta carnis mortificaueritis moriemini,
Rom. 8.
Mortificate membra vestra, quæ sunt super terram,
Coloc. 3.
Qui odit animā suam in hoc mūdo in vitam æternam custodit eam,
Ioan. 12.

Or comme nous auons de doubles rebellions en nous tant en la partie sensitiue & animale, qu'en la spirituelle & raisonnable: Aussi auons nous besoin de double Mortification pour mettre vn frein à l'vn & à l'autre de ces cheuaux, afin que rengez à la raison, le chariot de noſtre vie aille plus droictement & reglément, & que nous puiſſions eſtre comme l'Eſpouſe comparez *aux chariots de Pharao*. Et ce ſera par le moyen de la Mortification exterieure, & de l'interieure, dont ie vous vay parler aux deux parties qui ſuiuent en ce diſcours.

Equitatui meo in auribus Pharaonis aſſimilaui te amica mea. Cant. 1.

1.

A celle-là nous inuite noſtre Amante quand elle ſe dit *noire, mais belle*, & qu'elle ſe compare *aux tabernacles de Cedar, aux peaux de Salomon*, qui ſous vne apparence aſſez vile cachoient de grandes richeſſes, & de magnifiques meubles. Ces pauillōs battus de la pluye & de la pouſſiere, & expoſee à toutes les iniures du Ciel, eſtoient ridez & noiraſtres : mais au deſſous c'eſtoit la meſme abondāce, la meſme beauté. Ainſi les perſonnes deuotieuſes qui s'addonnent aux exercices de la Mortification exterieure, d'autant qu'elles diminuent les beautez du dehors, d'autāt plus augmentent-elles celles du dedans. Ceſte maigre apparence qui ſemble coller la peau auec les os, eſt ſēblable à ces peaux, dont le Createur reueſtit Adam apres ſon peché, pour l'inuiter à Penitēce ; ou à celles dont Iacob eſtoit couuert, quand il at-

Pelli meæ cōſumptis carnibus adhæſit os meum, Iob. 19.

sur le Cantique des Cantiques. 415

tira sur soy la benediction de son Pere. O quelle pitié eut ce bon Pere de famille de son Prodigue enfant, quand il le vit reuenir d'entre les hardes des pourceaux si descharné, pasle, & deffiguré.

Les grands Saincts qui ont eu vn soin particulier de plaire à Dieu, ont eu tousjours la Mortification exterieure en recommandation singuliere. Dauid dit de soy, *qu'il s'est flagellé le iour, & chastié la nuict, & voylà*, dit-il, *que ie suis preparé aux fouets, & ma douleur est tousiours deuant moy*. S. Paul sçauoit bien cóme il falloit *chastier son corps, & le ranger en seruage*. S. Hierosme, S. Antoine, S. François, S. Dominique, S. Benoist, S. Bernard, S. Charles, & quoy, cent mille autres nous laissent des exemples plus admirables qu'imitables de leurs extremes rigueurs. Et S. Bernard comparoit ces austeritez, dont tout le móde s'estonnoit, aux Croix des Eglises que l'on consacre, dont on ne voit pas les onctiós, car sans doute, l'onction du S. Esprit est si grande en ceux qui les pratiquent, *que leur ioug se pourrit en la presence de ceste huille*: Car si l'Amour a peu faire trouuer les trauaux legers à Iacob, en seruant pour Rachel: combien plus agreables seront les peines souffertes pour la diuine dilection?

Et fui flagellatus tota die, & castigatio mea in matutinis, *Psal. 72.*
Ecce ego in flagella paratus sum. *Ps. 37.*
Castigo corpus meũ & in seruitutem redigo, *1.Cor. 9.*

Computrescit iugum à facie Dei. *Esaï. 10.*

Il faut seulement se prendre garde de l'excez, car l'indiscretion change quelquefois ce remede en mal: *L'honneur de Dieu requiert du iugement.* Les Hosties aueugles estoient reiettees des sacrifices de l'ancienne Loy, rien ne peut aggréer à Dieu que ce qui est faict auec circonspection: *Il ayme vn seruice raisonnable*, il veut que *nous honorions nos corps*, comme les temples viuans de son Esprit: *Il est le Dieu des corps aussi bien que des ames.* Celuy qui faict les perles, faict aussi les nacques: c'est pourquoy Dauid disoit, *que Dieu l'auoit pestry & formé dans le ventre de sa mere*, & Iob, que Dieu auoit *organisé son corps dans les entrailles maternelles.* Il est bien vray que le corps est vn sepulchre portatif, vn ennemy domestique, vne prison mouuante, vn obstacle de l'ame, vne maison terrestre, vn vaisseau de bouë, vne cruche de terre qui cache la lampe de nostre esprit, vn vase d'argile qui couure vn thresor; & que son débris est appellé vn profit par cet Apostre, qui souhaittoit d'en estre destaché pour viure auec son Sauueur. Mais tout ainsi que celuy qui porte vne liqueur precieuse dans vn boccal de verre, marche auec d'autant plus de

Honor regis iudiciū diligit. Psa. 98.

Rationabile obsequiū Rom. 12. 1. Cor. 5. Tu formasti me de vtero matris meæ. Nonne sicut lac mulsisti me, & sicut caseū me coagulasti? manus tuæ fecerūt me, & plasmauerunt me totum in circuitu, Iob. 10. Mihi viuere Christus, & mori lucrum, Phil. 1. Cupio dissolui, & esse cū Christo, Phil. 1.

de circonspection que ce qu'il porte est & rare & fragile : ainsi la promptitude de l'esprit, & l'infirmité de la chair nous doiuent faire cheminer la bride à la main pour ne nous precipiter en des feruerus immoderees. Les Cerfs courent mal en deux temps, & quand ils sont trop chargez, & quand ils sont trop deschargez de venaison : car lors ils sont ou trop foibles ou trop pesans pour defendre leur vie auec les pieds. Nos corps en sont ainsi : car trop gras ils regimbent contre l'esprit; trop maigres, ils ne peuuent rien faire, abbatus ils ne peuuent porter les pointes de l'esprit;& robustes l'esprit ne peut supporter leurs rebellions : vn traittement moderé tiendra ces deux bassinets de la balance de nostre estre en equierre, c'est principalement en ce poinct qu'il importe de pratiquer ceste mediocrité, que le Poëte appelle dorée, c'est à dire accomplie & parfaicte. Ce que ie dis pour reprimer vn peu ces feruerus inconsiderées, qui souuent accablent le corps sous le manteau d'vne deuotion excellente, comme si la deuotion n'estoit autre chose qu'vne Mortification exterieure: Certes la Mortification en est bien la porte,

spiritus promptus, caro autem infirma.
Math. 26.
& Marc. 14.
Nolite ambulare in feruore.
1. Petr. 4.
Posuit pedes meos sicut ceruorum.
Psal. 17.
Impinguatus est dilectus, & recalcitrauit, impinguatus, incrassatus, dilatatus.
Deut. 32.

D d

mais il y a bien d'autres vertus aussi importantes qui font le côble de cet edifice spirituel : le portail n'est pas toute la maison, & l'architecte seroit peu aduisé, qui feroit l'entree plus grande que tout le bastiment. La Mortificatiō exterieure est vne tres-bonne & tres excellente chose, mais c'est vn remede à certains maux, & non pas à tous : elle est vtile pour dompter les rebelliōs du corps, mais si on ne surmōte celles du cœur, c'est peu de cas, que d'abbattre & terrasser le corps, autremēt c'est imiter le faux Prophete Balaam, qui outrageoit son asnesse, au lieu de corriger son meschant courage, qui le portoit à maudire Israël contre sa cōscience. Il faut tailler & émonder la vigne, non pas la faucher, comme fit cet imprudent vigneron de l'Apologue. Le corps que Dieu nous a fabriqué est du naturel de ces cheuaux genereux, ausquels Dauid se cōpare, qui se rengent plustost à leur deuoir par douceur, que par violence, par l'industrie, que par la force, par vn frein suaue, que par vn rude camorre. L'ame le doit traitter en frere, en compagnō de son pelerinage, & comme celuy qui doit vn iour corregner auec elle au ciel, s'il cōpatit auec elle en

Aures autem perfecisti mihi. d'in lectio.
Corpus autem aptasti mihi.
Vt iumentum factus sum apud te.
Si compatimur & corregnabimus.
Violenta nemo imperia sustinuit diu moderata durant. Senec. Tragic.

sur le Cantique des Cantiques. 419
terre auec moderation. L'Empire de l'esprit pour estre de duree doit estre teperé.

Peut estre que les enfans du siecle, amis de la chair & du sang, & *ennemis de la Croix*, prēdroient occasion de ce discours pour caresser leur sensualité, à quoy ils ne sont que trop enclins par nature (*car naturellemēt*, dit l'Escriture, *personne ne hayt sa chair*) sans renforcer ceste inclination par la raison : mais qu'ils sçachent que quand nous parlons de la Moderation, nous ne renuersons pas pour cela la Mortification : car comme nous l'estimons aussi necessaire que le sel, aussi en faut-il vser cōme du sel, auec la mesme sagesse que le sel symbolise : qu'ils ne se persuadent pas que nous voulions depeindre vne deuotion qui descende nostre Seigneur de la Croix (encores que la pieté de Nicodeme, & de Ioseph d'Arimathie, qui l'en descēdirent, soit autāt loüable, que blâmable l'impieté de ceux qui l'y attacherent) car à ceux qui blasphemās disoient au Sauueur, *qu'il descendist de la Croix, s'il estoit fils de Dieu* : il ne respondit que par le silence, & parce qu'il estoit fils de Dieu, il n'en descendit pas, parce que comme tel il deuoit mourir en la Croix pour le salut du mon-

Inimici crucis Christi.

Nemo carnem suam odio habuit.

de. Pour apprendre à ceux qui se desirent sauuer à mourir en la Croix, c'est à dire à se mortifier, selon l'exemple qu'il nous en a donné: car pour dire la verité, ce n'est pas sur le Thabor qu'il veut que nous le suiuions en ceste vie ; comme il le declara assez ouuertement à S. Pierre, mais sur le Caluaire. Ce n'est pas comme transfiguré qu'il veut que nous l'imitions, mais comme desfiguré; & bien qu'il soit egalement aymable par tout, autant parmy les voiries du Caluaire que dans les parfums de la Magdeleine: nostre inesgalité de nostre dilection enuers luy ne pouuât prouenir que de quelque chose, qui n'est pas luy, si est-ce que nous appellant plustost à la consideration de ses douleurs, qu'à celle de ces douceurs, nostre inclination doit aussi pancher plustost de ce costé là. Nous n'auons qu'à nous garder de l'excez, qui rend les choses meilleures mauuaises : c'est pourquoy le Sage nous aduise de mâger le rayon de miel auec sobrieté, de peur d'en venir au missentent. On peut tousiours abbatre le corps quand on veut, mais on ne le peut pas quelquefois releuer quâd on le desire.

Que le monde est iniuste : quand il voit

Attendite & videte si est dolor similis sicut dolor meus.

des persónes trop austeres à son gré, il les blâme comme homicides d'eux-mesmes; s'il en cósidere de plus moderees en leurs mortifications, il les accuse de delicatesse. S. Iean Baptiste estonna toute la Iudee de la rigueur de sa vie, & trouua plus de repreneurs que de sectateurs. Le Sauueur *vint beuuant & mangeant*, & le monde *le mescogneut*, mesmes le mesprisa: il mena vne vie commune, & il fut estimé cóme vn homme du vulgaire: & si ces miracles n'eussent esblouy la veuë des regardans, *il n'eust pas esté receu des siens*. Ce n'est pas cela, mais c'est que le monde, ennemy iuré de la vertu, ne demande qu'à mordre sur ceux qui la pratiquent, ou auec aspreté, ou auec moderation; c'est vn loup qui estrangle les innocentes brebis, sans esgard à leur couleur, à leur aage, à leur sexe. Le plus grand secret que ie sçache, est de les laisser dire, & *ne faire point nostre Iuge de nostre ennemy*, puis que nostre intention est de luy deplaire, c'est signe que nous faisons bien quand il nous reprend, & mal quand il nous applaudit, ce que recogneut cet ancien Orateur, qui apres vne acclamation populaire demanda en quoy il auoit failly, estimant que l'igno-

Filius hominis venit manducans & bibens.

Ioan. 3.

Inimici sunt indices.

Dd iij

rant vulgaire ne pouuoit approuuer que les fautes.

En tout cas ceste regle de S. Paul nous doit estre vn Oracle, *Que celuy qui mange ne mesprise pas celuy qui ieusne, & que le ieusneur ne desdaigne pas celuy qui mange*. Car si l'abstinence est agreable à Dieu, ne l'est pas moins le manger, si c'est pour luy rendre auec plus de force quelque seruice signalé.

II.

Et ne peut-on reuoquer en doute, sans desarçonner la raison, que la Mortification interieure ne deuance autant l'exterieure que le corps surpasse l'ame en dignité, & qu'vn acte de celle là n'en vaille plusieurs de celle-cy : car ie vous prie, que sert vn cœur bouffi dans vn corps terrassé ; & que sert comme Saul de presenter à Dieu de gras sacrifices auec vne ame pleine défraude & de rancune? Dieu regarde Abel, & puis ses presens. Il ne veut que le cœur, *Mon enfant donne moy ton cœur : il est le Dieu des cœurs*: il desire qu'on *se conuertisse à luy de tout le cœur*: il ne veut pas tãt *le deschirement* du corps, qui n'est que *le vestement de l'ame*, comme *le brisement du cœur*; il desire *que nostre cœur soit net, & laué de toute*

Respexit ad Abel & ad munera eius.
Genes. 4.
Fili præbe mihi cor tuum.
Prou. 23.
Deus cordis mei.
Psal. 71.
scindite corda vestra & non vestimenta vestra.
Ioel. 2.
Laua à malitia cor tuum.
Ierem. 4.

sur le Cantique des Cantiques. 423
malice. *O Seigneur, si vous eussiez voulu des sacrifices,* dit le diuin Chantre, *ie vous en eusse presenté, mais vous ne voulez qu'vn cœur froissé & abbatu.* De là vient ceste circoncision du cœur tant recommandee aux Escritures, & ceste iniure *de cœurs incirconcis* qui y est si frequente. Et ceste ceremonie ancienne se pratiquoit exterieurement en vne partie qui a quelque forme de cœur, pour signifier l'interieur retranchement des passions desordonnees.

Et l'Espouse du Cantique remettant se temps d'emonder, & de tailler les arbres à la premiere voix de la tourterelle, c'est à dire à la pointe du printemps, lors que la seue commence à monter aux plantes, & que ceste humeur radicale se dilate par les rameaux, ne nous semble-t'elle pas enseigner que l'exterieure mortification doit suiure l'interieure, n'estât pas raisonnable de tourmenter inconsiderement le corps, que le cœur ne soit en sa droitte assiette. Aussi est-ce à ceste *racine qu'il faut porter la coignee* auant que d'effleurer les branches, & imiter la cõduitte des horlogers, nõ pas celle des peintres: car ceux là cõmencẽt leurs ouurages par le dedãs, & les finissent par l'emboëtteure, & ceux cy

securis ad radicem arboris posita est. *Matth.* 3. *& Luc* 3.

D d iiij

se contêtent des apparences du dehors, & fõt par des ombres paroiftre releué ce qui eft plat de foy mefme. Ainfi la nature cómêce-elle à former l'animal par les parties internes, venãt en fin à la peau, au lieu que les ftatuaires ne fe fouciết que de la furface, peu curieux des refforts, & de la cõpofition du dedãs. Certes il me femble que ceux qui laifferoient la mortification interieure pour l'exterieure, feroiết à la fin en eux pluftoft vn fantofme de deuotiõ qu'vne vraye & folide pieté, & fe rếdroient sếblables à cefte ftatuë que Michol reueftit des habits de Dauid, pour trõper les gens de Saul. Dieu veut *des holocauftes moellez*, & les Aigles, qui font les perfonnes bien fpirituelles, ne fe repaiffent pas volontiers de l'efcorce, mais de la *moelle des Cedres* du Liban. Moins de fumee & plus de feu : vn peu d'huile d'afpic iette vne odeur bien plus aiguë & penetrante que beaucoup de baume; mais peu de baume vaut mieux que beaucoup d'afpic : vne perle eft bien petite, vn rocher eft bien gros, mais celle-là eft plus precieufe que celuy-cy : vn fer embrafé a beaucoup de chaleur, mais vne chandelle a plus de lumiere. Il n'en eft pas des Mortifications comme des pieces

Holocaufta medullata offeram tibi. Pfal. 65. Aquila grãdis tulit medullam Cedri. Ezech. 17.

d'or, entre lesquelles les plus massiues sont les meilleures : mais elles sont comme la flamme, qui est d'autant plus excellente qu'elle est plus pure, d'autant plus pure que plus claire, & d'autant plus claire que moins attachee à la matiere. *Qu'allez-vous voir au desert en la personne de Iean*, disoit le Sauueur, *pensez-vous y rencontrer vn roseau agité de vents*, comme disant vous trouuerez en ce personnage des passions fort accoisees, *vn homme vestu molement*, comme disant, Vous trouuerez en luy vne vie & vn vestement fort austeres. Mais aduisez comme il met la Mortification interieure, qui consiste en l'arrest des passions deuant l'exterieure, qui ne regarde que l'aspreté du corps. Certes celle-là est vtile sans celle-cy, comme il est manifeste au sacrifice interieur d'Abraham, duquel Dieu se contenta autant, que s'il eust executé tout à faict l'exterieur : mais celle-cy est assez inutile sans celle-là. Tesmoin ceux que l'on chastie pour leurs heresies, qui mortifiez de corps ne sont que trop viuans en leur opiniastreté, martyrs du diable, lequel a ses martyrs, dict sainct Augustin, aussi bien que Dieu : car ce n'est pas la peine, mais la cause qui faict le martyre : voulez-vous de plus sanglantes mortifications corporelles, que celles dont Moyse affligea Pharao, par la puissance & le commandement de Dieu? voulez-vous voir vne dureté de cœur, & vne obstination plus imployable ? Moyse vit vn buisson tout enuironné de flammes, auec ses espines, ses fueilles, & ses fleurs toutes entieres. Le corps peut ainsi estre dans les embrasemens des plus rudes austeritez, sans que les passions & affections de l'esprit en soyent pour cela moderees. Si est-ce qu'il faut commencer par celuy-cy en la reformation de l'hôme, comme l'Autheur de son estre a commencé par le corps en sa formation. Proceder autrement, c'est faire comme ceux qui conseillent le baing contre les demangeaisons, au lieu d'ouurir la veine pour euacuer le sang qui l'excite.

Le sentiment de nostre Seigneur sur les macerations corporelles est tel, qu'il ne veut pas mesmes qu'elles paroissent en ceux qui les pratiquent. De là ce precepte Euangelique, *quand vous ieusnez, oignez vostre teste, & lauez vostre face, afin qu'il ne semble pas que vous faciez abstinence*. Ainsi firent Iudith, Esther, Daniel ; & lit-on que

Cum ieiunas vnge caput tuũ, & faciem tuam laua. Mat. 6.

sur le Cantique des Cantiques. 427

S. Bernard ayant recognu que quelqu'vn de ses freres s'estoit apperceu d'vn cilice qu'il auoit porté en secret quelque têps, le quitta pour ne sembler singulier en ceste mortification, qui luy auoit esté permise par son Directeur. Souuent l'hypocrisie se tapit soubs l'austerité exterieure, comme le serpent soubs la fleur. Et souuent soubs vne apparence dure, se cache vne ame delicatte, & toute perduë d'Amour propre. Ainsi le herisson, ainsi le marron cachent vne chair & vn fruict douïllet soubs des poinctes aiguës: ainsi l'esclandraste couure son esclat brillant soubs vne crouste terne: ainsi les lambris de Cyprez recelent des cheurons de Cedre. Et les Pharisiens ne laissoient pas de mener vne vie sensuelle & delicieuse; bien que leurs robes fussent côme frangees d'espines. *Toute la gloire de la fille du Roy*, l'ame deuote, *est au dedans*. C'est là principalement qu'il faut viser.

<small>Tigna domus nostræ cedrina, laquearia, cypressina. *Cant.* 1.

Omnis gloria filiæ regis ab intus. *Psalm.* 44.</small>

Le meilleur côseil que l'on puisse prendre en ce faict de l'vne & l'autre Mortification, est de prendre la discretion pour filet d'Ariadne en ce labyrinthe, pour matter tâtost le corps, tâtost l'esprit, auec la prudence requise. Ainsi le sage conducteur d'vn chariot, frappe vn des cheuaux, & puis l'autre, pour leur faire trainer leur charge auec egalité: & c'est à cet Elie, c'est à dire au iugement qu'il faut recommander le *chariot d'Israël & son charretier*. Ainsi nous triompherons comme Ionadab d'Achab, & de Iesabel, de nostre chair & de nostre esprit, les faisant mourir à eux-mesmes, pour reuiure plus heureusement en Dieu. Et lors nous chanterons pour Cantique de loüange ce mot du Psalmiste: *Mon cœur & ma chair se sont resjouys au Dieu viuant*, lequel soit beny en l'eternité des siecles. Ainsi soit-il.

Currus Israël, & auriga eius. 4. Reg. 2.

Cor meum & caro mea exultauerunt in Deū viuum. Psa. 83.

De l'Humilité.

HOMELIE XXVII.

Soror nostra parua est. Cantic. 8.

OVS vous estonnerez peut estre, Auditeurs, d'entendre que ceste Espouse dont la stature haute & releuee, est cóparee à la palme en quelqu'autre endroit de cet Epithalame, soit maintenant appellee petite ; mais vous cesserez de vous estonner, quand vous considererez que c'est le propre de Dieu *de regarder les choses humbles, & de recognoistre de loing*, c'est à dire auec mespris, *les hautaines*, ioint que la palme estendant ses racines d'autant plus auāt dans la terre, qu'elle pousse ses branches hautemēt vers le Ciel, nous faict voir en ceste forme la constitution d'vne belle ame, qui esleue d'autant plus haut le bastiment de sa perfection, qu'elle jette bas le fondement de sa bassesse. O Vierge sacree, *en qui Dieu a faict choses grādes, en regardant à vostre humilité, & qui en*

Statura tua assimilata est palmæ. Cant. 7.

Deus humilia respicit, & alta à longè cognoscit. Psal. 137.

Cum essem paruula placui altissimo.

ceste petitesse auez agreé au Tres-haut, apprenez-nous quelque chose de cette Vertu, qui sert de baze à toutes les autres. *Aue Maria.*

N'Attendez pas, mes freres, que ie vous promeine par mon discours *sur les aisles des vents*, ny que ie face essor sur quelque matiere esleuee : car outre que l'Escriture defend *de dire des choses sublimes pour acquerir de la gloire* : & encores *de cheminer hautement par dessus sa portee* : Le texte que ie manie ne me permet pas de m'esleuer de terre, puis qu'il parle de ceste belle Vertu qui tire son nom de la terre, la saincte Humilité : d'elle sera nostre entretien, & en suitte de sa fille aisnee l'Obeyssance. Venons.

Nolite loqui sublimia gloriātes, recedāt vetera de ore vestro.
1. Reg 12.
Nō ambulaui in magnis, neque in mirabilibus supra me.
Psal. 130.
Humilitas ab humo.
Substantia mea tāquā nihilū ante te, vniuersa vanitas omnis homo viuens, in imagine pertransit homo.
Psa. 38.

I.

Ce n'est autre chose qu'vne claire cognoissance, & vne sincere recognoissance de nostre neant. Ie m'explique, c'est vne claire cognoissance, par laquelle nostre entendement tirant la lumiere des tenebres de nostre estre, voit manifestement *que toute nostre substāce n'est qu'vn beau rien, & que l'homme n'est autre chose qu'vne vani-*

sur le Cantique des Cantiques. 431

té vniuerselle qui passe comme vne ombre. C'est vne vraye recognoissance par laquelle nostre volōté acquiesce à toutes les objections qui sont deuës à ce rien, & renonce de bon cœur à toutes les loüanges, à tous les honneurs, à toute gloire terrestre, en disant auec l'Escriture, *De quoy te glorifies-tu poudre & terre?* Tout le monde est capable de ceste Humilité intellectuelle, & ceux qui ont le plus de vanité, sont quelquefois les plus excessifs à se donner des epithetes d'abjection, à dire des paroles de raualement: mais tout cela n'est qu'vn vain babil, & tel ou telle se dict vn meschant, ou vne miserable pecheresse, qui seroit bien marry qu'on le creust: & tout cela est vne ineptie & vn fatras de langage, vn amusoir d'impertinence. La Vertu est principalement en la volonté, c'est sa demeure & son fort. La vraye Humilité dict peu & faict beaucoup, elle est preparee aux opprobres, aux contumelies, les receuant cōme les Apostres d'vn cœur allegre, d'vne chere gaye & enjoüee. L'humilité intellectuelle est ordinairement artificieuse & pleine de fard: mais la volōtaire, est rōde & ingenüe, elle ayme mieux faire des actions petites, que

Quid superbis terra & cinis? Eccl. 10.

Ibant Apostoli gaudentes à conspectu concilij, quoniam digni habiti sunt pro nomine Iesu contumeliā pati. Act. 5.

de proférer des paroles affettees, qui ne seruent qu'à amuser le tapis, & à abuser le monde.

Estant le fondement des autres vertus, elle les laisse paroistre côme les murailles, la symmetrie, la face & le toict d'vn bastimêt, tâdis qu'elle se cache dâs la terre, sâs autre partage que de soustenir les autres: le fondemêt est la plus vile, & neâtmoins la plus necessaire partie d'vn edifice, sans laquelle il croule incontinent, & faict vne large ruyne. L'humilité se peut dire la plus vile des vertus, puis qu'elle n'a pour object que l'auilissement & l'abjection, & toutefois la plus vtile: semer sans elle c'est perdre & dissiper, dict vn ancien Pere. C'est vn fonds obscur de tableau, sur lequel les hautes couleurs des vertus esclattent d'auantage. C'est ce roseau en apparence leger, mais auec lequel vn Ange mesure la celeste Hierusalem: car c'est elle qui nous y loge, sans elle il n'y a point d'accez, *le Royaume des cieux n'appartenant qu'aux pauures d'esprit*, c'est à dire aux humbles, à ceux-là *le salut est appresté*.

Apocal. 21.

Humiles spiritu saluabit.
Psal. 33.

La Lune n'est iamais si claire du costé du Ciel, que quand elle est obscure de la part de la terre: & l'ame n'est iamais si remplie

sur le Cantique des Cantiques. 433

remplie de la lumiere de la grace Diuine, que quand elle est tenebreuse deuant le monde. C'est pourquoy Dauid qui aspiroit à la vraye gloire, dont les *couronnes ne fletrissent iamais, aymoit mieux estre abject en la maison de Dieu, que de paroistre sur les premiers rangs aux tabernacles des pecheurs.* Et certes ce grand Prince qui estoit si accomply, que le cœur de Dieu le regardoit auec aggréement, tesmoigne en tant d'instances vne vraye & solide humilité, qu'il est aysé à iuger, que par ceste descente il est monté à tant de perfections qui l'ont rendu recommandable. Ie dy monté par vne descente, & ie dy bien: car c'est en s'abaissant que l'on se hausse deuers Dieu. Manassé regardant la terre, & n'osant leuer les yeux vers le Ciel pour la multitude de ses iniquitez, merite que Dieu considere son abjection & luy face misericorde.

Immarcessibilis gloriæ corona. Psal. 83.

Certes comme le musc redouble son odeur auprés des cloacques, & les roses leur senteur par le voysinage de aulx: ainsi l'humilité esclatte d'autant plus qu'elle se trouue en des personnes de dignité eminente. Et reciproquement les autres vertus acquierent vn grand lustre quand

E e

elles sont couchees sur l'humilité; tout ainsi que les Astres ne paroissent iamais si brillans que quand la nuict est fort noire. Quand nous voyons les grands du monde, *qui comme les puissans Dieux de la terre sont hautement esleuez*, se rabattre à des côuersations familieres, se domestiquer humainement auec les moindres; nous admirons ceste facilité, & nous les rehaussons en estime par dessus nous, d'autant plus qu'ils s'abaissent à nous. Voyez comme sainct Pierre est confondu, voyant son Maistre disposé à luy lauer les pieds, voyez quel estonnement saisit la B. Elizabeth en la visite de la saincte Vierge. Ceste ame de nostre Cantique appellee tant de fois l'Amie, la Sœur, l'Espouse, la Colombe, la Parfaitte du sainct Amant, prend pour sa qualité celle de Petite, parce qu'elle sçait que rien ne plaist tant à Dieu que ceste abjection.

Dij fortes terræ vehementer eleuati sunt. Psal. 46.

Aussi le Sauueur de nos ames a-t'il declaré, *que le Royaume des Cieux estoit pour les petits, & que si nous ne deuenõs simples cõme des enfans nous n'y pouuons auoir d'entree*. En figure de quoy, quand Saül paruint à la Royauté d'Israël, il est appellé *enfant d'vn an*, non qu'il n'eust que cet aage, mais

Puer vnius anni erat Saül. 1. Reg. 3.

sur le Cantique des Cantiques. 435

pour signifier qu'il estoit alors humble, debonnaire & doux, comme vn enfant qui pend encores à la mammelle. Et quand Dauid fut choisi pour Roy sur Israël, n'estoit-il pas le dernier & le plus petit d'entre ses freres? Croyez moy, ce n'est pas sans raison que le Royaume des Cieux est comparé au grain de moustarde qui est si petit, pour apprendre qu'il n'y a que les humbles qui y puissent arriuer: les orgueilleux gros comme des chables ne peuuent passer par son guichet, qui n'est pas plus grand que le pertuis d'vne aiguille. Mesmes les mysteres plus eminens de nostre saincte foy, ne sont declarez qu'aux humbles de cœur. *Ie vous louë, ô Seigneur, Roy du Ciel & de la terre, de ce que vous auez caché vos secrets aux sages du siecle, & les auez manifesté aux petits.* C'est ce que dict le Chantre Roy, *que la declaration de la parole de Dieu illumine & donne de l'intelligence aux moindres.*

Confiteor tibi Pater, Rex cœli & terræ, quia abscōdisti hæc à sapientibus & reuelasti ea paruulis. *Mat.* 11. Declaratio sermonum tuorum illuminat, & intellectū dat paruulis. *Psal.* 118.

C'est grand' pitié de voir tant de gens s'abuser au choix des vertus, en les prenant plustost par l'opinion des hommes, que par l'estime de Dieu. Chacun veut mettre la main à celles qui sont heroïques & magnifiques, & qui sont

E e ij

plantées au chapiteau de la Croix : peu s'occupent à recueillir ces petites menuës perfections, qui croissent au pied de cet estendard de salut parmy les voiries du Caluaire, des abjections, des mespris, des obscuritez, des souffrances incognuës, des accusations calomnieuses, des mocqueries, des cōdescendances aux fascheuses humeurs d'autruy, & tant d'autres pieces qui ramassees auec humilité & charité peuuent composer vn grand thresor. On regarde d'vn autre œil ces hautes entreprises, qui cachent soubs vn beau manteau de la gloire de Dieu tant d'amour propre que tout en est infecté : on veut bien des souffrances pourueu qu'elles soyent glorieuses, on veut bien des trauaux pourueu qu'ils soyent honorables, on veut biē endurer des calomnies pourueu qu'elles ne soyét pas creuës, & qu'elles seruent comme l'eau à rengreger la flamme & l'esclat de nostre reputation; on veut bien prēdre la peine de prescher, pourueu que ce soit auec concours & applaudissement, & que l'affluence des Auditeurs & leur attētion vous excite à estudier. Qui ne voit que tout cela sont des fleurs sans fruict, *& que ces actions regardēt*

sur le Cantique des Cantiques. 437

plustost l'interest du particulier qui les exerce, que celuy du seruice de nostre Seigneur. O que tout cela est petit deuant Dieu, bien que de grand esclat deuant les hommes. Mes freres, *humilions-nous soubs la puissante main de Dieu, & il nous sçaura bien releuer.* Ces celebres actions esblouyssent comme le Soleil: regardons plustost les estoiles des moindres vertus dans la nuict de nostre neant, nos paupieres en seront cófortees. Les roses sont belles & vermeilles, aussi sont les lys: mais les petites violettes ne laissent pas d'auoir leur prix, & pour croistre bas & à l'ombre ne sont pas pourtant mesprisables. Les lys des valees sont plus estimez en nostre Cantique, que ceux qui croissent sur le front des montaignes.

Omnesque sua sunt quærūt, nó quæ Iesu Christi.
Phil. 2.
Humiliamini sub potenti manu Dei, & ipse exaltabit nos.
1. Petr. 5.

Et pourquoy pensez-vous que nostre Espouse s'appelle noire & bazanee sans interest de sa beauté, sinon pour nous enseigner que les plus obscures vertus ne sont pas tousiours les plus laides, ny les moins agreables au diuin Amant, qui sçait mettre l'humble Esther à la place de la superbe & pompeuse Vasthi? Les plus beaux coffres ne sont pas les plus forts, & come ils ne sont pas les plus forts, on n'y met pas les plus amples thresors: *le thresor de la*

E e iij

perfection, dict sainct Paul, *est dans vn vaisseau de terre*, la saincte Humilité. Et ie vous prie, bien que la terre soit la derniere & la moins noble des elemens, qui osera nier qu'elle ne l'emporte sur les autres en l'vtilité & en la fertilité? le feu nous deuore, l'eau nous engloutit, l'air ne nous souftient pas, la seule terre nous nourrit & nous porte. Tant de vertus qu'il vous plaira, sans l'humilité ce n'est rien de faict, *les seuls humbles auront la grace & la gloire*.

Humilibus dat gratiā. Iacob. 4.

II.

Thesaurus absconditus in agro preciosa margarita. Mat. 13.

Mais comment acquerrons nous ce thresor caché en terre, ceste perle precieuse, qui vaut mieux que tous nos biens? Ce sera, Messieurs, par l'obeyssance: car comme la pierre de Lydie espreuue l'or, ainsi la seule obeyssance est la touche de l'humilité. *Le Sauueur*, modele de perfection, *& le Dieu des vertus*, pour nous grauer ceste verité sur le cœur, *s'estant aneanty & humilié soy-mesme, s'est rendu obeyssant iusques à la mort, & la mort de la Croix*. Voyez-vous comme en suitte de son humilité il a faict preu-

Humiliauit, exinaniuit semetipsum factus obediens. Phil. 2.

sur le Cantique des Cantiques. 439

ue de son obeyssance? L'humilité sans obeyssance, c'est vne cause sans effect, c'est vne vertu speculatiue & intellectuelle, nullement pratique & volōtaire. Or la vertu veritable consiste en l'action, & l'humilité ne pouuant agir que par l'obeyssance, il s'ensuit que celuy qui se dict humble, & ne veut pas obeyr, est vn menteur, & *se trompe soy-mesme.* Car qu'est-ce ie vous prie que l'orgueil, sinon vn defaut de sousmission? & pourquoy est il appellé dans les sainctes lettres *la racine de tout peché*, sinon parce qu'il nous porte à la reuolte contre Dieu, le peché n'estant autre chose qu'vne desobeyssance à la loy diuine. Et qu'est-ce donc l'humilité (si la reigle des contraires est asseuree) sinō vne sousmission, & ceste sousmission qu'vne obeyssance à *ces hommes que Dieu a mis sur nos testes*, c'est à dire, a ordonnez nos superieurs? Si donc nous voulons sçauoir si nous auons la vraye humilité, regardons si nous nous sousmettons volōtiers, & si nous faisons ce qui nous est cōmādé auec vn frāc courage. Le vray humble s'estime le moindre du mōde, *& se rēd sujett à toute creature pour l'amour de* IESVS-CHRIST. Il peut estre comparé en sou-

Ipse se seducit. Galat. 6.

Dictum, factú vel concupitum contra legem Dei æternam. Ambros.

Imposuisti homines super capita nostra. Psal. 65.

Ee iiij

plesse *aux chariots de Pharao*, par lesquels l'Espoux signifie l'obeyssance de son Amante. Et c'est en cela que consiste *ce renoncement de soy-mesme*, où toute la Philosophie Chrestienne loge le plus haut faiste de la perfection.

Serrons ce pas par deux maximes tresveritables : Nous ne sommes Saincts qu'autant que nous sommes humbles. & vne. & nous ne sommes humbles qu'autant que nous sommes obeyssans. & deux. Ce sont là les deux colomnes d'Hercule qui m'aduertissent de n'aller pas *Plus outre*.

Qu'il faut fuir les plus petites imperfections.

HOMELIE XXVIII.

Capite nobis vulpes paruulas, quæ demoliuntur vineas. Cantic. 2.

NTRE les playes de l'Egypte, celle des moucherons fut si considerable, que les Magiciens de Pharao furent contraincts de recognoistre que *le doigt de Dieu estoit là* : car bien qu'en apparence elle fut de petits animaux, leur multitude neantmoins, & leur importunité les rendoit insuportables: Il y a mille petites fautes qui regnent parmy nous, dont la quantité est plus à redouter que la qualité, & qui peu à peu, si nous n'y aduisons de bonne heure, nous meinent en des labyrinthes inexplicables : Ce sót ces *Renardeaux qui renuersent la vigne* de l'interieur de nostre Espouse, dont elle desire estre depestree pour vacquer plus parfaictement à la dilection de son cher Bien-

Exod. 8.

aymé. Implorons l'ayde de la toute parfaicte, pour donner la chasse à nos moindres defauts. *Ave Maria.*

CE n'est pas le faict d'vn prudent Chef de guerre de negliger l'ennemy; le mespris qu'Holophernes fit des habitans de Bethulie, qu'il appelloit des rats enfermez, fut cause de sa ruine: il n'est point de si petit aduersaire qui ne puisse faire vn grand mal. Sisara Capitaine auantureux, se voit assassiné par Iahel : & Abimelech par vne autre femme qui l'assomme d'vne pierre : vne petite vipere terrasse vn grand taureau, & vn puissant sanglier est arresté par vn chien d'vne moyenne force. Il ne faut qu'vn pepin pour estrangler vn homme; & la petite pierrerte de Daniel renuersa-t'elle pas vn enorme Colosse, en le reduisant en poudre? vn pertuis incogneu faict quelquefois perir vne nauire, & vne ame se pert par vn peché occulte : c'est pourquoy Dauid prioit Dieu qu'il le deliurast *de ses fautes cachees, & de celles de participation*. C'est à quoy donc ie viseray en ce discours qui vous enseignera à craindre les plus petites im-

Iud. 4.
Iud. 9.
Parua ne-
cat morsu
spatiosum
vipera tau-
rum.
A cane nō
magno sæpe
tenetur
aper.
Dan. 4.
Ab occultis
meis mun-
da me Do-
mine, & ab
alienis par-
ce seruo
tuo.
Psal. 18.

sur le Cantique des Cantiques. 443

perfections, à cause de l'exacte Iustice de Dieu, & de ne perdre pas l'esperance aux plus griefues fautes, à cause de sa misericorde. I.

La sagesse des hommes est vne folie deuant Dieu, c'est pourquoy il ne faut pas s'arrester au iugement des hommes, pour le regard des imperfections : car souuent ce qui est graue deuāt le monde, est leger deuant Dieu; & ce que le siecle estime leger, est deuant Dieu vne lourde offence: car comme le Soleil descouure les moindres atomes qui sont inuisibles quand cet astre ne respand pas ses rayons; ainsi *l'œil de Dieu qui profonde nos reins, est celuy qui estale nos imperfections plus secrettes.* Parlant selon l'humaine raison, qui diroit qu'vn morceau de pomme inconsiderement mangé, deust estre la porte par où tous les maux sont entrez au monde. Cependant deuant Dieu ce fut vne faute qui attira la vengeance non seulement sur son autheur, mais sur toute sa miserable posterité. Estoit-ce à vostre aduis, & encores à des enfans, vne si grande offence, que d'appeller chauue vn homme, qui vrayement l'estoit, & cependant voyla que des animaux sauuages en les deuo-

scrutans corda & renes.
Psal. 7.
Imperfectū meum viderunt oculi tui.
Psal. 138.

rant viennent expier cet outrage.

 La iuste crainte faict laisser à Ionas l'ambassade qui luy auoit esté baillee, estimant que c'estoit s'exposer à vne indubitable lapidation : & voila que la tempeste le vient accueillir, le ventre d'vne baleine recueillir, & qu'il se voit descendre en enfer tout viuant. Les enfans de Noé pour auoir ry d'vne chose qui de soy estoit ridicule, se voyent accablez de la malediction : & les Betsamites frappez de playes estranges pour n'auoir pas assez respectueusement salué l'Arche quand elle passoit sur leur terre. Qui ne tremblera voyant vn Hely tellement chastié pour la faute de ses enfans, faute qu'il deuoit ou corriger ou reprendre ? Et quelle reprimende ne receut Aaron de son frere Moyse pour l'idolatrie du peuple qu'il n'auoit peu empescher ? Et n'estoit-ce point à l'aduenture pour se purger du crime de participation que Iob sacrifioit à Dieu tandis que ses enfans se noyent dans les dissolutions & les desbauches?

 Certes il n'y a celuy qui puisse contenir son estonnement quand il voit dans l'escriture, ou quand il oit reciter le chastiment exemplaire que Dieu fit d'Israel pour le denombrement de Dauid. Car si les fautes sont personnelles que celuy là soit puny qui a delinqué : mais en apparence en quoy a t'il failly? est-ce mal faict à vn Pasteur de conter son troupeau? Mais plustost n'est-ce pas son deuoir? *O que les voyes de Dieu sont iudicieuses : mais que ses iugemens sont de profonds abysmes.* Tel pense estre innocent comme Benjamin, qui se trouue coulpable : *Car nos iustices sont iniustes & defectueuses quand Dieu les examine exactement.* Moyse a commandement de Dieu de parler seulement à la pierre pour luy faire rejallir des eaux, est-ce vn si grand mal que de la toucher du bout d'vne houssine, si grand que pour cela il est forclos de l'entree de la terre de Promesse. Abiron gronde, & se fasche, & la terre l'engloutit tandis qu'il se dépite : Marie groumelle, elle deuient lepreuse, Ozias veut encenser, il est frappé de lepre. Et Oza pour vne action en apparêce charitable en effect temeraire meurt sur le champ. *O que ce grand Dieu qui est sur tous les Dieux est terrible.* Saul pour auoir sacrifié quelques heures plustost, au lieu d'estre loüé de diligence, se voit foudroyé de reprobation, & exterminé par

Omnes viæ Dei iudicia.
Deut. 32.
IudiciaDei abyssus multa.
Psal. 35.

Terribilis Deus magnus super omnes Deos.

Terribilis apud reges terræ.
Psal. 75.

vne degradation. *O que ce Dieu est terrible sur les Roys de la terre.*

Ionathas pour vne goutte de miel tastee contre l'interdict se voit à la porte de la mort ; & Acham lapidé pour quelques legeres despouïlles reseruees du sac de Hiericho ; que dis-je: mais le mesme supplice traina-t'il pas à la mort vn pauure miserable qui auoit ramassé quelques buschettes vn iour de Sabath? D'où nous pouuons recueillir combien est grief deuant Dieu, ce qui semble si legèr deuant les hommes, & ce *qu'ils boiuent comme l'eau*, c'est à dire sans sentiment.

Vous plaist-il que nous façions quelques passades dans les cahiers de la nouuelle alliance? Voyez si c'est vne chose qui semble meriter l'Enfer que de ne donner pas ses pieds à lauer à son maistre, & cependant ceste humilité faict entendre à sainct Pierre ceste horrible menaçe: *Si ie ne te laue les pieds, tu n'auras point de part auec moy.* Combien asprement S. Paul reprit-il S. Pierre, parce qu'il condescendoit en certaines choses auec les Iuifs, pour les attirer au Christianisme auec plus de douceur? Le Pharisien dict de soy des choses vrayes, & parce qu'elles ressentent la va-

sur le Cantique des Cantiques. 447

nité, il tombe dans la reprobation. Les Samaritains pour estre peu courtois & charitables, sont menacez du feu du Ciel par les Apostres, si le Sauueur n'eut temperé les bouïllons de leur zele. Vn Euesque dans l'Apocalypse est menacé par vn Ange de sa ruine eternelle pour estre descheu, non pas tout à faict de la Charité (car il est tout constant que celuy *qui n'est pas en la dilection, est en la mort*) mais seulement pour s'estre tant soit peu relasché de sa premiere ferueur. O Sauueur du monde, qu'il faict horrible de tomber entre vos mains iusticieres! que ferons-nous si vous obseruez nos iniquitez, puis que vous estes si exact à *iuger nos iustices?* Ouy, vous balancez dans les bassinets de vostre egalité vne parole oysiue pour la chastier, comme vous tenez registre d'vn verre d'eau, de deux pittes pour les recompenser. Helas! vn ieune adolescent pour auoir tiré à cartier, lors que vous l'exhortiez à tout quitter pour vous suiure auec plus de perfection, vous donne subiect de faire ceste graue remonstrance, par laquelle vous faictes voir combien difficilement les riches seront sauuez.

Qui non diligit manet in morte. 1. Ioan. 3.

Pour Dieu, mes freres, ne nous flattōs point en difant que Dieu ne nous a pas racheptez d'vn si grād prix, pour nous damner pour peu de chofe. Ne fçauez-vous pas qu'vn potage fit perdre l'aifneſſe à Efau? trente deniers fomme mefprifable, font cauſe de la damnation de Iudas? Et vne friuole volupté, vne vaine ambition, vne trifte vfure, vne rancune melancholique, ne font-ce pas de foibles fubiects pour trainer tant de monde en l'abyfme? Certes à le prendre au pied de la lettre, tout tant qu'il y a de damnez font dans ces geolles eternelles pour rien: ouy, car qu'eſt le peché finon vn pur neant? vne ombre, vne priuation? Dauid dict que l'iniquité *l'a reduit à neant ſans y penſer*. C'eſt peu de cas que rien, & cependant ce rien eſt cauſe d'vn eternel malheur.

Empti eſtis precio magno.
1. Cor. 6.

Ad nihilum redactus ſum & neſciui.
Pſal. 72.

I.

Ouy mais, repliquerez-vous, qui voudroit eſtre fi exact en fes penfees, paroles, & œuures, chemineroit toute fa vie fur des efpines. Quand cela feroit, il n'importeroit pas beaucoup, puis que nous ne fommes en ceſte vie que pour poſſeder les rofes de l'eternité par les poinctures qui la trauerfent. Mais tant s'en faut que ceſte

sur le Cantique des Cantiques. 449

cette proposition soit veritable, qu'au côtraire il n'y a point de meilleur moyen pour cheminer en paix, que de prendre garde où l'on met les pieds, *I'ay regardé à mes voyes*, dit le Psalmiste, *& i'ay mis mes vestiges en vos tesmoignages. O Seigneur, dressez mon Dieu, mes pas en vos sentiers, afin que ie ne sois pas esbranlé.* Bien-heureux est l'homme, dit le Sage, *qui est tousiours en crainte*: celuy-là ne cômettra pas de lourdes fautes qui tremble sur les plus petites. Ce n'est pas que ie vous vueille plonger dans les scrupules; car c'est vne autre extremité esgalement blasmable que celle qui nous rend insensibles aux menuës imperfections: il ne faut pas pour esquiuer Scylle, se perdre en Carybde, ceux *qui negligêt les petites imperfections, tombent à la fin en de gros pechez*, & ceux à qui tout faict ombre, se plongent en des amertumes d'esprit, & en des anxietez merueilleuses. Il faut aller au milieu, & dans les petites fautes redouter la Iustice exacte qui ne laisse rien d'impuny, & dans les plus enormes pechez, esperer en la misericorde, qui les peut effacer tous, comme la splendeur du Soleil engloutit celle des Astres, de quelque grandeur qu'ils soient.

Psal. 118.

Qui spernit modica paulatim decidet. Eccles. 19.

F f

Si nous dormons entre ces deux extremitez, nous prendrons des aisles de colombe, pour voler en vn iuste repos.

La Misericorde diuine est semblable à ceste source dont parle S. Augustin, qui rallume le flambeau de nostre esperance quand il est suffoqué par la multitude de nos offences: & la Iustice en est vne autre qui esteint la fausse lumiere de la presomption, par vne salutaire crainte. Quand nous voyons l'examen d'vne parole oysiue, nous dirions volontiers *que ce terme est dur*, ceste procedure rigoureuse: & quand nous lisons d'autre part le Paradis estre ouuert pour vn verre d'eau, nous nous estonnons de ceste profusion, & cependant cela n'est ny prodigalité, ny seuerité: mais vne extreme esgalité qui contempere la Iustice par la Misericorde. *Toutes les voyes de Dieu sont misericorde & verité*, c'est à dire iustice: *Dieu est iuste, & aymant l'esgalité, sa face n'ayme que ce qui est equitable.* En tout cas, il vaut beaucoup mieux auoir l'ame tendre & delicate, mais non scrupuleuse, qu'insensible, ou lasche; car c'est vn tesmoignage que les lourdes fautes ne regnent pas en vn cœur que les petites tiennent en perplexité: Et comme

Si dormiatis inter medios cleros, pennæ columbæ deargentatæ P. 67. Quis dabit pennas vt columbæ, & volabo, & requiescam. Psal. 54.

Vniuersæ viæ Domini misericordia, & veritas. Psal. 24. Iustus Dominus & iustitias dilexit æquitatem vidit vultus eius. Psal. 10.

sur le Cantique des Cantiques. 451

on dit que les cheuaux retirez du loup sont les plus courageux, parce que le moindre ombrage les met en ceruelle: ainsi les ames qui ont les moindres tentations pour suspectes, se garderont bien de broncher en sorte qu'elles ne se puissent promptement releuer.

En somme, comme le bruict & la fumee chassent les renards, les tessons de leurs tasnieres: ainsi la crainte de Dieu nettoye l'ame de ces renardeaux qui ne font que gaster la vigne de l'interieur, en rongeant les racines d'où prouiennent les fleurs qui produisent les fruicts. *O que bien-heureux est celuy qui craint Dieu: car il fera beaucoup de bien.* Ceste crainte le rendra bon mesnager, & le retirant du mal, luy fera mettre son talent à profit pour son salut, & pour la gloire de son maistre.

Qui timet Deum faciet bona. Eccl. 15.

De la Mortification Exterieure en particulier.

Homelie XXIX.

Sicut lillium inter spinas. Cant. 2.

LE glorieux S. Gregoire moralisant sur ces cinq Roys qui furent défaicts par Abraham, & qui estoient chargez du butin & des despouïlles de sõ frere Loth, applique fort ingenieusement ceste histoire à ceux qui s'estudient à la parfaicte mortification de leurs cinq sens naturels; car ces sens sont cõme les Roys qui exercent vn Empire, & vne domination fort absoluë sur tout le Microcosme : car que seroit le petit monde sans eux, sinon vn tronc immobile, poids inutile de la terre: mais il arriue plus qu'ordinairemẽt à cause du desreiglement de nostre nature corrompuë, qu'au lieu de se contenir dans les bornes de leur regne, ils vont çà & là à la picoree des creatures, rauallans tellement les affectiõs de l'ame à leurs obiects visibles, que toute engloutie dãs les cho-

sur le Cantique des Cantiques. 453

ses basses, elle n'a pas le moyen *de rechercher les choses d'enhaut*: Il n'y a que le seul exercice de la mortification qui puisse donner les coudees franches à nostre esprit, & le mettre en la iuste auctorité qu'il doit auoir sur ceste masse terrestre, qui luy sert plustost de prison que de demeure: car cõme dit vn sage ancien, *L'Empire est pour l'ame, & la subiection pour le corps*, la raison doit estre cet Abraham qui doit *alligare istos reges in cõpedibus, & nobiles istos in manicis ferreis, & facere in eis iudicium conscriptum*. C'est à quoy doit viser ce discours que ie commence, apres auoir salüé la tres-saincte Vierge. *Aue Maria.*

Quæ sursum sunt quærite. *Col. 3.*

Animæ imperio, corporis seruitio magis vtimur.

Nous entrons dans vne Piscine probatique, où se voit *vne grande multitude de malades*, qui ne peuuent estre gueris que par le trouble de l'eau, & le mouuemét de l'Ange. Pleust à Dieu que comme Prestre, portant la qualité d'Ange du Seigneur des armees, ie peusse si bien esmouuoir vos cœurs, qu'ils prissent vne bonne resolution de se plonger dans la Piscine de la mortification exterieure: Ie m'asseure que vous en sortiriez gueris de tant de maladies qui vous prouiennét du

Malac. 2.

Ff iij

mauuais vſage de vos ſentimens : & il ne faut point que vous vous excuſiez comme le Paralitique de n'auoir point d'hôme: car outre que la grace de N. Seigneur ne mâque iamais à celuy qui fait de ſa part ce qui eſt en ſa puiſſance pour y cooperer, au faict de la mortification, chacun eſt hôme à ſoy-meſme ; pourueu qu'auec vn courage maſle & viril, il vueille s'addôner à vne ſi genereuſe entrepriſe. Nous deuôs eſtre icy nous-meſmes contre nous meſmes executeurs des chaſtimés que nous dictera la raiſon, aſſeurez, que *ſi nous nous iugeons nous-meſmes, nous ne ſerons point iugez* de Dieu; ſi nous nous chaſtions volôtairement, nous ne ſerons point chaſtiez par contrainte des verges de la diuine Iuſtice : *Car ſi nous confeſſons noſtre iniuſtice contre nous-meſmes, Dieu remettra noſtre iniquité*. Mais pour deſcendre aux particularitez de ceſte Mortification exterieure, il me ſemble que nous ne pouuions obſeruer vn meilleur ordre que celuy de nos ſentimens corporels.   I.

Pour commencer donc par la veuë, à laquelle ſans vne expreſſe iniuſtice, on ne peut dénier la primauté entre le ſens: Certes nous ne ſçaurions exprimer le rauage que fait en l'ame, non ſeulemêt l'inconti-

Si noſmetipſos iudicaremus nô vtique iudicaremur.
1. *Cor.* 11.

sur le Cantique des Cantiques. 455
nence des yeux; *car l'œil vole l'ame*, dit l'Ecriture, ou pluſtoſt l'ame s'enuole hors des termes de la raiſon par l'œil. *Qui a regardé auec conuoitiſe la femme d'autruy*, dit le S. Texte, *il a deſia adulteré en ſon cœur*. Dauid ſçait bien combien il luy couſte de larmes pour auoir ietté vn regard eſgaré ſur la femme de ſon prochain. Amon pour auoir inconſiderément ietté les yeux ſur la beauté de ſa ſœur, tomba dans vn inceſte execrable. Et le pauure Samſon apres auoir perdu les yeux de l'ame par l'inconſideration de ceux de ſon corps, perdit encores ſa veuë corporelle, comme cauſe inſtrumentaire de tant de malheurs qui l'accueillirent, & qui l'accablerent en fin ſous vne large ruine.

O Dieu, ſi noſtre premiere mere n'euſt point regardé le fruict defendu, elle ne l'euſt pas deſiré, & ſi elle ne l'euſt pas deſiré, elle ne l'euſt pas deuoré, & ſi elle ne l'euſt pas deuoré, elle ne nous euſt pas plongé quant & elle en tant de malheurs, auſquels ceſte miſerable vie eſt ſubiette.

C'eſt pourquoy il importe grandement de mortifier ceſte mouuante & prompte faculté : car comme la conduitte ſur mer depend du Pole,

F f iiij

ainſi celle de noſtre vie que nous traçons incertainemēt ſur l'Occean du mōde doit ſon ſalut ou ſon naufrage au gouuernement des yeux. O que la conuoitiſe des yeux precipitēt de gens dans les abyſmes eternels. Elle eſt elle-meſme vn abyſme qui n'eſt iamais raſſaſié: car tantoſt la veuë eſgaree ſe porte à regarder des beautez qui cachent des feux ſous la neige de leur teint, feux volages, & qui s'allumēt à toutes ſortes d'obiects; tantoſt elle contēple les biens trāſitoires, & fait plus engloutir d'or à noſtre deſir qu'il n'y en a dās les entrailles de la terre. C'eſt pourquoy il faut eſtre continuellement ſur ſes gardes, afin de ne ſe laiſſer ſurprendre aux obiects qui tōbent inopinément ſous l'apprehenſion de ce ſens: ce que fit le grand Alexandre auec autant de prudence, que de pureté, euitant la rencontre de l'exceſſiue beauté de la fēme de Darius, diſāt que les Dames Perſiennes bleſſoient les yeux, & ne voulant deshonorer ſa victoire pour ſon incontinence, & eſtre vaincu par ſa captiue: c'eſt à cela que viſoit ceſte paction que le bon Iob ſe diſoit auoir faite auec ſes yeux, pour n'attirer en ſon cœur aucune mauuaiſe penſee. S. Bernard ayant vn iour par meſgarde, ietté les yeux ſur le viſage d'v-

Non ſatiatur oculus viſu.
Eccleſ. 1.

Pepigi fœdus cum oculis meis vt non cogitarem de virgine.
Iob. 31.

ne femme, quoy que ce fuſt auec toute ſorte d'innocéce & de ſimplicité, eſtimant neantmoins auoir commis vne immodeſtie, penſa noyer ſa veuë dedás ſes pleurs.

La preſence ou l'abſence des Aſtres iumeaux de Caſtor & de Pollux, faict ſur la mer ou la tempeſte ou le calme. Nos yeux tiennent en nos corps le meſme rang que ces eſtoilles dedás les Cieux; de leur reiglemēt prouient le chaſte Caſtor de la pudicité; de leur deſreiglement, le Pollux ou pluſtoſt la pollution de la deſhonneſteté. Ceux qui gouuernent les oyſeaux de leurré, pour les retenir ſur le poing à la campagne ont accouſtumé de les chapperonner, parce que ſoudain qu'ils voyent en l'air quelque proye, ils ſe debattent ſur le poing: mais eſtans à la perche au logis, ils leur leuent le chaperon, parce que n'ayans aucun objet qui les pouſſe au vol, ils demeurent en paix. Certes quand nous ſommes en vne ſolitude locale, eſloignee de tout ce qui peut troubler noſtre ame par ſon aſpect, nous pouuons manier nos yeux auec toute liberté: mais quand nous ſommes dedans le monde plus remply de dangers, que la mer ne cache d'eſcueils, alors nous deuons nous ſeruir prudemment de nos paupieres contre nos prunelles, puis qu'elles seruent comme d'vn chaperon naturel à nostre veüe, pour la conseruer autant des vanitez du siecle, comme de la poussiere de la terre. Les yeux remis & abbaissez tesmoignent vne grande tranquillité d'esprit, & vn soin particulier de son interieur, & sont vn tesmoignage asseuré d'vne teste bien faicte.

Mais il se faut aduiser icy d'vne extremité qui est vicieuse, regarder tout sans cósideration, c'est s'exposer à de grands perils de faire naufrage, mais ne regarder rien par obstination est vn aueuglement volontaire, & vne pure stupidité : on se mocque encores à present de ce Philosophe, qui s'aueugla pour mieux vacquer à l'estude de la Sagesse:& qui ne sçait *que les choses inuisibles de Dieu se manifestent par celles qui sont visibles*, selon la doctrine de l'Apostre. C'est estre volage, que de regarder tout sans circóspection, c'est estre impertinent que de ne regarder rien, par vn mespris arrogant de toutes choses; ces deux extremitez sont blasmables, & ceste derniere n'est pas yne Mortificatió, quoy qu'elle en aye la mine, mais vne verification de sottise. Entrer dans vn iardin & fermer les yeux à tant de belles fleurs qui emaillent vn parterre, passer par vne campagne, sans considerer les diuers ouurages de la nature; estre dãs vne Eglise bien paree, sans contempler & les ornemens qui la decorent, & les agreables ceremonies de l'Office diuin: cheminer la nuict & n'admirer point ce brun mãteau parsemé de tãt de belles estoilles, & ces beaux feux allumez dans le Ciel le matin: ne regarder point les diuerses beautez de l'Aurore, qui semble tenir en ses mains des roses & des rosees, & semer des perles sur la face de l'Vniuers; estre deuãt de beaux tableaux de nostre Seigneur & des Saincts, & destourner sa veüe de dessus ces agreables peintures: en somme euiter le regard de ces objects innocens, qui nous peuuẽt plustost esueiller à la deuotion, que réueiller en nous la tentation; mais ne seroit-ce pas vne humeur plustost agreste que mortifiee, puisque la Mortification pour estre bonne doit estre iudicieuse. Ie sçay bien qu'il est escrit, que si l'œil scandalise il le faut arracher: mais ce passage ne doit pas estre pratiqué à la lettre, comme celuy des Eunuques le fut par Origene, blasmé pour cela par toute l'antiquité. Cependant il arriue souuent que

Dum vitant stulti vitia in contraria currunt, tant nous auós d'inclination aux extremitez, & de difficulté à nous tenir au milieu. J'entends donc par la Mortification de la veuë vne certaine attrempance, qui conduit nos yeux comme des cheuaux legers, la bride en main par de chemins droicts & plains, les destournant des precipices qui les peuuent porter au peché.

Autant en dis-je de l'ouye, nostre second sens: car certes de le boucher tout à faict, il y auroit de l'impieté, puis que la foy *vient en nos cœurs par cet organe. Si vous m'escoutez*, dict Dieu, *vous mangerez les biens de la terre, mais si vous me fermez l'aureille, le glaiue vous terrassera*. Alcmeon dit, que les cheures de Cilicie tirent l'haleine par l'aureille: ie ne sçay pas ce qui en est, mais ie sçay bien que les ames respirét par l'aureille le bien ou le mal: par là nous sommes instruicts, edifiez, consolez: par là nous sommes peruertis, trompez, empoisonnez, *Les mauuais deuis*, dict le Poëte Apostolique, *corrompent les bonnes mœurs*. Si Eue n'eust point presté l'aureille aux suggestions du serpent, nous iouyrions encores de la premiere innocence, en laquelle furent creéz nos Protoplastes. O

Fides ex auditu.
Rom. 10.
Si audieritis me bona terræ comœdetis, si me nó audieritis gladius vastabit vos.

sur le Cantique des Cantiques. 461

Dieu, qui ne sçait que les oysillons se prennent par les appeaux ? Heureux celuy qui sage, mais non pas veneneux cóme l'aspic, sçait boucher ses aureilles au chant enchanteur des vanitez du siecle. Ainsi fit Vlysse, que l'antiquité a tenu pour l'image de la Prudence, pour euiter les chansons charmeresses des pipeuses Syrenes.

Certes tout ainsi qu'Isaac donna par Eliezer à son espouse Rebecca des pendans d'aureille pour arres de son mariage, comme desirant qu'elle conseruast ses aureilles pures de toute autre offre de seruice & d'amour que du sien : Aussi l'ame qui est si heureuse que de pretendre aux nopces spirituelles du celeste Espoux, doit par vne saincte Mortification de l'ouye, se destourner diligemment des propos contraires à la pieté, & se porter affectueusemét aux discours qui peuuent mettre de l'huille en la lampe de sa deuotion. Car il est escrit, *que celuy qui est de Dieu entend volontiers parler de Dieu.* Qui ex Deo est verba Dei audit. Ioan. 8.

Pour la Mortification de l'odorat, ie ne voudrois pas que l'indiscretion portast certains esprits à la recherche des mauuaises odeurs : car bien qu'il les faille supporter patiemment & pour l'amour de Dieu, quand la necessité y contraint ou la Charité y conuie, comme lors que l'on assiste quelque malade, ou que l'on sert quelque pauure; si est-ce que de les rechercher me semble vne sorte de Mortification, qui n'est point sans extrauagance. Certes il y a bien de la difference entre se priuer volontairement des bónes odeurs, & vser des mauuaises : car comme ceste premiere Mortification est loüable, l'autre si elle n'est blasmable, ne me semble pas digne de grande estime. Ie sçay bien que le Sauueur est esgalement aymable dans les voiries du Caluaire, que dans les onguens de la Magdeleine : mais il est tousiours aymable & desirable, sans les parfums, & sans les puanteurs; ce sont accessoires qui ne touchent point au principal de la dilection que nous luy deuons.

Il est certain par l'experience, que cóme les escarbots nourris dãs les ordures meurent dedans les roses; aussi les demons releguez au centre & à la sentine de l'Vniuers, se plaisent dedans les salletez, & ne hayssent rien tant que les parfums : c'est pourquoy on employe les suffumigatiós odorantes aux exorcismes des possedez,

sur le Cantique des Cantiques. 463

pour les faire desemparer des corps qu'ils tourmētent. Et c'est pour chasser les mauuais esprits des Tēples, qu'aux Offices diuins on se sert de la ceremonie des encensemens : le parfum du ieune Tobie ioinct à sa priere, chassa le demō Asmodée d'autour de sa femme Sara. On ne peut iustement blasmer les parfums, sans offencer l'autheur de l'Vniuers qui a faict *toutes choses bonnes* ; sans controoller les encensemens ordonnez en l'ancienne, & ce Thimiame eternel, que Dieu vouloit estre bruslé deuant luy *en odeur de suauité* ; sans syndiquer ceste mention si frequēte d'onguens de cinamome, de baulme, de myrrhe, & de toutes les drogues des parfumeurs, que faict l'Espouse dans nostre sacré Cantique ; sans trouuer à redire aux habits parfumez, auec lesquels Iacob obtint la benediction de son pere Isaac : mais tout ainsi que le vin si bō en sa nature, *qui resioüit le cœur de l'homme*, & recōmandé par l'Apostre *pour fortifier l'estomach*, est dommageable à ceux qui en abusent ; ainsi l'excez que plusieurs cōmettēt en l'vsage des poudres & des senteurs, & le mauuais dessein pour lequel s'ē seruēt les mauuaises fēmes, pour se faire suiure cōme des Pāthe-

Odor filij mei, sicut odor agri pleni. Genes 27.
Vinum lætificat cor hominis. Psal. 103.
Vtere modico vino propter stomachi necessitates. 1. ad Tim 5

res musquees, par des hõmes brutaux, est ce qui a tiré de la plume & de la lãgue des anciens tãt de sanglantes inuectiues, cõtre ceux ou celles qui alterent par leurs malicieux artifices, ce qui est aymable de sa nature. Certes pour dire le vray, le meilleur est de ne rien sentir, ie dy ny actiuement ny passiuement, c'est à dire de ne rechercher point si curieusement les ombres & les cassolettes, car cela sent vn courage mol & effeminé: car quant à porter des habits parfumez, cela ce me semble est donner à soupçonner que l'on a quelque tare au corps, dont le deschet demande à estre reparé par cet ayde. Celuy qui sent trop bon par artifice, faict conjecturer aux plus aduisez, qu'il sent mauuais naturellement. Aussi de se porter à ceste extremité de vouloir sentir mal, ce seroit vne sottise qui offenceroit le prochain, & qui rendroit odieux celuy qui la mettroit en pratique. Dauantage de fuyr en vn iardin ou à la campagne l'odeur innocente des fleurs, qui nous peut conforter le cerueau, & y faire esclorre mille bonnes pensees ; ce seroit à mon aduis vne rigidité telle, que ie ne sçay si ie la dois loüer ou blasmer, approuuer ou
improu-

improuuer. La vraye Mortification du flairer, si i'ay quelque iugement en cecy, est de supporter patiemment les mauuaises, & n'entrer pas en ceruelle quand il s'en offre quelque desagreable; car cela est le tesmoignage d'vn cœur mince & d'vne complexion trop tendre, de n'affecter point desordonnémēt les parfums, mais loüer Dieu esgalement de la souffrante de celles-là, comme de la iouyssance de celles-cy.

II.

Passons maintenant à la Mortification du goust, nostre quatriesme sens. Er c'est cettuy-cy qui merite bien d'estre reprimé, puisque c'est la porte par où le peché est entré au monde, & par le peché la mort. O que celuy-là est heureux qui est en possession par le ieusne & l'abstinence de gourmander la gourmandise, *& de ranger son appetit soubs soy.* Tel fut Dauid, lequel ayant de l'eau de la cisterne de Bethlehem qu'il auoit si ardemmēt desiree, la respandit deuant Dieu pour mortifier son desir desordonné. On dict quelque chose de semblabe de l'ancien Caton, lequel ne voulut pas prendre de l'eau qui luy fut presentee dedās vn casque par vn soldat,

Per peccatum mors intrauit in mundum. Rom. 5.

Sub te erit apetitꝰ tuꝰ, & tu dominaberis illius. Genes. 4. 2. Reg. 23.

Fulgos. l. 11. c. 9.

en une extreme necessité, afin d'encoura-
ger ses gens de guerre à endurer patiemment la soif. Or la Mortification ordinaire du ieusne, qui est celle par laquelle se
dompte ce sens, doit estre fort iudicieu-
sement pratiquee: car les abstinences in-
discrettes sont plus nuisibles que meritoi-
res, & ressemblent *au zele sans science*, qui
sous une apparéce de bien cause de grāds
maux. C'est l'aduis d'vn grand Deuot de
nostre aage, que la meilleure Mortificatiō
qui se puisse pratiquer en cecy, est de con-
tourner son goust tout simplemēt vers ce
qui nous est presenté, en māgeant mode-
rémēt auec la benediction de Dieu. C'est
vne plus grande Mortification de māger
d'vne viande delicate à contrecœur, que
de choisir la pire, mais où nous porte nostre inclinatiō. Ce procedé est fort simple,
n'incōmode personne, nē trauerse point
d'vn bout de la table à autre, auec blasme
de friandise, si c'est pour chercher le meilleur, auec soupçon d'hypocrisie, si c'est
pour chercher le pire. S. Bernard beuuāt
de l'huille pour du vin, tesmoigna qu'il
auoit fort peu d'attention à ce qu'il pre-
noit, & que son goust estoit vrayement
mortifié.

Icy ie n'attacheray point la Mortificatiō

sur le Cantique des Cantiques. 467

de la langue, car cela demanderoit vn discours à part : mais i'y dois ce me semble vne atteinte en passant mon chemin. Et à ma volonté, Messieurs, que i'eusse le charbon dont cet Ange purgea les leures du Prophete, pour purifier vos langues, car ie m'asseure que qui osteroit la mesdisance & la calomnie du monde le soulageroit d'vne grande partie de ses miseres. *O Seigneur*, disoit Dauid, *deliurez-moy des leures iniques, & de la langue trompeuse.* Voyez-vous côme ce vaillât Roy, qui *ne craignoit pas les milliers de côbattans, nô les armees entieres*, redoutoit neantmoins les traicts volâs des langues esforees. Sans doubte vn coup de langue est plus redoutable qu'vn coup de lance, cettuy cy n'abat que la vie, celuy là bat en ruyne l'honneur, qui est plus precieux. Or ie ne voudrois point que nous allassiôs si loing chercher les pincettes & les charbons Angeliques pour mortifier nostre langue, puisque nous auons naturellemêt des dents tranchantes, si proches d'elle, & si capables de punir cet outil babillard & labile quand il a faict quelque glissade inconsideree. Car pourquoy est elle enuironnee de leures, & de re double rempart qui masche la viande, sinon pour

Nô timebo millia populi circundantis me. *Psal.* 26.

Si côsistant aduersum me castra, nô timebit cor meum. *Psal.* 26.

Gg ij

resserrer sa legereté, ou la punir soudain qu'elle a inconsiderément trahy nos pensées. Certes comme les Medecins corporels iugent de la santé ou indisposition du corps par l'inspection de la langue, ainsi par le langage les Spirituels iugent de l'estat du cœur. De vouloir aussi se plonger dans vn obstiné silence, & refuser de contribuer à la conuersation, l'entretien honneste & necessaire pour maintenir la société, ce seroit vn humeur mysanthropique, aussi farouche que rejettable. Il y a temps de se taire, & temps de parler, dict l'Apostre; le silence discret est la Mortification du parler libertin, & le sobre langage est le temperament d'vne importune taciturnité.

Disons vne parole de la Mortification du Toucher. C'est ce sens vniuersellemēt respandu par tout le corps, qui est si seuerement chastié par ceux qui font vne particuliere profession de viure austerement. A cela visent les nuditez, les habits durs & rudes, les haires & les cilices, les couches dures, les veilles, les disciplines, les souffrances du chaud & du froid, & autres macerations de ceste cōdition. Tout cela est excellent, pourueu qu'il soit faict par l'ordonnance de la Charité, & foubs la reigle de la difcretion. Voyez combien de femblables fatigues fouffrit le bon Iacob, par l'efpace de quatorze ans, pour paruenir par ces efpines aux lys & aux rofes de fabelle Rachel, *Iour & nuict*, dit-il à Labã, *i'eftois en pieds, tantoft tranfi de froid, tantoft rofty de chaud*. Entre tous les combats des Chreftiens, dict le deuot S. Hierofme, ceux de la chafteté font les plus afpres. Et c'eft pour la conferuation de cefte belle fleur qu'il faut fi rigoureufement traitter ce fens : car de penfer la conferuer dans les delices & les ayfes, c'eft comme qui voudroit garder des glaçons dãs les braifes d'vne fournaife. Mais comme ce n'eft pas affez de cõferuer la pureté du corps, fi nous ne gardons auffi foigneufemẽt celle du cœur, il me femble que c'eft ietter au deuãt des attaintes cõtraires à la pudicité, vn puiffant auant-mur, que d'euiter les moindres petits attouchemens qui ont quelquefois plus de naïfueté que de malice, car encores que l'on n'y penfe pas de mal, le diable y en penfe pour nous, & ne manquera pas fi nous ne fommes bien accorte, de nous faire quelque fourbe par furprife. Ces patinemens de mains,

Gg iij

ces coups, ces pinçades, ces actions volages pleines de legereté & de folastrerie, sont des cómencemens d'vne vaste ruyne, si on n'y remedie promptemēt. Bien-heureux qui froisse ces debiles principes à la pierre ferme, qui est IESVS-CHRIST. Les corps humains ressemblent aux verres en fragilité, le moindre heurt les brise. Ce sont des *vases de terre*, dict S. Paul, qui se froissent s'ils se pressent. Or c'est à mon aduis vne excellente Mortification, que d'estre rigide à se destourner de ces petites actions, qui certes ne violent pas la pureté, mais la voilent & l'obscurcissent, qui ne la perdent pas, mais qui ternissent sa belle blancheur. *O que bien-heureux sont ceux qui sont nets de cœur* & de corps, *car ils verront Dieu*, & ils entrerōt en ce Royaume, *d'où les chiens & les impudiques sont forclos*. Mais ce sont ceux qui conseruent ce lys blanchissant de leur integrité, dans les poignantes broussailles de la Mortification & de la Penitence.

Beatus qui tenebit, & allidet paruulos ad petram.
Psa. 136.

Vasa lutea portamus, quę faciunt sibi inuicē angustias.

Foris canes & impudici
Apo. 22.

De la Mortification Interieure en particulier.

Homelie XXX.

Sicut lilium inter spinas. Cantic. 2.

FILS *de l'homme*, dict le Seigneur au Prophete Ezechiel, *perce la muraille de mon Temple, & voy les abominations de la maison d'Israël.* Il faict selon ce commandement : ô Dieu, mais que voit-il, mais que ne voit-il pas. Il en voit qui adorent des serpens, d'autres qui tournent le dos à l'Autel, d'autres qui pleurent la mort d'Adonis ; & tant d'autres impietez, qu'il a de l'horreur à les voir, & plus encores à les raconter. Ie dirois volontiers le semblable à l'entree de ce discours: car si le môde est si corrompu en l'exterieur, combien pensez-vous qu'il le soit dauantage en l'interieur, puisque c'est *du cœur que sortent*, comme de leur source, *les larcins, les homicides, les adulteres, les mensonges*, & tant d'autres abominations, dont le seul nom offence les aureil-

Fili hominis fode parietem. Ezech. 8.

Ex corde exeunt furta, homicidia, adulteria. Mat. 15.

Gg iiij

les des personnes pieuses. Combien de gens d'vne contenance exterieure, mortifiee & composee, semblêt des Temples viuãs de saincteté & de iustice, qui au dedans sont remplis d'imperfections? *Sepulchres reblanchis, specieux en apparence, pleins neantmoins de pourriture & d'infection.* Et n'est-il pas escrit des faux Prophetes, qu'ils semblêt *des brebis en la robe, mais ce sont des loups interieurement.* O Seigneur prestez-moy ces trois cordelettes, dôt vous fistes vn tel rauage dans le Temple de Hierusalem, afin que ie purge par ce discours de la Mortification interieure ces cœurs, qui sont les Temples animez de vostre sainct Esprit. *Aue Maria.*

N'Estimez pas, Auditeurs, que côme vn Mome importun, ie vueille sonder les cachots de vostre interieur, & que ie *vueille visiter Hierusalem auec des lampes,* c'est à dire par le menu. L'homme est vn animal si caché, dict vn Sage ancien, qu'il a plus de cachettes & de recoings, que la terre n'a de concauitez dans ses entrailles: que si nous ne pouuons qu'à grand' peine deuiner, sinô par de foibles côjectures, côme se fait la digestion de la viande,

Visitabo Hierusalé in lucernis. *Soph.* 1.

sur le Cantique des Cantiques. 473

comme elle se distribuë aux diuerses parties du corps, se changeant icy en sang, là en graisse, d'autre costé en chair, puis en chile, en fin en excrement: Comment pourrós-nous recognoistre tant de mouuemens & d'actions qui roulent par les diuerses facultez de nos ames? O que cet horloge de nostre interieur est d'vne admirable composition, que ses ressorts sont occultes. Mais pour aller d'ordre, & auec le fil de quelque methode en ce labyrinthe, suiuons le rang de nos facultez interieures, moyennes, & superieures.

I.

En la partie inferieure de l'ame, reside cet appetit sensitif que l'on distingue communément en concupiscible, & irascible, & dedans ces deux cauernes comme dedans celles d'Aeole, font leur retraicte ces vents impetueux qui excitent tant de bourrasques & de tempestes en nos esprits: l'Eschole en compte iusques à vnze, six en la premiere, & cinq en la seconde: ce sont des regiments de soldats furieux qui font d'horribles rauages s'ils ne sont tenus en ceste discipline, qui donne le nom de *milice à nostre vie*: La Raison doit sur eux faire le mesme office que le

Vita hominis est militia super terram. Iob. 7.

Centurion de l'Euangile, qui disoit à ses gensdarmes, *Allez ou venez, & ils alloient & venoient selon qu'il leur commandoit.* Car certes en leur nature ces Passions sont bonnes & fort vtiles à l'ame, quand elles sont employees au seruice de la Vertu: ce que nous faisons voir amplement en vn ouurage entier. Disons en passant vn traict de chacune. L'Amour cóme vn premier mobile qui donne le bransle aux autres, tient le premier rang. Or il importe grandement de mortifier le mauuais Amour, pour faire viure en nous le iuste & legitime. Ce qui se faict en se destournát promptement des mauuais obiects, auant que nostre cœur s'y attache: car quand il y est vne fois appliqué, il faut vne grande violéce & vn puissant effort de la grace pour l'en déprendre: La volonté est comme vn miroir qui deuiét telle qu'est son obiect; si elle est retournee vers le Ciel, elle est toute celeste; si vers la terre, terrestre; si deuers Dieu, diuine. Proposons-luy donc quelque chose de bó, afin qu'elle soit bonne, & c'est par elle que nous sommes bós.

Et mettons au deuant de nostre Hayne, seconde Passion, ce qui est iustemét hayssable, comme le peché, ce tison des En-

Dico huic veni & venit.
Math. 8.

V. és Diuersitez, au Traitté des Passions de l'Ame.

sur le Cantique des Cantiques. 475

fers, cet ennemy de Dieu irreconciliable, cet auorton de la mort, cet Absalon rebelle, ceste abiection de le reprobation & maledictiō eternelle, *Que le peché ne regne point in nos cœurs, mais hayssons-le d'vne hayne parfaicte*: car la perfection consiste en ceste Hayne. Ne soyons pas si maladuisez que d'employer ceste Passion contre des obiects aymables: car cóme l'Amour nous est donné pour vne tendáce au bien, la Hayne nous est baillee pour nous retirer du mal. Dieu se plaint des pecheurs en disant: *Odio oderunt me iniquè*: Ouy, car tout peché est vne priuation de l'Amour de Dieu qui porte en sa reuolte vne marque de Hayne contre la diuine Bonté.

<small>Non regnet peccatum in mortali vestro corpore. Rom. 6</small>

I'aurois mille choses à dire touchant la Mortification des desirs: car s'ils sont inutiles, ce sont des pampres infructueux qui ne fót qu'attirer sans profit le suc de la vigne de nostre interieur: le meilleur est de retrancher ces vains souhaits qui ne peuuent sortir à effect, quelquesfois pour leur grandeur, d'autrefois pour leur impossibilité, parce qu'ils occupent le lieu des meilleures & plus solides pensees qui nous feroient exercer fidelement sur le fonds de nostre vacation. Au demeurant, comme ils peuuent estre bons ou mauuais selon la qualité des choses desirees, la vraye Mortification consiste à estouffer ces pernicieux desirs, dont il est dict, *Ibunt in desideria cordis sui*, & au contraire à augmenter autant qu'il est possible les legitimes, dont il est escrit, *Desiderium animæ eius tribuisti ei*. Ceux-cy sont les *aisles de Colombes qui nous esleuent en nostre repos, qui est Dieu*.

Quant à l'Abomination, Passion quatriesme relatiue à la precedente, quand nous luy donnerons le monde pour obiect, elle aura de quoy s'exercer iustemēt & sainctement: ce sont ces *abominations de l'Egypte qu'il faut immoler au Dieu d'Israël*: Ce sont ces abominations du Temple qu'il faut abominer: car on ne peut estre amy de Dieu, si on n'est ennemy de ses ennemis: *Super inimicos tuos tabescebam, & inimici facti sunt mihi*.

<small>Abominationes Ægyptiorum immolabimus Deo nostro. Exod. 8.</small>

Et bien que la Ioye, Passion cinquiesme, soit desirable pour l'exercice de la vertu, ce qui faisoit dire à Dauid, *Redde mihi lætitiam salutaris tui*: Si est-ce que l'excez en estant vicieux, c'est cela que doit retrancher la vraye Mortification, en nous remettant deuant les yeux, *qu'il vaut mieux aller en la maison des pleurs, qu'en celle des*

sur le Cantique des Cantiques. 477

ris, & des allegresses immoderees. *Bien-heureux ceux qui plorent, car vn iour ils riront,* mais en ce iour heureux de l'eternité qui n'aura iamais de nuict.

La Tristesse tout de mesme doit estre mortifiee quád elle prouient d'autre motif que de la Penitence, ou de la Compassion: *Car il y a tristesse qui meine à la vie,* dict l'Apostre, & tristesse qui donne la mort: *d'autant que l'esprit chagrin desseiche les os,* & faict tarir l'humeur vitale. Au demeurant elle est non seulement inutile, dict vn grand Deuot, au seruice du sainct Amour, mais elle r'allentit grandement sa genereuse ferueur. *Il se faut resiouyr en Dieu auecques modestie.* Spiritus tristis exsiccat ossa.

Gaudete in Domino, & modestia vestra nota sit. Phil. 4.

La Cholere, septiesme Passion, & la premiere de l'irascible, est vne dangereuse beste, & difficile à gouuerner: elle ressemble au lyon, lequel quoy que priué, retient tousiours quelque chose de sa ferocité naturelle, & faict ordinairement quelque esclandre lors qu'on y pense le moins; c'est vn feu artificiel difficile à manier: De ceste passion bien reglee il est dict, *Couronnez-vous & ne pechez pas.* Sans ceste pointe le zele est émoussé, & n'a point de vigueur: mais aussi la Charité

Charitas patiens est, benigna est.
1. Cor. 13.

qui est douce, benigne, & patiente, ne tempere ce bouillon d'esprit, il est pour se porter soudain en des extremitez vicieuses. Et c'est à ceste attrempance que doit viser la Mortification de ce boute feu.

L'Esperance est non seulement vne Passion, mais vne vertu, si elle a Dieu pour object : mais c'est vne fumee, & vrayement le songe d'vn homme vaillant, si elle s'estend apres les vanitez de la terre, *Le monde passe, & sa conuoitise : Bien-heureux celuy qui n'a point esperé en ses thresors, & qui n'a point regardé ses pompes, & ses fausses folies : mais qui a mis son esperance au nom de Dieu. O Seigneur, Dieu des vertus, bienheureux celuy qui espere en vous.* La Mortification doit s'employer à retrancher les aisles à ceste vaine esperance de la terre, & à estendre le vol de celle du Ciel.

Comme aussi à renforcer le sainct desespoir qui nous destache des affections de ce sejour perissable : Passion glorieuse ainsi prise, & qui faisoit dire à Dauid, *Quid mihi est in cœlo, & à te quid volui super terrã, Deus cordis mei, & pars mea Deus in æternum.* C'est ce sainct desespoir qui faict dire à S. Pierre, & aux hommes touchez de cet esprit Apostolique, *Ecce nos reliquimus*

sur le Cantique des Cantiques. 479

omnia. Car quât au mauuais, c'est le grand chemin de l'Enfer, si ce n'est l'Enfer mesme, ou pour le moins vn Enfer anticipé. Et c'est ceste Manie que doit combatre à outrance la Mortification auec les armes de ceste diuine & infinie Misericorde, *dont toute la terre est pleine, & qui a des fondemens eternels dedans les Cieux.*

Et c'est de ceste mesme Misericorde dont se seruira la mesme Mortification pour temperer les transes excessiues de la Passion de Crainte : car bien que Dieu vueille estre *serui auec tremeur & tremblement*; si est-ce que sa bonté appelle nostre confiance, puis qu'il nous dit, *Confidite, ego vici mundum. Adeamus cum fiducia ad thronum gratiæ eius.* Ostons donc toute crainte seruile, *& que la Charité la bannisse de nos cœurs*, gardans neantmoins *ceste crainte chaste & filiale, qui demeure mesme dedans l'eternité.*

La Hardiesse derniere Passion, est le vray terrein des Vertus Heroiques, c'est elle qui doit porter nostre courage à de beaux desseins, non pour nostre propre gloire, mais pour celle de Dieu : c'est elle qui faict affronter les affronts, mespriser, voire rechercher

Misericordia Domini plena est terra. Psal. 32.
In æternū misericordia ędificabitur in cælis. Psal. 88.
Charitas foras mittit timorem. 1. Ioan. 4.
Timor Domini castus permanens in sæculum sæculi. Psal. 18.

Psal 118.
Qui erubuerit me coram hominibus.
Luc 9
Non erubesco euāgelium.
Rom. 1.

les persecutions: *c'est elle qui faict parler des tesmoignages de Dieu deuant les Roys sans confusion*, c'est elle qui faict *que l'on ne rougit point pour seruir Dieu deuant les hommes, & que l'on n'a point de honte de professer l'Euangile*. Mais aussi d'autre part quand elle passe en effronterie, & qu'elle faict glorifier les pecheurs en leurs iniquitez, c'est à la Mortification de reprimer ceste insolence, quand elle pousse à des actions audacieuses & temeraires: il faut corriger ceste outrecuidance, & retenir ceste precipitation, autant esloignee de la vraye valeur, que le Ciel est escarté de la terre. Voyla pour ce qui concerne la partie inferieure de nostre ame.

Quant à celle que i'ay appellee Moyenne, & s'il faut ainsi dire Mitoyenne, c'est celle qui comprend le sens commun, la Phantaisie, l'Imagination, & l'Æstimatiue, selon la commune distinction des Philosophes. Certes comme les Meteores se forment en la moyenne region de l'air, la supréme estant trop subtile, & trop pure pour receuoir ces impressions: ainsi en ce milieu se passent beaucoup de remuëmesnages. Le sens commun est comme vn magasin où les especes des choses exterieures

sur le Cantique des Cantiques. 481

terieures sont reseruees pour les transmettre à l'esprit : c'est comme vn creuset où elles sont r'affinees, vn alambic où elles sont spiritualisees : mais en ceste operation il se faict mille sophistications : car si le sens exterieur est subiect à mille tromperies, combien plus l'est celuy que l'on appelle Commun ? C'est vn Ianus à double front ; car d'vn costé il est materiel, de l'autre face il est tout spirituel : c'est vne estamine, vn canal par où tout se transmet du corps à l'ame. O ! si ce canal est infecté, combien de deprauations porte-t'il au dedans. *Si cet œil est droict & simple, tout le corps & toute l'ame en auront de la lumiere* : mais s'il est tenebreux, ce ne sera qu'aueuglement. C'est à ceste rectitude que doit battre la Mortification.

Si oculus tuus fuerit simplex totum corpus tuum lucidum erit. Luc. 11.

Comme aussi à rectifier la Phantaisie, Imagination Æstimatiue, facultez souples & aisees à biaiser au mal. Les Chymistes tiennent que qui pourroit fixer le Mercure, feroit des merueilles en la Spagirie. O ! qui pourroit *ramasser ces pensees dissipees qui affligent nos cœurs* ; quel grand bien en arriueroit-il à nos ames : les distractions ne nous tyranniseroient pas en l'Oraison, & les diuerses especes des

Cogitationes meæ, dissipatæ sunt torquétes cor meum. Iob. 17.

Hh

choses ne troubleroiēt pas nostre quietude: nous estimerions les trāsitoires comme telles, & les eternelles selon qu'elles doiuent estre prisees : Et voyla l'employ de la Mortification pour ceste faculté.

II.

Mais pour monter à la partie superieure de l'ame, & comme au Sainct des Saincts de ce tabernacle de nostre interieur distribué en trois parties ; Voyez comme ceste arche comprend la table de la Memoire, la verge de l'Entendement, & la Manne de la Volonté. Quant à la Memoire, ô quelle seroit heureuse si elle estoit si pleine du souuenir des graces de Dieu, qu'elle peust dire auec Dauid: *Memoriam suauitatis tuæ eructabo*; ou bien, *Memor fui Dei, & delectatus sum*; ou si se remettant ses fautes, & les iugemens diuins, elle disoit: *Recogitabo tibi omnes annos meos in amaritudine animæ meæ. Peccatum meum contra me est semper*; ou bien, *Memor fui iudiciorum tuorum à sæculo Domine, & consolatus sum*; ou bien si remplie des merueilles de Dieu, elle s'escrioit, *Memor fui dierum antiquorum, meditatus sum in omnibus operibus tuis, & in factis manuum tuarum exercebor.* Mais las ! il arriue par la deprauation de nostre nature corrompuë que nous oublions aysément ce dont nous deurions soigneusement nous souuenir, & nous nous souuenōs malicieusement de ce que nous deurions oublier: nous escriuons les iniures qui nous sont faictes sur le bronze, & les faueurs qui nous obligent à vne eternelle memoire, nous les traçons sur le courant des eaux. Que ne sommes nous comme ce Cesar, qui se souuenoit de tous les biens qu'il receuoit, & n'oublioit rien si tost que les offences? Tres-bien Socrate à vn discoureur qui luy vouloit enseigner la Memoire artificielle, Mon amy, luy dit-il, ie te recompenseray au double, si tu me veux apprendre l'art d'oubly: car ie me souuiens de mille choses mauuaises, dont ie voudrois pour beaucoup auoir perdu la memoire. La Mortification iudicieuse picquant d'vn costé nostre souuenir à n'oublier iamais les bien-faicts diuins, & nous remettant deuant les yeux nostre ingratitude, & nos offences pour nous porter à la componction, estouffe d'autre part tant de vaines ostentations de memoire, dont plusieurs font parade au preiudice de leur iugement.

H h ij

Elle retranche aussi de l'Entendement tant de speculations inutiles, tant d'estudes friuoles qui abusent autant qu'elles amusent: Car comme le prudent vigneron taille les pampres surabondans qui empeschent la vigne de fructifier, aussi celuy qui a vne grande circonspection sur son cher cœur doit oster quelque chose aux superfluës curiositez de l'intellect pour vacquer plus amplement à la culture de sa volonté, piece qui le rend essentiellemẽt ou bon ou mauuais, selon qu'elle est disposee. L'obiect de l'Entendemẽt c'est le vray. Or Dieu estant la premiere Verité, c'est à ce Soleil que cet a.glõ doit poincter pour estre declaré legitime, *vani sunt omnes in quibus non subest scientia Dei*, parce que *Deus scientiarum Dominus est, & ipsi præparantur cogitationes*. S. Paul arrestoit le vol de son Entẽdement releué à ne sçauoir que la Croix de Iesvs. Les bourdons ne fõt que du bruict, & point de fruict parmy les abeilles. La sciẽce humaine *pleine de vent*, esclaire assez, mais ne foudroye pas: souuent elle ressemble à l'araignee, qui embarasse auec ses toiles le miel de la science de Dieu, qui est la science des Saincts. *Vous serez sçauans comme des Dieux*:

Voyez nostre Direction à l'oraison Mẽtale l. 3. c. 3.

voyez-vous comme la sifflade du premier serpét prend son ton du costé de la science? & de là tout le malheur d'Adam & de sa posterité. Il faut de la sobrieté au sçauoir aussi bien qu'au manger : & c'est autour de ceste sobrieté que s'exerce la Mortification de l'Entendement.

En fin ses plus puissans & heroïques efforts consistent à dompter la Volonté; ce donjeon gaigné, tout le reste des facultez est à la mercy de la raison : cet Holopherne étesté, toute l'Assirie est en desroute. Et certes, tout ainsi que si le premier mobile se détracquoit de son cours, toute la machine de l'Vniuers seroit en desordre; ainsi du desreiglement de la volonté prouient toute la confusion du petit-monde : C'est la Royne & la Maistresse de toutes nos facultez, toutes suiuent son mouuement & son branfle, comme ses seruantes & ses suiuantes : Tout est esclaue de ceste Princesse, comme elle est esclaue de son Amour. Mais comment mortifier ceste piece immortelle, vaincre ceste inuincible, dont la rebellion se peut reuolter de la puissance de Dieu : Dieu peut tout, mais il ne peut pas forcer nostre volonté, puisque la liberté luy est plustost naturelle qu'accidentaire : il peut bien l'aneantir, mais la laissant en son estre, il ne la peut forcer. que ne fait il pour presser l'obstiné Pharao, & neantmoins il ne peut amollir ce courage endurcy. Que ne faict le Sauueur pour flechir le miserable Iudas, qui ne laisse de demeurer imployable? Grand cas, que tout *sert à Dieu*, tout faict ioug à sa loy, excepté la volonté deprauée, pour laquelle redresser *Dieu dict qu'il faict tout ce qu'il peut*, & cependant qu'il n'en sçauroit venir à bout: c'est ceste volonté peruerse *qui resiste au S. Esprit & qui le contriste*. Certes, comme on dict que le sang de bouc tiede reduit le diamant à tel poinct, où le marteau ne peut arriuer, qui est de le rendre taillable; aussi ie croy que le seul exéple de la resignation du Sauueur est capable d'induire nostre volonté, à ce que la cótrainte ne peut operer en elle. Hé! quel cœur si dur, quelle volonté si farouche ne se rendroit, voyant le doux IESVS au fort de ses angoisses, qui luy exprimoient vne sueur sanglâte, sousmettre si tendrement, & neátmoins si fortemét & amoureusement sa volonté à celle de son Pere? Serons-nous rebelles voyans nostre Capitaine si obeyssant? serons-nous refra-

Omnia seruniunt tibi. Psal. 118. Quid potui facere vineæ meæ & non feci? Esai. 5. Vsquequo spiritui sancto resistitis. Act. 7. Nolite cótristare spiritum sanctum.

sur le Cantique des Cantiques. 487

ctaires le voyans si souple? aurons-nous de la propre volonté, nostre Seigneur aneantissant la sienne? *le disciple sera-t'il plus que le maistre?* O qui nous donnera de pouuoir dire auec ce Prophete, *Seigneur vous m'auez ouuert l'aureille, & voila ie ne cõtredits point.* La volonté qui se rend ainsi ployable & sousmise à celle de Dieu, est vrayement mortifiee: car cóme vn corps mort se manie comme l'on veut, ainsi ceste volonté est-elle maniable: aussi est-elle comparee par Dauid *à vn cheual faict à la main*, & par Salomõ, *à des cheuaux adextrez à vn chariot.* O que ceste volonté est heureuse *qui se pert en ce monde, pour se retrouuer eternellement en l'autre.* Ouy, car bien qu'en apparence elle se perde, en effect elle se gaigne. Nostre franchise n'est iamais si libre, que quand elle est esclaue de Dieu, auquel c'est regner que de seruir: & elle n'est iamais en telle seruitude, que quand elle est en la liberté de ses mauuais desirs. Les estoiles semblẽt perdre leur lumiere durãt le iour, mais au contraire elles sont plus puissammẽt illustrees du Soleil. La goutte d'eau qui se seicheroit en terre se cõserue en la mer: La volonté propre perira, mais plongee dãs celle de Dieu elle viura eter-

Vt iuuentũ factus sum apud te. Equitatui meo in auribus Pharaonis assimilaui te. Cant. I. Qui odit animã suã in hoc mũdo in vitam æternã custodit eam qui amat perdet eã. Ioan. 12.

nellement. C'est là le plus haut poinct de la parfaitte Mortification : car bien que les autres soyent bonnes, celle-cy neantmoins qui rabat nostre Volonté soubs le bon plaisir diuin, deuance toutes les autres, autāt que la Lune qui est en son plein surpasse les flambeaux de la sombre nuict. L'ame qui est arriuee à ce bien heureux trespas de sa volonté, l'ayant remise absolument entre les bras du celeste Espoux, ô qu'elle peut bien dire auec le grand Apostre, *Non ie ne vy plus moy, mais* IESVS-CHRIST *vit en moy*. Auquel auec le Pere & le S. Esprit soit honneur, loüange, gloire, & benediction en l'eternité des siecles. Ainsi soit il.

Fin de ces Homelies Spirituelles sur le Cantique des Cantiques.

DIEV SOIT BENI.

www.ingramcontent.com/pod-product-compliance
Lightning Source LLC
Chambersburg PA
CBHW050600230426
43670CB00009B/1203